公教育の再編と
子どもの福祉

1

実践編

「多様な教育機会」をつむぐ

ジレンマとともにある可能性

森　直人
澤田　稔
金子良事
――編著

明石書店

はしがき

森 直人

この2巻シリーズ『公教育の再編と子どもの福祉』は、多様な教育機会を考える会（rethinking education 研究会、以下RED研）が2016年4月から継続している活動の成果として刊行されます。1巻『「多様な教育機会」をつむぐ――ジレンマとともにある可能性』は実践編、2巻『「多様な教育機会」から問う――ジレンマを解きほぐすために』は研究編と位置づけています。

RED研は、2015年の夏に報道などで話題になった通称「多様な教育機会確保法案」をきっかけに誕生しました。同法案が提起した問題を広く、長期的かつ多角的な視点からとらえなおすことを目的として、教育学、社会学、社会政策・社会福祉・社会保障論など学際的な研究者と、フリースクールや子どもの貧困対策などさまざまな支援の現場にかかわってきた当事者・実践者・運動家らがつながり、議論を交わしてきました。RED研の趣旨やその意義、会としてのスタンスなどの詳細は1巻の序章をご覧いただくとして、ここではその軸となる特徴を以下の3点にまとめます。

一つは、RED研の考える「多様な教育機会」が、当初法案が想定していたものより拡張されていることです。法案成立の過程に直接かかわったフリースクールや夜間中学校、オルタナティブスクールやブラジル学校などの外国人学校にとどまらず、塾や予備校、通信制や特別支援の教育機関・教育サービス、あるいは(学童)保育、社会的養護、就労支援や貧困対策・生活困窮者支援などの社会福祉の領域にある育ちの場、さらに家庭でのホームエデュケーション/ホームスクーリング、公立・私立の学校まで含めています。このうち1巻には、公立高校、公設型学習塾、学習支援・不登校支援・夜間中学校、中学校内居場所、フリースクールでの実践者による文章を収めました。

二つめの特徴は、「多様な教育機会」の活動にNPOや株式会社などの民間法人・団体が関与しているという事実のみをもってして、それを「ネオリベ(Neoliberalism)」といって切り捨てる立場はとりません。「多様な教育機会」の多くは、公教育が包摂しきれない部分を民間セクターが担ってきた経緯があるからです。ただ他方で、公教育の領域へのそれら民間組織の流入が、単純で粗悪な「市場化」「民営化」につながってしまうことへの警戒も同時に堅持します。肯定か否定か、そのどちらへもあらかじめふり切ってしまうことのない「どっちつかず」の立場をあえて選び、市場ベースで進む公教育の再編とは異なる道筋を示すことをめざしています。

そして三つめの特徴は、学校に対するスタンスです。「唯一最善のシステムとしての学校」(D. B. Tyack)を絶対視することはありませんが、同時に、学校を重視し学校を「よくする」こともめざしています。従来型の公教育では担いきれなくなった部分を外部の「多様な教育機会」へと切り離し、押しつけるだけで当の学校は旧態依然、という事態は回避されなければなりません。ここでもRED研のスタンスは「どっちつかず」といえるでしょう。学校は最も重要な教育機会ですが、そこにすべては回収できず、「多様な教育機会」からの問い直しを受ける対象であると同時に、学校それ自体も「多様な教育機会」のひとつの要素だととらえます。

こうしてRED研の特徴をみてくると、「どっちつかず」というキーワードが浮上しています。本シリーズではこれを「ジレンマ」と呼んで、1巻・2巻をつらぬく鍵概念としています。

＊＊＊

1巻のサブタイトルは「ジレンマとともにある可能性」です。ここにもあらわれているとおり、本書において「ジレンマ」は、必ずしも解消を必要とするネガティブな要素ではなく、むしろ「多様な教育機会」から公教育の再編と子どもの福祉を考えていくうえで不可欠の、ポジティブな意味が込められたポイントとなります。

1巻の内容は3部構成になっていて、その中心はⅡ部の「「多様な教育機会」をつくる――ジレンマのなかの実践」です。公立高校（4章、中田正敏）、公設型学習塾（5章、高嶋真之）、学習支援・不登校支援・夜間中学校（6章、内藤沙織）、中学校内居場所（7章、谷村綾子・阪上由香）、フリースクール（8章、前北海）での営みにたずさわってきた実践者による省察です。「多様な教育機会」での営み、そこでの人と人とのかかわりに関心がある人には、まずここを読んでいただきたいです。

Ⅰ部の「「多様な教育機会」を考える――ジレンマの見方」には、一見するとバラバラにみえるこれらの「多様な教育機会」に通底する性質をみいだそうとする文章を収録しました。編者3名がそれぞれの視点から、RED研での実践者による省察から学んだことをまとめました。読者のみなさんがそれぞれの問題意識や関心からⅡ部を読み深めるさいの参考になればと思います。

Ⅲ部の「「多様な教育機会」をふり返る――ジレンマの軌跡」は、1巻全体の「解題」となっています。

RED研が誕生したきっかけである「多様な教育機会確保法案」や、その結果成立した教育機会確保法に詳しくない人は、「教育機会確保法理解のためのガイド」を参照してください。あわせて、多様な観点・志向・関心・背景・専門をもった研究者と実践者をつなぐ議論の場を維持してきたRED研の運営についてのふり返りも収録しました。

最後に、序章「バスに乗る――反復される対立構図を乗り越えるために」です。これは2巻シリーズ全体の序章という位置づけです。RED研の経緯やスタンスの説明はもちろん、その国内外における同時代史のなかでの歴史的意義についても踏み込んで書かれています。1巻の実践編を読んだあとに2巻の研究編まで手を伸ばした読者のみなさんは、そのときもう一度この「バスに乗る」といういささか風変りなタイトルのついた本シリーズ全体の序章に帰ってきてください。そして、ひとりでも多くのかたと、そこに書かれた問題意識が共有されることを願っています。

目次

はしがき　森 直人　003

序章　バスに乗る
反復される対立構図を乗り越えるために　森 直人　017

1　多様な教育機会を考える会とは　017
2　「多様な教育機会」という主題の由来　021
（1）法案の意義、法案への危惧　021 ―（2）法案の問題提起の継承へ　024
3　反復される対立構図――「教育の自由化」論を境とする変容　026
（1）福祉国家と公教育　026 ―（2）藤田－黒崎論争　029
（3）「ゆとり教育＝学力低下／格差拡大」批判の言説以後　032
4　「バスに乗る」――反復される対立構図を乗り越えるために　036

第Ⅰ部　「多様な教育機会」を考える――ジレンマの見方　045

第1章　「多様な教育機会」と教育／福祉
ジレンマのなかで、ジレンマと向き合う実践の論理　森 直人　046

1 はじめに――「多様な教育機会」概念の拡張と教育／福祉という視点 046
2 教育／福祉の歴史的展開 050
3 実践としての教育／福祉 055
（1）3つの留意点――「実践」と「区別」 055 ―（2）教育／福祉における同一性と差異性 057
（3）教育／福祉がもたらすジレンマ 060
4 ジレンマのなかで、ジレンマと向き合う実践の論理 062

第2章
「無為の論理」再考 金子良事 066
1 はじめに 066
2 「一息つく」――「無為の論理」の一つの形 069
（1）「一息つく」の普遍性 070 ―（2）成果とは切り離される 071
3 「一息つく」がなぜ重要なのか？ 073
（1）「一息つく」と相談支援や学習 074 ―（2）「無為の論理」と対立する「外在的ルール」 075
（3）存在を肯定するとは何か――福祉と教育の相克するとき 076
4 おわりに 080

第3章

教育における緩さとジレンマの意味論

「社会的に公正な教育」の構想とその実践的課題＝可能性

澤田 稔　082

1 はじめに――研究のスタンス／思考のスタイル　082
（1）中途半端さの選択　082 ―（2）より望ましい公教育像の描き方――理論モデルと実践事例とのあいだのモヤモヤ　083
（3）本章の構成　084

2 社会的に公正な教育の基本理念――コンピテンシー・インクルージョン・デモクラシー　085
（1）コンピテンシー・ベースの教育　085 ―（2）公教育におけるインクルージョンとデモクラシー　087
（3）再分配・承認・代表の政治と「社会的に公正な教育」の構想　087
（4）公教育に求められる「緩さ」とその意味　090 ―（5）「社会的に公正な教育」のジレンマとその解決・展開方法　091

3 事例の考察――「緩さ」の作法と「交差是正」の教育実践　093
（1）「精神の習慣」を軸とするコンピテンシー・ベースの教育における「交差是正」　093
（2）「ピース・コーナー」の設置というインクルーシブな教育の企図における「交差是正」　097
（3）「クラス憲法」の取り決めと運用における「交差是正」　100

4 まとめ――ジレンマの解消ではなく反省的展開へ　103
（1）「社会的に公正な教育」の基底的要因としてのインクルージョン、または「承認の政治」　103
（2）再び「社会的に公正な教育」が直面するジレンマについて　104

第II部 「多様な教育機会」をつくる——ジレンマのなかの実践

第II部 「多様な教育機会」をつくる——ジレンマのなかの実践 111

第4章 インクルーシブな高等学校づくりにおける実践の端緒
アイデア会議、オンザフライミーティングなどにおける水平型コミュニケーションの可能性について 中田正敏 112

1 はじめに 112
（1）学校づくりの枠組みと組織的な課題 113 ——（2）赴任当初に感じた「ちぐはぐさ」 114

2 さまざまな局面におけるコミュニケーション 115
（1）解釈層——既存のスクリプト 117 ——（2）矛盾層——相矛盾するスクリプト 117
（3）矛盾層から解釈層への退却——旧スクリプトの復活 119 ——（4）矛盾層からエージェンシー層へ 121

3 アイデア会議の実施と学校組織のコミュニケーションの変化 123
（1）アイデア会議という構想 123 ——（2）「基本デザイン」の提示 124 ——（3）アイデア会議の企画 125
（4）アイデア会議の実施 126 ——（5）「アイデア会議」の結果のフィードバック 127 ——（6）「アイデア会議」とは何か 128

4 「廊下での対話」とオンザフライミーティング 129
（1）廊下での対話 129 ——（2）オンザフライミーティング 131 ——（3）オンザフライミーティングとフォーマルな会議 133

5 まとめと若干の考察 135

第5章
地方の高校生と都市部の大学生をつなぐ場と機会の創出
バーチャル空間を活用した公設型学習塾の実践の現在地
高嶋真之 138

1 本章の対象と筆者の立場 138
2 鹿追町オンライン公設塾の設置と構想の過程 140
（1）鹿追町と鹿追高校の概要 140 ／（2）公設塾の設置の背景とオンラインの選択 141
（3）オンライン公設塾のイメージの具体化 143 ／（4）オンライン公設塾のコンセプトの具体化 145
3 鹿追町オンライン公設塾の実践とさまざまな意図 146
（1）鹿追町オンライン公設塾の多様な実践 146 ／（2）利用している生徒の普段の様子 148
（3）生徒や関係機関とのコミュニケーション 150 ／（4）学校と公設塾の個別性と協働性 151
（5）「塾」という言葉を使うこと／使わないこと 152
4 地方におけるオンラインによる「多様な教育機会」に関する考察 153
（1）鹿追町オンライン公設塾の課題と可能性 153 ／（2）バーチャル空間を活用した実践の展望 155

第6章
「居られる」と「学びに向き合う」の狭間で
学習支援・不登校支援・夜間中学の実践から
内藤沙織 160

1 「居場所」と「学習」のジレンマ 160
2 学びの場に「居られない」子どもたちの存在――学習支援 161

3 居場所で「学びに向き合う」とは——不登校支援 167
4 「居られる」場としての学校——夜間中学 171
5 「居られる」から「学びに向き合う」へ 174

第7章 中学校にサードプレイスを
中学校内居場所の実践
谷村綾子・阪上由香 178

1 中学校内居場所を始めたわけ 178
（1）高校内居場所カフェから中学校内居場所へ 178／（2）セカンドプレイスにサードプレイスを 181
2 つながり、重なり、ケアする居場所の日々 184
（1）「日本語指導が必要な子どもの教育センター校」でつながる……エピソード① 184
（2）別室登校の生徒とつながる（不登校と教師へのトラウマ）……エピソード② 188
（3）地域でつながる（不登校、いじめ、ケアの欠落）……エピソード③ 190
（4）特別支援学級とつながる……エピソード④ 193
3 おわりに——教育と福祉の枠を超えてケアの関係性のなかへ 195

第8章 不登校支援の考え方
子どもを中心に考える
前北海 199

1 学校に行かない子どもを支える 199

2　フリースクールを伝える――質問と回答　202

第Ⅲ部　「多様な教育機会」をふり返る――ジレンマの軌跡　219

第9章　教育機会確保法理解のためのガイド　高山龍太郎　220

1　はじめに　220
2　教育機会確保法の不登校施策　221
（1）不登校児童生徒の定義　221／（2）不登校施策を行う際の基本的な考え方　223／（3）教育の機会の確保　224
（4）子ども個人への支援　229
3　教育機会確保法成立の経緯をふり返る　231
（1）多様な教育機会確保法案　231／（2）フリースクールの誕生　234／（3）不登校の学校要因への認識　237
（4）フリースクール関係者による法律づくり　240
4　教育機会確保法をめぐる論点　243
（1）普通教育の自由選択　243／（2）民間施設への経済的支援　246／（3）適切な普通教育　249
5　おわりに　252

第10章
「多様な教育機会を考える会」の歩みをふり返る
座談会：阪南大学あべのハルカスキャンパス　森 直人・金子良事・澤田 稔／聞き手 江口 怜　267
RED研がはじまったきっかけ　268 ― 事務局3人の出会いと広田理論科研との関係　271 ― RED研のスタート　275
初期研究会の楽しみ　278 ―「立ち上げの経緯」　279 ― もう一つのRED研、文字を通じての交流　281
転換点――外国ルーツの子ども問題の回　284 ― 研究会のテーマ設定の仕方　290
メンバーの増加と研究会の転換――事務局の拡大と「本会の趣旨」の作成　293 ― 研究会で大事にしてきた「モヤモヤ」　297
事務局それぞれの研究会運営の力点とスタイル――実践とアカデミックのあいだ　299
これまでの活動の紹介　310
あとがき　ジレンマの積極的受容としての「緩さ」再考　澤田 稔　325
索 引　367

序章

バスに乗る
反復される対立構図を乗り越えるために

森 直人

1 多様な教育機会を考える会とは

2巻からなるこのシリーズは、多様な教育機会を考える会（rethinking education 研究会、以下RED研）という集まりが数年間にわたって蓄積してきた議論と考察がもとになって生まれました。そこでまず、このRED研がどういう集まりであるのかを、RED研のウェブサイト「本会の趣旨」のページ▼1から全文を引用して確認することから始めましょう。

私たちは、社会の「多様な教育機会」について、可能なかぎり多様な立場から考え、議論していくプラットフォームをめざします。

〈何を議論するのか〉

この集まりは、2015年のいわゆる「多様な教育機会確保法案」をきっかけに誕生しました。ですが、私たちの考える「多様な教育機会」は、この法案に直接かかわる学びの場にかぎりません。フリースクール、フリースペース、オルタナティブスクールや夜間中学、ブラジル学校などの外国人学校だけでなく、塾や予備校、通信制や特別支援の教育機関・教育サービス、あるいは（学童）保育、社会的養護、就労支援や貧困対策・生活困窮者支援などの社会福祉制度や労働世界のなかにある育ちの場、さらに家庭でのホームエデュケーション／ホームスクーリング、そしてもちろん公立・私立の学校を含みます。ここに挙げたリストはずっとアップデートしていかなければならないでしょう。

この社会に遍在し、成長する人びとの生を支えるあらゆる「多様な教育機会」が、私たちの考察と議論の対象です。

〈なぜ議論するのか〉

「多様な教育機会」には、学校などの公的機関だけでなく、NPOや株式会社などの各種法人・民間団体も、重要なアクターとしてかかわります。そして現に、これらのアクターが複雑に絡みあいながら、従来型の公教育制度に絶えず、新しい問いかけをしているように思います。

そこには育てていくべき可能性の芽もあれば、避けるべき危険性や落とし穴もあるでしょう。法案が提起した問題も、現在の日本の公教育で進みつつある変容も、その射程は広く、行く末は不透明です。そこから派生する問題群は錯綜しており、具体的な制度化の構想をめぐっては、ときに激しい対立をもたらします。

私たちは、そうした対立のどちらかに立つ前に、錯綜する問題群のそれぞれが、どこで、どのような対立をもたらし、どういう争点・論点を構成するのか、ということを明示的に共有していくプロセスをまず大事にしていきたいと考えています。

そのためにも、争点を構成しうるだけの——対立の契機をも含んだ——多様な観点・志向・利害・関心・背景・専門を有する人びとが同じ場に集まり、それぞれの立場を尊重しつつ対話する、という条件を維持することに努めます。

〈何をめざして議論するのか〉

私たちの会は、扱うトピックも、議論に参加する人びとも、一見するとバラバラな集まりですが、それでもひとつに貫く大きな目標があります。

それは、「多様な教育機会」という視角を軸に、さまざまな領域で営まれている多様な実践を相互に関連づけ、新しい回路を切り拓きながら、それらをより豊かにしていく将来構想の全体像を描くということです。単純で粗悪な「市場化」「民営化」へとつながりかねない公教育の再編とは異なる道筋を示すことです。

誰も取り残されることなく、学び、育つ権利が保障される社会の実現という理想にむけて、狭い「教育」の枠を越えた、実践とその制度化のビジョンを模索することです。この模索に終わりはありません。いま・ここにいる〈ひとり〉の意思を尊重し、いかに支えるかという問題意識と、制度の変化が長期にわたって〈社会〉にもたらす帰結を問う視線は、どちらも必要です。どちらの視角からの問いかけにも、多様な背景をもった人びとが、世代をまたいで、長くともに考え続けていくことが大切です。

私たちは、その一端を担いたいと願っています。（２０１９年9月1日）

いかがでしょうか。これを読むと、ＲＥＤ研という集まりが——したがってこの2巻本が——「多様な教育機会」を主題とすることがわかります。また、その主題が「多様な教育機会確保法案」と呼ばれた法律案に由来することもわかります。同時に、ここで扱われる「多様な教育機会」の内実が、同法案の指示したそれを超える射程をもつこと、そのように対象を再設定する判断を下した背景には一定の問題状況に対する認識があること、それを踏まえて選びとった特定の指針と目的のもとで考察と議論を重ねていること、などもわかるのではないでしょうか。「多様な教育機会」は「誰も取り残されることなく、学び、育つ権利が保障される社会の実現」のために着目されるべきですが、それは公教育の「単純で粗悪な「市場化」「民営化」へとつながりかねない」危険性を帯びてもいます。後者の危険を認識し、回避して、前者の可能性を追求する——それが私たちのめざすところです。

以下の文章では、これらの点についてもう少し敷衍します。2節では、「多様な教育機会」という主題の由来について、この語が帯びる両義性、もっといえばネガティブな側面とともに紹介します。3節では、この主題が出現した歴史的背景と意義について、広く国際的かつ国内的な動向のもとに位置づけて理解するために必要な視角を提示します。そうした歴史的射程を踏まえたうえで、最後の4節では、ＲＥＤ研がこの主題をどのような判断と方針のもとに、いかなる意義を与え直して継承することを選んだのか、そのスタンスについて説明します。この序章を最後まで読んでいただくことで、なぜ私たちが「多様な教育機会」という両義的な表現▼2をあえて用いるかについて理解してもらうことが目的です。

2 「多様な教育機会」という主題の由来

（1）法案の意義、法案への危惧

ＲＥＤ研誕生のきっかけは、２０１５年の夏に骨子案が報道され、第１８９回国会への上程が話題になった通称「多様な教育機会確保法案」です。正式名称は「義務教育の段階に相当する普通教育の多様な機会の確保に関する法律案」で、全6章・21条と附則からなる小さな法律案でしたが、根底的なところで、これまでの日本の公教育のあり方を大きく変える可能性を備えたものでした。

なによりもまず、この法案は、日本の義務教育の原則を「就学義務」から「教育義務」へと切り替えることを意味していました。それは日本の教育関連法規ではじめて条文（案）中に「児童の権利に関する条約（の趣旨にのっとり）」との文言を明記したことにおいて画期的なものでした（第1条）。また、教育の機会均等について定めた教育基本法第4条を発展させ、「年齢・国籍その他の置かれている事情にかかわりなく」と踏み込んで書かれたことも評価できます（第2条第1項）。最終的に提示された法案が具体的に想定していた対象はフリースクールと夜間中学校だけでしたが、そこに至るまでに構想された「オルタナティブ教育法骨子案」や「子どもの多様な学びの機会を保障する法律骨子案」ではより広く、ブラジル学校などの民族学校・外国人学校やフレネ、サドベリー、シュタイナー、サマーヒルなどのオルタナティブスクール、インターナショナルスクール、ホームエデュケーションまで含めて、「子どもの学習権の保障」を目的としていました。「学校以外の場」での学習を「正規の学習」として認定することを求める運動でめざされたのは、不登校・登校拒否、貧困、国籍、民族、言語、障害などによって公教育体系──「正規の学校」の網の目──から排除されてきた人びとの学習権の実質的かつ完全な保障だったといえるでしょう。

しかしながら他方で、ここには重大な危惧の声も寄せられました。とくに懸念の余地があったのは、財政措置の規定（第5条）と第4章「個別学習計画」（第12条〜18条）の取り扱いをめぐってです。これらの規定が盛り込まれた背景には、不登校の子どもたちの居場所や学習機会を提供してきたフリースクールやNPO等の民間団体の公共的性格を訴え、その財政基盤を強化する狙いがありました。ですが、いったん個別学習計画の作成・認定を根拠とする財政措置を制度化すると、当初の立法理念とは異なる形で、特定の宗派や富裕層による「活用」──実際に同様の法改正のあったアメリカの一部では宗教右派や富裕層による「活用」の実態が指摘されました──や、反社会的団体への活動費供給──たとえば借金のある貧困世帯などに個別学習計画を書かせ、そこから資金を得る貧困ビジネス化の余地──につながる危険性が否定できませんでした▼3。

また、民間団体のうち営利企業の参入をどの程度認めるのか、かりに認める場合、その具体的な基準や対策についての議論がともなっていないことも問題視されました。とくに財源の支給方法をバウチャーにする場合、この法案がいわば「蟻の一穴」として機能し、義務教育全体へのバウチャー導入による学校選択制の全面展開に帰結する可能性もありました。実質的にバウチャー化した場合、それを利用可能な社会的・経済的・文化的資源に恵まれた層への逆進的な給付となるおそれが否定できません。他方で、財源の一部が地方公共団体の負担とされた場合、この制度の利用者の数がそのまま財政負担になるため、生活保護制度における「水際作戦」のような行政措置や利用者へのスティグマの付与・強化につながる危険性も排除しきれないものでした。

こうした財政措置の前提として置かれたのが「個別学習計画」の規定でしたが、ここにも複数の問題点が指摘されました。まず、ひとり親世帯などの時間的・経済的余裕がない家庭では計画を作成することができず、個別学習計画を自力で、あるいはフリースクール等を含めた各種機関に相談しながら作成できる家庭はもともと文化資本が高い可能性があるため、個別学習計画の認定自体がかえって学習機会の社会経済的格差を拡大させるかもしれません。そもそもフリースクール等の民間団体は都市部に偏って存在していたため、日本の「義務教育の機会均等」を図る政策原理として指摘されてきた「面の平等」▼4さえ崩れ、地域格差が一気に顕在化する危険性もありました。

また、各家庭が作成した個別学習計画の提出先とされたのが（市町村）教育委員会だったことにも問題がありました。提出された計画の「認定」、その変更等の「勧告」、実施状況等の「報告の徴収」の主体として想定されていたのは、いずれも教育委員会です。これはただでさえ子どもの不登校に起因して、教育行政＝学校制度に対する不信感を募らせ、疲弊している家庭をさらに追い詰める大きな精神的負担、あるいは公権力による家庭への介入を正当化する「脅威」とすら受け取られかねない規定でした。それだけでなく、既存の学校的価値観や公教育のあり方と距離をとり、その相対化をつうじて子どもたちの居場所として機能してきたフリースクールやオルタナティブスクールが文科省省令の規定下に置かれ、教育委員会による認定やその取り消しを受けることをつうじて、さまざまな面で「学校化」してしまうことも避けられないのではないか、それはむしろ不登校の子どもたちの居場所を奪うことにつながりかねないのではないか、とも考えられました。

（2）法案の問題提起の継承へ

法案の問題点や危険性の記述のほうが分厚くなってしまったかもしれません。そのこと自体、RED研立ち上げの経緯と、そこにかかわった森直人、澤田稔、金子良事の3名が抱いた初発の問題意識の所在を反映しています。森の研究上の出自は、社会的不平等の問題にアプローチする（教育）社会学の一分野である社会階層論、「教育と社会階層」研究にありました。また、澤田の専門である批判的教育学は、1970年代以降のアメリカでネオマルクス主義的な観点から教育における権力の問題や社会的不平等・不公正の問題への批判を展開した研究潮流――代表的な研究者は澤田のアメリカ留学時代の指導教員でもあるマイケル・アップル――です。この両名が「多様な教育機会確保法案」を目にしたときの共通の問題意識の焦点は、もっぱらそれがもたらす危険性にありました。

実際、RED研立ち上げにつながる最初の一歩は、法案への「反対運動」として踏み出されようとしました。すでに法案の骨子が報道されていた2015年の8月、ある研究会の打ち上げの席で一緒になった森と澤田のどちらかがふとこの話題に触れ、「あれはまずいのではないか」「どこからも反対の声が聞こえてこないなら自分たちで企画・組織しよう」と、飲み会の雑談の流れの延長で動き始めます。たまたま同席していた労働史・社会政策論が専門の金子良事が一緒に動いてくれたのは、「このふたりの甲斐性のなさでは反対運動などとてもおぼつかないだろう」との憐れみ（?）からにほかなりません。

さっそく3人は「反対運動」にむけて動きます。ですが、その準備作業の一環で、同法案をめぐる国会情勢と政治的布置について事情通の方からのレクチャーを受けるや否や、早くも当初の認識が素朴に過ぎ、歩み出そうとしている方向が間違っていたことを痛感させられます。「反対の声が聞こえてこない」どころではありません。すでに10年以上に及ぶ関係者による運動の展開・蓄積と、そのなかでの議論の対立がありました。私たち3人は端的にいって門外漢であり、法案のバックグラウンドであったフリースクールや夜間中学校、オルタナティブ教育の歴史や実態についても無知でした。そこですぐさま2歩目に進む方向を軌道修正します。まずはこの法案の問題提起を正面から受け止めるため、少しずつ仲間の輪を広げながら、法案策定に至る経緯や条文の内容についての勉強会を始めます。この法案が、学校教育だけでは包摂しえない子どもたちにどう向き合うかという、私たちの社会が直面している重要な問題を提起したことは間違いありません。法案がここまで形をとるまでに、すでに多くの努力と英知が注ぎ込まれたことも明らかでした。法案が提示されたあとも、当事者の人びとを中心に、推進派・反対派双方の意見がはっきりと打ち出され、争点の所在がいっそう明確になっていったことも画期的なことでした。その過程自体に、「公教育」がどこか高みから与えられるものではなく、私たち自身の議論をつうじてはじめてその内実がダイナミックに支えられるべきものであることが示されていたからです。

しかし、このとき同時に、RED研の立ち上げに関与した3名、とりわけ森と澤田には、この法案をめぐり推進派・反対派のあいだですでに生起していた論争と対立の構図が、1990年代以降の日本で繰り返しみられた風景の反復であるようにも映っていました。その単純な反復を避けること、そのために必要な議論のスタンスを確立すること――それがRED研という集まりに特有の性質を与えていくことになります。この特徴を理解していただくために、3節では、RED研が取り組もうとしている課題の意義を、歴史的な視野のもとに位置づけ直す作業を試みたいと思います。

3 反復される対立構図
——「教育の自由化」論を境とする変容

（1） 福祉国家と公教育

前述した種々の批判の声もあって、同法案はいったん廃案となったあと、２０１６年に条文中の「多様な」の文言がすべて削除された法律として成立します▼5。その間も私たちは終日に及ぶブレインストーミングを繰り返し、あらためて最初の法案が提起した問題の射程は広く、かつ深いと考えるに至りました。「オルタナティブ」や「多様な」といった文言が深く刻み込まれていた当初構想は、「公」を「国家」と、また「教育」を「学校」と等値にみなしてきた公教育のあり方を根底から問い直し、公私関係の新たな線引きを正当化する理念・思想とそれを具現化する制度設計とを要請しているように思われました。このことは、同法案をめぐる動きが、ひとり日本社会に限定的な現象ではなく、遅くとも20世紀末には明確になる、ある国際的潮流のもとで理解されるべきことを意味します。

１９９０年代以降のヨーロッパを中心に、それまでの福祉国家のあり方を再編していこうとする政治的な動きが活発化します。その再編の鍵として、広義の——就労支援や子育て支援を含む——教育領域に国際的な注目が集まるようになりました。福祉の実現にあたり、社会保障の受動的な給付中心のあり方から、能動的な社会的投資の一環としての教育に重点を切り換えていこうとする動きです。日本もその例外ではありません。今世紀初頭の貧困問題の顕在化を受け、２０１０年代には福祉領域での貧困・社会的排除への対抗策として教育重視の政策が形成されていきます。２０１３年の子どもの貧困対策推進法や「学習支援事業」規定の入った生活困窮者自立支援法のほか、教育領域でも高校等就学支援金制度の成立などがありました。こうした動向に対しては警戒も必要です。貧困の「撲滅」ではなく、「世代間連鎖」だけに焦点化される傾向や、教育の拡大を口実にした福祉の切り下げ、生存保障の「条件付き」化をもたらす危険性が否定できないからです（堅田 2019、仁平 2015など）。

ここでの「福祉国家」とは、第二次世界大戦後の資本主義下の民主主義、あらゆる先進産業社会に当てはまる普遍的特性を指します。資本主義経済がもたらす貧困や格差などのダメージを限定的なものにし、最低限必要な社会保障・社会統合・社会正義をいかに作り出すかという社会問題を解決するための装置として、人びとの生活の保障に積極的にかかわろうとする介入的国家のあり方といいかえることもできるでしょう（ガーランド訳書 2021: 12-24、橋本 2013: 12-13）。19世紀末までに、それまでの自由放任《レッセフェール》の市場資本主義がもたらした貧困の拡大など負の帰結に対抗する動きが、宗教団体をはじめとする民間の慈善団体や中間集団を基盤にして盛んになります。やがて20世紀前半にかけて、万人の自由を保障するために自由市場への積極的な介入を辞さない政府の仕組みが形作られていきます。この、いわば「自由のための自由への規制」を肯定する自由主義の思想は、ニューリベラリズムあるいは社会的リベラリズムとも呼ばれます。二度の世界大戦を挟んだのち、１９７０年代前半まで続いた経済成長を追い風に、福祉国家は拡大と発展を遂げました。公的資金にもとづくソーシャルサービスである義務教育制度を軸とした公教育の体系も、福祉国家の重要な構成要素として同じ時期に確立と拡充を果たします。

それが重大な転機を迎えるのは１９７０年代の石油ショックを契機とする経済成長の時代の終焉と、それに続いて「福祉国家の危機」が叫ばれた１９８０年代でした。停滞する世界経済と顕在化する財政危機を背景に、硬直化した非効率的な公共部門に市場原理の導入をともなう規制緩和を推し進め、社会支出の見直しをはじめとする歳出削減・緊縮財政による民営化の動きと「小さな政府」志向の政治が発言力を増します。いわゆる「新自由主義《ネオリベラリズム》」の改革動向です。こうした動きを象徴する日本の教育界の出来事としては、1984年に中曾根康弘総理大臣直属の諮問機関として設置された臨時教育審議会（以下、臨教審）が取り上げられることが多いでしょう。そこではじめて教育領域に大幅な規制緩和を求める「教育の自由化」論が大々的に打ち出されたからです。

　臨教審では、受験競争の過熱化、青少年非行の「増加」、校内暴力、いじめ、不登校などの「教育問題」が噴出する背景に、日本の「画一化」「硬直化」した教育制度の問題があるとの認識のもと、四つの部会が設置され▼6、包括的な制度改革の構想が審議されました。その議論開始早々、第1部会から「学習塾の私立学校としての認可」「私立学校設立の自由」（＝学校教育の供給主体の多様化・多元化）や「親の学校選択の自由」など、大胆な規制緩和の推進が提唱されます。これには文部省・自民党文教族からの強い反発もあり、臨教審内部で第3部会との激しい対立をもたらしました。この対立を調停するプロセスで折衷案として「個性主義」という言葉がもち出され、最終的には「個性重視の原則」という文言で答申に盛り込まれます。ここで打ち出された「教育の自由化」路線が、学校教育に市場原理をもち込む「ネオリベラリズム」改革の原型とみなされ批判の対象となると同時に、「個性（重視／尊重）」という言葉もこの「自由化」路線のもとで把握される傾向の源となりました。

　1990年代に入ると、臨教審答申にあった改革アイディアが具体的な形をとるようになります。それにともない、世紀転換期に引き続く教育改革に対して、「市場原理」「ネオリベラリズム」といった用語系にもとづく批判が展開される光景も常態になりました。たしかに、それら改革構想の多くには福祉国家再編の政治を背景にして理解すべき側面がありますが、そのすべてが単純な市場化・民営化や「小さな政府」の主張を根拠にしているわけではありません。そこには、民間セクターを中心とする中間集団や市民社会組織の活用・活性化をつうじて、市場メカニズムがもたらす負の帰結に対抗するため編み出された20世紀的な社会的リベラリズムを、さらに伸展させようとする志向を帯びた面もありました。その結果、近年の日本の教育改革をめぐる議論では、教育機会の確保・実質化・均等化をめざして練り上げられた構想が、格差や序列化をより深刻なものにする「改悪」と名指され批判を受ける構図が反復されるようになっていきます。

(2) 藤田ー黒崎論争

そうした対立構図の原型は、1990年代に二人の著名な教育学者が交わした論争に求められます。日本の教育(学)界で「藤田ー黒崎論争」と呼ばれるこの論争は、「義務教育段階の公立学校選択制の導入」をめぐり、教育社会学者の藤田英典と教育行政学者の黒崎勲が繰り広げたものです。舞台となったのは、世織書房で創刊された『教育学年報』(以下、『年報』)誌上でした。『年報』は、1992年に藤田と黒崎を含む当時40代後半の、専攻領域を異にする教育研究者5名が編集委員となって創刊されたのち、2004年の休刊まで、世織書房から全10号が刊行されました▼7。とくに「第1期」と位置づけられる第5号までの『年報』は、異なる専攻領域の編集委員が同じ特集テーマで共通に論考を寄せるというスタイルを原則とした点で、当時の日本の教育学では画期的な試みとされました。

『年報』創刊号の帯には「〈戦後教育学〉の枠組みを問い〈新しい教育学〉を提示する」と謳われていました。「戦後教育学」とは、日本の教育学が20世紀後半の福祉国家と公教育の拡充過程のなかで確立した研究スタイルの総称です。それは戦前/戦後の明確な断絶=対比図式のもと、侵略戦争に突き進む流れに棹さした戦前日本の教育（学）への反省と、教育をつうじた戦後日本の民主化の実現を主要な課題意識としていました。その第1世代の指導的研究者のひとりであった宗像誠也（教育行政学）は、「内的事項外的事項区分論」の提唱など、国家による教育への介入・干渉を制限する教育理論の構築を試み、そうした学的営みを「アンチ教育行政学」――「アンチ教育行政」の学――と名づけています。実際に1950－1970年代には、教科書裁判や全国学力テスト裁判といった教育裁判が連続し、その法廷闘争のなかで、国家による教育への介入・干渉を否定する法理論＝「国民の教育権論」が精緻化されていきます。

これが文部省vs.日教組、あるいは自民党＝保守vs.社会党＝革新のイデオロギー的な左右対立の基盤となり、「教育の自由化」論以前の戦後日本の教育政治を規定しました。この対立構図は、1995年のいわゆる「文部省と日教組の歴史的和解」を境に変容します。しかし、黒崎執筆による『年報』第1号の「創刊にあたって」によれば、変化の兆しはもっと早く、「おそくとも、1980年代の初めには、それまで支配的であった教育研究の枠組は壁にぶつかった」とされます。学問分野としての自立を果たした教育学は、他方で「教育研究の徒な細分化の傾向」を示し、「今日においては教育への理論的関心を社会諸科学の展開のなかに積極的に位置づけるよりも、教育の研究に自閉的な傾向をもたらすことになっている」と評されました。これまで「社会問題の解決手段」とみなされてきた教育は、逆に「社会問題の原因としても問われ始め」ます。「教育という営みを無条件に善いものであるとするのは、もはや楽観的にすぎる」という状況に応答していくことのできる「新しい教育学」への更新――『年報』はそうした問題意識から誕生しました。

その際、まさにこのタイミングで「新しい教育学」の試金石となったのは、1980年代後半に打ち出された「自由化」「個性化」路線を含む臨教審答申が示す方向性に対していかなる応答を果たすかでした。そのことは第1期『年報』が選んだ特集テーマ――第2号「学校＝教育の規範性・正当性・公共性」、第3号

「教育のなかの政治」、第4号「個性という幻想」、第5号「教育と市場」――にも現れています。そして、藤田－黒崎論争の口火を切ったのは、第5号「教育と市場」の特集テーマに藤田が寄稿した論文「教育の市場性／非市場性――「公立中高一貫校」「学校選択の自由」問題を中心に」でした。その内容はほぼ全面的に、黒崎による1994年刊行の著書『学校選択と学校参加――アメリカ教育改革の実験に学ぶ』（東京大学出版会）への批判となっています。

黒崎はこの著書をはじめ、他の編集委員以上に積極的に寄稿していた『年報』誌上においても一貫して、「戦後教育学＝アンチ教育行政学」批判を具体的に展開するためのトピックとして学校選択制を取り上げていました。黒崎によれば、戦後教育学の教育権理論は、国家介入に対抗する防波堤として「教師の教育権」に重きを置くあまり、「親の教育権」を名目化してしまい、「専門家支配」に近い状況に陥った日本の公立学校の硬直性と、その結果首都圏を中心に浸透する「公立学校離れ」を打開する道筋をみいだせていません。黒崎はその突破口として、「教育の自由」の積極的規定にもとづいた義務教育段階の公立学校選択制を主張します。

これだけなら黒崎の主張と臨教審の「教育の自由化」論とは見分けがつきません。しかし、黒崎は同時に、臨教審の提唱する「教育の自由化」は「市場原理」にもとづく学校選択制だとして、これも明確な批判の対象とします。黒崎自身は、「市場原理」による学校選択制――バウチャー制が典型――と、「抑制と均衡の原理」――check and balance――にもとづいた学校選択制との区別を強調したうえで、後者を主張します。そして、その具体的な事例としてアメリカ・ニューヨーク市イーストハーレム地区で実現している学校選択制を取り上げ、日本での導入可能性を模索していきます。黒崎の立論のポイントは、学校選択への「規制された市場」の導入であり、「どのような規制（＝抑制と均衡の原理の具現化）が必要であり、可能であるか」を問うところにありました。

しかしながら、藤田は、どのような理念にもとづいた制度設計であれ、学校選択制は必然的に教育の世界に序列と格差をもたらし、入学者の選抜と競争の激化に帰結する点で、機能の面では何ら異なるところはない、とする批判を繰り広げます（ただし、そこに具体的なデータ分析にもとづく論証はありませんでした）。現状の改善をめざした制度改革の構想が、臨教審構想と同じく序列化・競争・不平等の拡大をもたらす改悪として批判と棄却の対象となる、という構図です。したがって、この論争の一般的な総括も、「今の教育改革を「新自由主義」として徹底して批判する立場と、批判しつつも評価すべき点もあると見る論者との対立」（広田 2003: 284）とされました。

他方、黒崎による反論（「学校選択＝複合的概念」『年報』6号）では、藤田の批判からは現状改善のための提案が出てこないことへの不満が表明されます。ですが、そもそも藤田は——黒崎ほどには——日本の公立学校の現状に大きな問題があるとは考えていないので、論争は焦点を結ぶことができません。つまり、「「卵を割らずにオムレツをつくることはできないが、たくさんの卵を割ってもオムレツができるとは限らない」…（略）…黒崎はオムレツの有効なつくり方（抑制と均衡の公立学校選択制）を提案しているが、藤田の見るところ、それでは卵が全部ダメになってしまう。では、藤田はオムレツをつくりたくないのかといえば、彼もつくりたがっている。しかし、黒崎の見るところ、藤田はその（少なくとも有効な）つくり方を示していない。」（田原 2007：116）というわけです▼8。

（3）「ゆとり教育＝学力低下／格差拡大」批判の言説以後

こうした論争を尻目に、1990年代後半には現実の教育政策が進展をみせます。子どもの「個性／主体性」重視の教育観にもとづき、「新しい学力観」への転換や「総合的な学習の時間」の設置など、教育現場に実践面で大きな影響を及ぼす種類の改革が実現します。とくに1998年改訂（2002年施行）の学習指導要領では、「総合学習」の設置に加え、学校週五日制の完全実施とも連動した教科学習時間の削減、いわゆる「学習内容の3割削減」が大きな話題を呼びます。「学力低下」論争として注目を集めたなかで、教育社会学者の苅谷剛彦は、「学力低下」が全般的・一律的に発生しているのではなく、社会経済的な階層下位の子どもほど顕著な低下がみられるという不均衡、すなわち学力の「格差拡大」として現象している点を指摘することで政策批判の中心的存在となります。2000年代の苅谷は、アカデミックな研究論文以外にも教育改革批判の著書を立て続けに出版するほか▼9、総合雑誌に時事的論考も多く発表します。そのなかで、子どもの自主性・自発性・主体性、興味・関心・意欲・態度に大きく準拠する教育観にもとづいた教育改革の方向性の総体を「子ども中心主義」的な「自由化／個性化」路線ととらえ、それを階層間の格差拡大をもたらす元凶とみなす批判を繰り広げます。

結果からみると、この政策批判は大成功を遂げました。2002年1月に遠山敦子文部科学大臣が「確かな学力の向上のための2002アピール「学びのすすめ」」を発表したことを受け、マスコミの論調はこれを「ゆとり教育の流れへの修正」や「ゆとり教育から学力向上への転換」と伝え、教育現場での受け止め方も転調をきたしました。この「転調」の一端がどのような性格のものであったかについては、当時の記録として既発表の拙稿にも書きつけてあります。以下は、日本における個別化・個性化教育運動の拠点であった愛知県東浦町をはじめとする東海地方の公立小学校でフィールド調査に入っていたときのものです。

> おそらく、苅谷氏の批判の真意は、制度・政策レベルの課題と実践レベルの問題とを混同することによって生じた制度的・政策的な教育改革の過度に一面的な推進と、その結果蔓延した個性化教育と似て非なる実践――というより実践の不在、空白――にこそむけられていたとみるべきだろう。その限りではまったく妥当な指摘であった。
>
> しかし、その制度・政策の一面性を批判するためにもまた、ある実践に内在する弱点の必然性を擬制するかのような一面的な議論が展開された感は否定できない。事実、この論争以降、「自由化／個性化」の理念を標榜する実践はそれだけで貶価される風潮を生み、30年以上にわたり蓄積されてきた実践の継承も断たれようとする現状がある。それは各々の現場で日々苦闘する教師にとって参照可能な実践オプションの一つが消失すること、貧困化をもたらすことを意味する。（森 2011: 143）[10]

苅谷による改革批判の議論は――藤田とは異なり――、形式的にはデータ分析の結果にもとづいたものでしたが、実証上の手続きには種々の問題が指摘されています（中澤 2003: 153-157; 森 2011: 129-132, 139-141）。にもかかわらず、その「話法」は改革批判のテンプレートを提供することにおいて成功し、定着をみます――いわく、「改革の推進者たちは、その導入によって教育がよくなると思っている。だがその見方は一面的・単眼的であり、実際には「意図せざる結果」として格差拡大をもたらす改悪でしかない」と[11]。こうした言説形式が、すでにみた藤田英典による黒崎批判と同型であることに留意しましょう。教育改革の推進者が何も考えていなかったわけではありません。それどころか、一連の改革の背景には、たとえば“Less is more.”の思想にもとづき、社会経済的不利を抱えた子どもをいかにして学習活動の主役に位置づけていくかという課題をめぐる教育実践開発の歴史的蓄積がありました[12]。苅谷は教育改革への批判にもとづく自らの代替構想の原則として「下に手厚い」教育を提唱していますが（苅谷2001: 225-229）、そもそもそれは当の批判対象である改革案に形を与えた背景――オムレツの有効なつくり方のアイディア――のひとつでもあったのです。

いったん批判言説のテンプレートができあがると、「アクティブラーニング」であれ「個別最適化」であれ何であれ、新たなトピックが浮上するたびに、それに呼応した批判言説のエピゴーネンも繰り返し産出されます[13]。藤田も苅谷も教育社会学者でしたので、1990年代から2000年代の日本に確立するこうした言説の定型を「『教育社会学的』批判のテンプレート」と呼んでおきます（森 2011: 132）[14]。繰り返し浮上し推進される教育実践・改革の諸構想と、それへの定型化した批判言説とが織りなす対立構図の反復。これが「教育の自由化」論以後、1990年代を境に日本の教育政策をめぐる議論で定着した現象であり、私たちRED研立ち上げにかかわった3名が「多様な教育機会確保法案」をめぐる議論の応酬でも繰り返されることを予想した事態に他なりません。そして、私たちはこの事態を回避したいと考えました。先の拙稿引用文中に示したような、苅谷が完成させた「『教育社会学的』批判のテンプレート」の成功がもたらす「副作用」の問題性を重視したからです。

たしかに、私たちは、この法案は「そのまま通してはならない法案」だと考えました。ですが同時に、「潰してはいけない法案」でもあったのです。「通してはならない」が、「潰してもいけない」――この相矛盾する課題に正面から取り組む必要がありました。だからこそ、私たちは「反対運動」として始めかけた同法案との向き合いかたを、本章冒頭に紹介したスタンスへと転回することを選択したのです。

4 「バスに乗る」
――反復される対立構図を乗り越えるために

テンプレートができあがることで、政策批判は容易になりました。容易であることは、なされた批判が重要でないことと同義ではありませんし、妥当性を欠くことを意味するものでもありません。むしろ、政策を立案・遂行する当事者たちへのチェックの眼が大衆化し、「誰にでもできる」ようになる点で、民主的な社会にとっては有益なことだといえるでしょう。しかしながら同時に、政策をめぐる議論――とくに何らかの社会科学的な学術的知見にもとづく議論――には、必ず再帰性 (reflexivity) がつきまといます。政策批判の言説も、発せられた時点でそれ自身が別様の「政策」を推進する機能をもつようになります。当然、それが批判当初には意図していなかった機能、「意図せざる結果」をもたらす場合もありえます。教育実践の主軸を「子ども中心」に置き換えようとして推進される政策への批判言説は、「子どもの規律訓練」を名目にした抑圧的管理を正当化する機能をもちえます。そうした反省 (reflection) をともなわない安易な「「教育社会学的」批判のテンプレート」の活用と、流行に踊らされているような一面的で独善的な政策・改革の推進とは、正確に同じコインの表裏です。私たちは「政策を批判する」にしても、あるいは逆に「推進する」にしても、これまでとは異なる話法と実践を開発し、批判/推進する技法のオプションを増やしていく必要があります。

「多様な教育機会確保法案」の推進には、これまでの教育政策の形成過程にはみられない特徴がありました。それは、市民社会における社会運動の延長上に展開した政治過程の産物としての側面です。その意味で、同法案は「市民立法」の性格を帯びていました。日本では1990年代後半以降、NPO法の制定・改正をめぐる動きのなかで顕在化した政治＝政策過程です（原田 2020）。まずは運動組織の全国ネットワーク化を図り、ロビイング戦術を展開しながら超党派議員連盟の結成を働きかけ、その後は多様な領域の運動組織間の連携・連合へと外延を拡張しつつ、実務を扱う省庁内にも関連アクターを形成し、政策過程への関与を促していくことによって法案の結実にまで至る、というプロセスです。こうした市民＝議員ネットワーク型の立法プロセスが可能になる程度には、日本の市民社会は成熟した――あえて私はそう評価します。このことは同時に、教育領域の問題を政治過程の俎上に載せるための接点が、１９９０年代以前の戦後日本で支配的だった「教職員組合＝革新政党」から、別様の入力インターフェイスへと移行すること（の必要性）を意味してもいます▼15。たとえ今回の立法過程に大きな問題がいくつ指摘できるとしても、その結果できあがった法律が財源規定をともなわない理念法でしかなかったとしても、これが可能になった事実が有する意義は、最大限に重視される必要があります。

「私たちは同じバスに乗り込んだ、乗客であり乗員なのだ」――ＲＥＤ研が選択したスタンスを、このような比喩で表現してみます。公教育のあり方を規定する政策を立案・制定する過程は、もはや私たちから隔絶した官僚と政治家だけが関与する閉じたプロセスではありえません。政策を推進する側はもちろん、それを批判する側も、批判することにおいて再帰的な立案・制定プロセスへの参入を果たしてしまう、この逃れようのない状況のなかでいかなる言葉を紡ぎ、実践を編んでいくかという課題に直面しなければなりません。「教育社会学的」批判のテンプレート」は、この課題を回避している点で安直であり、事態を観察する視線が自己観察にまで徹底されていない点で素朴に過ぎるのです。

比喩を続けます。藤田英典は『年報』誌上での黒崎勲との論争から間もない２０００年には、小渕恵三内閣総理大臣の私的諮問機関である教育改革国民会議の委員として、のちの教育基本法改正につながる審議にかかわりました。ただし、臨教審に始まり当時の教育改革国民会議まで引き続く教育改革の動きは、彼の目には「暴走を始めているバス」にしかみえません。彼はバスのすぐそばにまで近づき（＝委員就任）、しかしあくまでバスの外に立ったまま、バスにむかって「止まれ」「戻れ」と叫ぶ役割を演じました。しかしながら／それゆえに、最終的にバスを止めることはできなかったのだと思います。

一方の苅谷剛彦は、そのジャーナリスティックな嗅覚の鋭さをもって、藤田とは異なる戦術をとりました。彼は各種審議会の委員等には就任せず、一般むけ著書や総合雑誌などを発言媒体として積極的に選び、マスコミを動員した外からの介入戦術を採用したのだと思います。その意味で、苅谷もバスの外に――藤田以上に自覚的に――立ちました。ただし、そこから直接バスを走らせようとする乗員にむかって「止まれ」「戻れ」と叫ぶのではなく、まだ「走り始めたバス」の危険に気づいていない人びとのほうを振りむいて、「バスが暴走を始めたぞ！」と声を上げたのです。その声に突き動かされバスの前にわらわらと集まってきた群衆の数に、バスは速度を落とさざるをえませんでした。短期的にはバスは止まり、ハンドルを切り、後戻りすらしたのかもしれません。しかし、これは重大な「逆機能」をもたらします。政策が短期間に大きな揺り戻しをみせれば、そこから振り落とされるのは、つねに社会経済的・文化的な余力と資源のない人びとだからです。急な政策方針の転換によって学校が右往左往するなかでも、学校外教育を活用するだけの豊富な経済的・文化的資源を有する人びとは、その混乱による痛手を受けません。苅谷が採用した方法は、自らが生起させた（させようとする）揺り戻しの振幅の大きさをコントロールすることができません。

私たちは、このいずれとも異なり、「バスに乗る」ことを選びます▼16。速度を緩めるにせよ速めるにせよ、止めるにせよ進路を変えるにせよ、最も実効性のあるバスの制御方法は、自らもバスに乗り込み、操縦に参与することだからです。ブレーキもアクセルも、ハンドルもギアも、バスの操縦に必要な装置は、すべてバスのなかにあります。現代社会で進行する個人化・グローバル化という社会変動と、それによって学校の抱える問題が多様化・複雑化すること自体は不可避です。また、成熟した市民社会が政治システムへとアクセスし、声を上げようとする口を塞ぐこともできません。私たちがある特定の政治的アジェンダをめぐって対立しているようにみえるとき、じつは別様の観点を採用すれば、同じ目的を実現するための機能的に等価な選択肢として互いを理解できるかもしれません。あるいはその逆に、同じ目的の実現をめざしているようにみえて、じつは各々が別様の、むしろ対立しあう観点＝準拠問題のもとでその選択肢を位置づけていることがわかるかもしれません。運動・改革・政策等の意思決定を推進する側だけでなく、それを批判する側も、まさにその批判することにおいて、つねに・すでに再帰的な意思決定プロセスに巻き込まれている事実への自覚的な対峙――それが「バスに乗る」という比喩の意味するところです。

推進派には「足を引っ張る」議論にばかり時間と労力を割くようにしかみえず、反対派からはほとんど「ネオリベ」と見分けがつかないスタンスかもしれません。「ミイラ取りがミイラになる」といった類のリスクもあるでしょう。それでも私たちの目標は、教育改革の言説に書き込まれた「自由」や「選択」といった概念の意味論を、「市場」ベースの用語系・問題系に回収されることなく論じていくための別様の枠組みを構築し、そこから描かれる将来構想の全体像を模索することにあります。当初法案を生み出した一連の動きを、長く継続する歴史的過程の一局面として把握したうえで、単純で粗悪な「市場化」「民営化」へとつながりかねない公教育の再編とは異なる道筋を示すことです。そのために私たちが準拠するのは、これまで相互に十分関連づけられてこなかった、さまざまな領域で営まれている――本章冒頭の「本会の趣旨」文中に示された、拡張された意味における――「多様な教育機会」にみられる実践の論理です。

1巻は、「多様な教育機会」にみられる実践の論理を主題とします。Ⅰ部では、編者の3名が「多様な教育機会」の実践の論理をみていく際に採用する視点をそれぞれの角度から検討し、なぜそのような視点が要請されるのか、その意義について整理します。１巻の本論部分となるⅡ部では、具体的な「多様な教育機会」の実践の論理を丁寧にみていきます。最後のⅢ部は、１巻の、というより本シリーズ全体の「解題」として、ＲＥＤ研の運営や取り組み方の特徴についてのふり返りと、「多様な教育機会確保法案」ならびに「教育確保法」の成立経緯についての解説を収録しています。

２巻は、「多様な教育機会」という視点がもたらす問題提起に呼応することのできる、アカデミックな言語を新たに作り出そうとする模索です。ＲＥＤ研が採用したスタンスのもとで、教育の政策・組織・運動・実践を論じるための新たな話法がどこまで可能になるのか、いわば――『年報』とは異なる形での――「新しい教育学」を生み出すための試行錯誤の成果です。

こうした私たちの取り組みが、新しい回路を切り拓くことにどこまで成功しているか、それとも失敗しているのか、読者であるみなさんに判断していただきたいと思います。そのいずれであったとしても、私たちの突き当たった限界から１歩先へと、ひとりでも歩みだす人がいてくれれば、本書の試みは成功したといえるでしょう。

注

１　ウェブサイトは下記アドレス、またはＱＲコードより（https://sites.google.com/view/rethinking-education/%E6%9C%AC%E4%BC%9A%E3%81%AE%E8%B6%A3%E6%97%A8）。

２　２節で紹介する文脈以外にも、教育をめぐる議論では一般に、「多様（性／化）」という言葉には、それを称揚する肯定的評価が広く共有されがちな反面、「多様化」と「垂直的な格差拡大」との互換関係を自明視する否定的評価もつきまとうのがふつうです。３節の議論もこれに関係しますので、参照してください。

3 貧困をはじめとする社会経済的要因と深い関連をもつタイプの不登校は、「脱落型不登校」や「養護型不登校」と呼ばれ、分類されることがあります。

4 苅谷（2009）による命名で、「個の平等」を直接保障するのではなく、個人間の差異を顕在化させずに、学級・地域・都道府県など「面」単位での標準化にもとづいた教育資源の配分によって間接的に、個人間に存在する差異を縮小させようとする平等志向を指します。

5 「義務教育の段階における普通教育に相当する教育の機会の確保等に関する法律」、略称「（普通）教育機会確保法」。最終的にはフリースクールと夜間中学だけを対象とし、その位置づけも既存の「学校」体系を補完するものへと大幅な後退を示しました。

6 第1部会「二十一世紀を展望した教育の在り方」、第2部会「社会の教育諸機能の活性化」、第3部会「初等中等教育の改革」、第4部会「高等教育の改革」。

7 森田尚人（教育哲学・教育思想史）、藤田英典（教育社会学）、黒崎勲（教育行政学）、片桐芳雄（日本教育史）、佐藤学（教育方法学）の5名。このうち1951年生まれの佐藤学を除く全員が1944年生まれ。創刊号の「創刊にあたって」は黒崎勲による執筆、第2号の「まえがき」は藤田英典による執筆。創刊の提唱者は森田尚人でしたが、森田は第5号を最後に編集委員から降りました。この第5号までが「第1期」、第6号から第10号までが「第2期」とされます（第6号、黒崎執筆「あとがき」）。第11号以降も編集委員を替えて刊行される予定でしたが、実際には無期休刊に入ります。2019年に新規編集委員のもと「第3期」と称して世織書房から復刊、「第11号」とナンバリングされています。

8 なお、森（2023）では、両者の論争に内在した「未発の契機」ともいうべき焦点の所在を明らかにしたうえで、その展開可能性について議論しています。専門的な内容に踏み込んだ議論に関心のある方は参照してください。

9 『階層化日本と教育危機——不平等再生産から意欲格差社会へ』（有信堂高文社、2001年）、『教育改革の幻想』（ちくま新書　2002年）、『なぜ教育論争は不毛なのか——学力論争を超えて』（中公新書ラクレ　2003年）、『学力と階層——教育の綻びをどう修正するか』（朝日新聞出版　2008年）など。

10 ただし、個別化・個性化教育の実践をめぐる状況は、2020年以来のコロナ禍のもとで急速に進展したGIGAスクール構想と「個別最適化」等のキーワードの拡散により、拙稿が記した時点からは大きく様変わりしています。このトピック自体がRED研の重要テーマのひとつであるため、その詳細や含意については本シリーズ2巻1章所収の卯月由香論考などを参照してください。

11 「格差拡大」の箇所には、それ以外の任意のネガティブな帰結を表す概念が挿入可能です。

12 このような歴史的蓄積を反映した教育実践の現代的様相については、たとえばアップル＆ビーン編（2013）を参照してください。教育社会学の研究論文のなかでも肯定的に引用されることの多い批判的教育学者のマイケル・アップル――本書編者のひとり澤田のアメリカ時代の指導教員――が、まさにこの同じ時期に（原著初版1995年、第2版2007年）、アメリカの教育実践者と共編で出版した著書です。訳者は澤田稔です。

13 小針誠『アクティブラーニング――学校教育の理想と現実』（講談社現代新書、2018年）や石井英真ほか『流行に踊る日本の教育』（東洋館出版社、2021年）など。後者は教育方法学やカリキュラム論などを専門とする気鋭の教育学者を執筆陣の中核とする著書ですが、批判対象とする改革構想を社会的背景のもとに位置づける議論のなかでは、複数の教育社会学者による文献群を参照しながら立論上の根拠としています（石井ほか前掲：25-35）。

14 1990年代以前の教育社会学は、教職員組合運動と密接な関係をもちつつ国家との対抗をベースに展開した「戦後教育学」とは距離を置き、国家の経済政策・教育政策に追従する周辺的な領域として、教育学のなかでは明確な批判と貶価の対象となる分野でした。1960年代の高度経済成長期に――国が打ち出す教育政策への「反対」ではなく――経済発展がもたらす人材需要の予測と、それにもとづく高校の「多様化」政策に貢献し、これを推進する知見を提供したからです。教育政策をめぐる言説闘争のなかでの教育社会学の性格の変化は、ここで論じている対立構図の変容を理解するうえでの要点となっています。

15 RED研の主要メンバーのひとりである武田緑は、民間のNPO・教育団体による「多様な教育」の可能性を模索し紹介することをとおして、日本の学校のあり方を問い直す運動・実践を展開してきました（武田 2021）。近年の武田は、学校現場を変えるために学校現場で働く教職員の声を吸い上げ、政治過程へと入力する――旧来の教職員組合＝革新政党とは異なる――オルタナティブなプラットフォームの形成をめざす School Voice Project（https://school-voice-pj.org/）を展開しています。

16 正確を期すなら、「すでにバスに乗っている者」としての自覚から始めます、と言い直すべきですが。

文献

アップル、マイケル＆ビーン、ジェームズ編、澤田稔訳（2013）『デモクラティック・スクール――力のある学校教育とは何か』上智大学出版会堅田香織里（2019）「「子どもの貧困」再考――「教育」を中心とする「子どもの貧困対策」のゆくえ」佐々木宏・鳥山まどか編『シリーズ子どもの貧困3 教える・学ぶ――教育に何ができるか』明石書店：35-57頁
ガーランド、デイヴィッド、小田透訳（2021）『福祉国家――救貧法の時代からポスト工業社会へ』白水社
苅谷剛彦（2001）『階層化日本と教育危機――不平等再生産から意欲格差社会へ』有信堂高文社
苅谷剛彦（2009）『教育と平等――大衆教育社会はいかに生成したか』中央公論新社
武田緑（2021）『読んで旅する、日本と世界の色とりどりの教育』教育開発研究所
田原宏人（2007）「子育ての自由の平等と福利追求の自由の不平等」田原宏人・大田直子編『教育のために――理論的応答』世織書房：91-121頁
中澤渉（2003）「教育社会学における実証研究の諸問題――教育社会学の自己反省の試み」『教育社会学研究』72：151-169頁
仁平典宏（2015）「〈教育〉化する社会保障と社会的排除――ワークフェア・人的資本・統治性」『教育社会学研究』96：175-196頁
橋本伸也（2013）「近現代世界における国家・社会・教育」広田照幸・橋本伸也・岩下誠編『福祉国家と教育――比較教育社会史の新たな展開に向けて』昭和堂：3-76頁
原田峻（2020）『ロビイングの政治社会学――NPO法制定・改正をめぐる政策過程と社会運動』有斐閣
広田照幸（2003）「教育と国家――教育政治のねじれと戦後教育史像」『日本の教育史学』46：284-292頁
森直人（2011）「個性化教育の可能性――愛知県東浦町の教育実践の系譜から」宮寺晃夫編『再検討 教育機会の平等』岩波書店：115-146頁
森直人（2023）「「藤田－黒崎論争」を展開する――教育行政＝学校組織のエスノメソドロジーにむけて」『教育学年報14 公教育を問い直す』世織書房：223-245頁

第Ｉ部 「多様な教育機会」を考える
——ジレンマの見方

第1章

「多様な教育機会」と教育／福祉
ジレンマのなかで、ジレンマと向き合う実践の論理

森 直人

1 はじめに
――「多様な教育機会」概念の拡張と教育／福祉という視点

2016年4月のRED研立ち上げに先立って繰り返した半年ほどのブレインストーミングの期間においてすでに、私たちは「多様な教育機会」の概念でとらえる対象を、「多様な教育機会確保法案」が形をとるまでの過程に直接かかわった組織・機関――フリースクールや夜間中学校、オルタナティブスクールやブラジル学校などの外国人学校――から大幅に拡張して考えていました。そこには貧困対策や生活困窮者支援、あるいは居場所事業など、制度的には福祉領域に位置づく育ちの場や支援の取り組みが含まれていました。RED研のとらえる「多様な教育機会」概念の射程には、公立私立の学校はもちろん、これまで公教育体系の外部に置かれ、ときに福祉の領域に編成されることもあった、成長する人びとの生を支える多様な支援の場が収まっていたわけです。いいかえれば、「多様な教育機会」をとらえる視角として、当初から「教育と

福祉の区別」（以下、節約的表現として「教育／福祉」と表記します）が埋め込まれていたのだといえます。本章では、なぜフリースクールや夜間中学校以外の、法案とはもともと何の関係もなかった支援の場まで含めて「多様な教育機会」という同じカテゴリーのもとで検討するのか、そこにどのような意義があるのか、さらにそのさい教育／福祉という視角が採用されるのはなぜか、それによってどのような考察が可能になるのかという疑問に応えます。

立ち上げから3年余りが過ぎた頃から、ＲＥＤ研では——前記のように射程が拡大されたところの——「多様な教育機会」で支援の取り組みにかかわってきた当事者による実践報告が提供され、それをめぐって丁寧な議論を交わすスタイルが確立してきます。既存の制度の枠に収まりきらず、場合によっては教育と福祉の双方にまたがり、制度の狭間や周縁に位置づけられがちな実践は、そこでの取り組みの意義づけや、日々直面する課題や矛盾に対して抱える思いの言語化に苦労することが多々あります。それぞれの現場でモヤモヤしたまま自分でもうまく言語化できずにいる悩みや考えを、時間をかけてフロアと共有しつつ、整理し、反省的な検討を加えることで、少しずつそれらに明確な言葉を与えていこうとする議論のスタイルです。本章は、私がＲＥＤ研で共有されてきた話題提供と議論の蓄積に学びながら、それらの実践群に通底する性質を考えてきた軌跡を振り返り、その性質に対して「ジレンマのなかで、ジレンマと向き合う実践の論理」という定式化を与える結論にむかって進みます。結論部では、「ジレンマ」という言葉が、必ずしもネガティブな意味ではなく、むしろポジティブな要素が込められた不可欠のキーワードとなり、ＲＥＤ研が参照してきた「多様な教育機会」で繰り広げられている実践をみていく視角を構成することになるでしょう。

「多様な教育機会」の概念を拡張すること、そしてそこに教育／福祉の視点が要請されることは、ＲＥＤ研の立ち上げにかかわった森・澤田・金子の3名にとっては、あらためて示し合わせる必要もないほど自明なこととして共有されていました。それは3名それぞれの専門分野――教育社会学・社会階層論、批判的教育学、社会政策論――がいずれも家庭環境による不平等や貧困といった事象、あるいはそうした現実への対抗策として社会的（social）な対応・施策・実践――社会保障・社会福祉・社会政策など――の重要性に関心を寄せる学問領域であったことに由来するのかもしれません。ですが、それだけではなく、RED研の発端となった「多様な教育機会確保法案」、そしてその後に「多様な」の文言がすべて削除されることで成立した「教育機会確保法」の条文のなかに、それでも残ったいくつかの重要な言葉とのかかわりで理解したほうがよいと思われます。

序章でも触れたように、日本の教育法規としてはじめて書き込まれた「児童の権利に関する条約」（第1条）の語や、教育の機会均等について定めた教育基本法第4条からさらに踏み込んだ「年齢又は国籍その他の置かれている事情にかかわりなく」（第3条）との文言がなにより画期的だったことはいくら強調しても足りません。ですが、ここで重視したいのは、それとは別の一連の言葉たち――「福祉」「休養の必要性」「困難／安心」「実情・状況・実態――を踏まえ・に応じた・に配慮・を把握」「意思を尊重・把握」――です▼1。教育機会確保法のなかでは以下の条文中に用いられています。

第2条　就学が困難

第3条　安心……不登校児童生徒が行う多様な学習活動の実情を踏まえ……個々の不登校……児童生徒の状況に応じた必要な支援……安心……意思を十分に尊重しつつ

第8条　安心……児童生徒の置かれている環境その他の事情及びその意思を把握……学校生活上の困難……個々の児童生徒の状況に応じた支援

第9条　学校の教職員、心理、福祉等に関する専門的な知識を有する者
第10条　不登校児童生徒……の実態に配慮
第12条　学習活動の状況、不登校児童生徒の心身の状況その他の……状況を継続的に把握
第13条　個々の不登校児童生徒の休養の必要性……当該不登校児童生徒の状況に応じた学習活動
第18条　学校の教職員の配置、心理、福祉等に関する専門的な知識を有する者
第20条　学校生活上の困難……教育及び福祉に関する相談

まず端的に、「教育」機会の確保を謳った法律のなかに「福祉」の語が頻出します。それは、児童生徒が直面している「困難」と向き合い、「安心」への転化をめざす営み、とりわけ不登校児童生徒の置かれている「実情・状況・実態」を踏まえ、それに応じた、適切な「配慮」にもとづく働きかけを要請するものであり、その根底には児童生徒本人の「意思」を「把握」し、なによりそれを「尊重」する、という原則が通底している／いなければならないもの、といった意味内容として全体が読み込めるように構成されています。この点を本章ではもう少し掘り下げていきます。

以下、2節では教育／福祉という視点が、なにもRED研のオリジナルというわけではなく、また近年になってはじめて出現した新奇なアイディアでもない、むしろ19世紀末から今日に至るまでの教育と福祉それぞれの制度化の歴史的過程に付随した通常の発想であったことを確認します。教育／福祉という視角の系譜をたどり、時代を超えて共通する側面と今日の特徴を考える足がかりにします。続く3節で、教育／福祉という視点から実践をとらえた場合に、教育と福祉それぞれの領域で支配的なコミュニケーションのあいだに認められる同一性と差異性について考察します。ここではいったん抽象度を上げて、教育と福祉のコミュニ

ケーションを比較して把握する観点からそれぞれの特質を検討します。その結果、「多様な教育機会」の教育と福祉が接するところでは、相異なる規範や論理のあいだでのジレンマに直面せざるをえない状況が、そしてそれゆえの葛藤・摩擦や場合によっては対立が常態となることを確認します。最後に4節では、しかしながら、そのジレンマを直視し、引き受け、向き合いながら働きかけを持続する姿勢こそが、「誰も取り残されることなく、学び、育つ権利が保障される社会の実現という理想」▼2にむけて求められる実践の論理となっていること／なるであろうことを結論とします。

2 教育／福祉の歴史的展開

日本で教育と福祉が近代的な制度領域としての形成を開始するのはいずれも明治維新後、とくに本格化するのは19世紀末以後のことだといえるでしょう。この節では、教育／福祉の境界と線引きに着目しながら、19世紀末から今日までを以下の四つを画期として区分しつつ、教育／福祉がどのような形の問題提起をともないながら浮上してきたのか、その歴史的変遷について大雑把な見取り図を描きます。すなわち、(1) 福祉が教育を取り込むことで拡大と確立を遂げつつ、教育との線引きを試みる19－20世紀転換期（とくに1910年代）、(2) 教育と福祉の境界が画定され、「二元的法制」が確立する戦後改革期、(3) 福祉に教育をもち込み、教育にも福祉をもち込もうとする「教育と福祉の統一」志向と、逆に教育のなかで福祉との線引きを試み、教育から福祉を排除しようとする「教育と福祉の区別」志向とが併存した1970年代、(4) 福祉と教育の連携が模索される1990年代を経て、RED研もその渦のなかに置かれているといえる20－

図表 1-1　教育／福祉の歴史的展開

	19-20 世紀転換期	戦後改革期	1970 年代	20-21 世紀転換期
制度の契機	分出	分離	区別と統一	連携と連動
事項	感化救済事業 ↓ 社会事業 （社会教育との線引き）	教育基本法＝学校教育法体制 社会福祉、児童福祉法 教育と福祉の二元的法制	教育福祉論（小川利夫） 「教育と福祉の統一」 「二つの「教育」発想」	SC 制度・SSW 活用事業 高等学校等就学支援金制度 子どもの貧困対策推進法 生活困窮者自立支援法 多様な教育機会確保法案

21世紀転換期以後、福祉領域での教育重視の政策動向と教育領域での福祉の強調との連動――いいかえると教育と福祉の双方が互いを取り込もうとする動きの併存――が顕在化する２０１０年代、の四つです。

（1）は、教育と福祉それぞれが制度領域として「分出」する時期です。教育制度が１８７２年の学制の頒布に端を発するのは広く知られていますが、20世紀に入るまでは義務教育への就学率は決して高くなく、毎日登校・出席するのが社会で当たり前になるのは１９１０年前後まで、なかでも最も遅れた大都市部貧民地区で小学校への義務就学が定着するのは１９３０年代までずれ込みました（清川 2007: 658-9）。他方の福祉は、そもそも制度・領域・事業の名称が歴史的に大きな変遷を遂げています。それは同時に、制度・領域・事業の内実をどのように規定するかの模索と発展の過程でもありました。

現在「社会福祉」とされる制度領域は、19－20世紀転換期までは「慈善事業」、あるいは「救済事業」と呼ばれており、貧民や孤児・棄児の保護・救済は、民間の篤志家や宗教団体を担い手の中心とする文字通りの「慈善」として施されていました。やがて貧窮に対する事後的な「救済」の域を超え、個人の人格に影響を及ぼすことで事前の予防に重きを置いた「感化救済事業」への展開をみせます。それまでの「救済」色が濃く、事後的な限定性の強かった福祉の世界に、「感化」（人格の善導）

という教育の要素が組み込まれることで、事業領域としての拡大・膨張を遂げました。その後、1910年代に入ると国家の関与が本格的に制度化され、「社会事業」として戦前日本における確立期を迎えます。この「社会事業」の確立は、やはり1910年代にもう一方の教育の世界で誕生していた「社会教育」と呼ばれる事業領域との区別のもと、それとの線引きを意識しつつ、「社会事業」の内実の模索と取捨選択をつうじて達成されます（池本 1999, 野口 2019；2018；2017）。1920－30年代に入ると、「社会事業の教育事業化」と「教育事業の社会事業化」の双方が必要とする見解・スローガンの形で、教育／福祉の視点が関係者のあいだに普及していきます（川本 1921, 菊池俊諦氏還暦祝賀会編 1934など）。

（2）は、教育と福祉が制度領域として互いに「分離」を果たす時期だといえます。第二次世界大戦後、日本の国家機構全体を対象とする戦後改革のもとで、教育の世界では、天皇中心の教育勅語を廃止し、日本国憲法を支える教育基本法が制定され、そのもとで学校教育法が学校の具体的なあり方を規定する教育基本法＝学校教育法の体制が確立します。それは同時に、学校体系の分岐型から単線型への大きな転換をともないました。義務教育の小学校修了後の中等教育段階ですぐに大学進学可能な学校とそれ以外の教育機関とに完全に分岐していた制度から、大学までの教育段階で行き止まりとなるルートが存在しない学校体系への移行を実現したわけです。他方の福祉領域でも、恩恵や慈善としての性格を払拭できていなかった「社会事業」から、基本的人権の理念を基盤に据えて「無差別平等の原則」を謳った生活保護法の誕生に象徴される全面的な制度整備と立法措置が遂行され、制度領域の名称も「社会福祉」へと変更されます。

これによって就学年齢の子どもに対しては、一方で教育基本法＝学校教育法の体制が、他方で児童福祉法がそれぞれ基本原則を掲げることで機能を分担する、教育と福祉の「二元的法制」とも呼べる棲み分けが確立します（木村 2015: 70）。とはいえ、たとえば最低生活費未満の世帯の子どもに対しては、一方で教育領域の就学援助の制度が、他方で福祉領域の生活保護・教育扶助の仕組みによる対応とが重複する可能性が残るなど、実態面では教育／福祉の截然とした分離がもたらされたわけではありません。ただ、そうした教育／福祉の境界問題はつねに潜在しつつも、一定の分離の達成のもとでそれぞれの制度領域が安定的に展開していく局面への移行を果たしました。

（3）は、教育と福祉の「区別と統一」の拮抗と模索の時期であり、日本の教育／福祉の系譜のなかでも重要な画期となります。高度経済成長を追い風として1970年代には高校進学率が9割を超え、教育制度の量的拡大、義務教育後の進学が当然視される高学歴化が進展します。この時期の教育領域に「教育福祉論」を自称する問題提起が出現します。小川利夫らによる教育福祉論の主張の核心は、端的には「(児童養護施設などの児童）福祉の世界に置かれている子どもたちの教育権保障」にありました。背景には、生活保護受給世帯や児童養護施設で生活する子どもたちが15歳で義務教育を修了しても高校進学することができず、就職＝自立生活を事実上強要されるなど、学習権の保障がなされていないとする事実認識がありました。ここでの教育／福祉の視点とはしたがって、福祉の領域に教育の制度原理を組み込む志向として理解できるでしょう。

教育制度の量的拡大の達成は、同時に、教育政策の争点を質的充実にむけた施策の提案へと移行させました。当時の日本の保守・対・革新の政治状況のもと、文部省側では、中央教育審議会の1971年答申「今後における学校教育の総合的な拡充整備のための基本的施策について」がそれにあたります。文部省の教育政策に対抗的な進歩派教育学者を担い手とするシンクタンク機能を有した日本教職員組合も、同じ時期に教育制度検討委員会を組織して、独自に教育制度のトータルな青写真を描こうとします。じつは先に名前を挙げた教育福祉論の小川利夫は、この教育制度検討委員会の事務局長を務めてもいました。そこでは「教育と福祉の統一」というキーワードのもとで、教育／福祉をめぐる問題が主要な論題のひとつとして挙がります。

具体的に想定されていたのは、保育（幼保）一元化や学童保育の位置づけ、さらには養護学校の義務化といったトピックでした。のちに小川は当時を振り返り、「教育と福祉の統一」をめぐっては「二つの「教育」発想」が激しく対立し、容易に議論の収束をみなかったと述懐しています（小川ほか 1994: 434-5）。ひとつは、家庭環境等にさまざまな困難を抱え、教育から疎外されてきた子どもの問題を包摂していくべきだとする、いわば福祉的な機能を重視する教育発想です。その対極には、教育とはつまるところ授業である、したがって教育は授業の高度化をめざすべきであり、福祉的機能のような錯雑をもたらす不純物は除去すべきだとする発想があったといいます。福祉を積極的に取り込むことで教育を再定義しようとする志向と、逆にそれを除去することで教育の純化と高度化をめざす志向とがせめぎあっていたわけです。教育の側から教育／福祉が問題となるときの原型のひとつがここにみられます。

（4）は、教育と福祉の「連携」の模索から「連動」へと展開していく時期だといえます。1992年に始まる学校週5日制の段階的実施により、子どもたちを学校に拘束する総時間に限定を加え、家族や地域に返していこうとする動きのなかで、この時期の福祉領域では「福祉と教育の連携」論の提唱が散見されるようになります（林ほか 1992, 山崎ほか 1993）。その後、1994年の「児童の権利に関する条約」の批准・発効、1995年のスクールカウンセラー制度、さらに「子どもの貧困」の顕在化を背景とする2008年のスクールソーシャルワーカー活用事業の実施等を経て、2010年代に入ると、教育／福祉をめぐる議論の具体化や政策動向が本格化します。教育領域では高等学校等就学支援金制度（2010年）、福祉領域では子どもの貧困対策推進法（2013年）や学習支援事業の規定を含む生活困窮者支援法（2013年）などが続いており、これまで公教育体系から排除されていた組織や活動を取り込む動きと、顕在化する貧困・社会的排除への対応策として教育を重視する福祉政策とが連動しながら、既存の教育／福祉が急速に流動化している事態として理解できるように思われます。

教育と福祉には互いに通底する面と、しかし同時に鋭く異なる特質とがあるからこそ、制度化の過程をつうじてつねに両者の線引きや内実の対比が問題とされてきました。そして、RED研が立ち上がったのは、前記（4）の局面を迎え、その端緒――「連携」の模索――からすでに一定の時間が経っており、教育／福祉をめぐる境界性や相互浸透性が実践現場の実感として沈殿していく日々の蓄積が進んだあとの時期だったといえるのではないでしょうか。この実践の意義は何なのか、こういう活動が広がらないのはなぜなのか、逆にこういう形で広まってしまってよいのだろうか、何をめざしてどう取り組んでいけばよいのだろうか、等々――こうした問いに明快な答え、解釈や指針を与える言語が編み出されるよりも先に、つねに現場は目の前の子どもの現実との対峙を迫られ、そのつどすでに実践の形をとった「解」を与えているわけです。

RED研は、すでに日々の現場で――「失敗」も含めて――実現している実践の論理に学び、それに言葉を与えようと試みることを足がかりに、「単純で粗悪な「市場化」「民営化」へとつながりかねない公教育の再編とは異なる道筋」▼2を模索しようとしたのです。

3　実践としての教育／福祉

（1）3つの留意点――「実践」と「区別」

それでは、実践としての、あるいは実践のなかの教育／福祉とは、どのような区別でしょうか。その考察に入る前に、検討の前提となる留意点を三つ確認しておきます。一つめは「実践」についてです。ここでの「実践」とは、実際に子どもたちと接し、やりとりを交わす、いわば表舞台でのそれのみを指すのではなく、その表舞台を設定し維持するために必要となる種々の交渉――行政や他の専門機関・支援組織との折衝――や、資源の獲得――資金・人員・施設設備の調達――など、舞台裏での活動も含むものとして用います。

二つめは「区別」についてです。一般に何かと何かが区別できるとき、私たちは両者のあいだに差異をみいだしているわけですが、その差異をそれとして指し示すためにも、それに先立って両者が比較可能になる同一性がみいだされていなければなりません。たとえば女／男／それ以外といった区別は、同じ人間であるという同一性を基盤にしてはじめて有意味です。まったく同一の要素をもたないものを比較し区別することはできません。したがって区別とは、同一性と差異性の双方を同時に指し示すことにほかなりません。この両側面を切り離すことなく検討する必要があります。

また、ある区別が、境界を挟んだどちら側からの同一性と差異性の指し示しなのか、ということに自覚的であることも重要です。どちら側からみるかによって、見え方がまるで変わるからです。これが三つめの、そして最も重要な留意点です。以下で展開する教育と福祉の区別は、「多様な教育機会確保法案」が教育領域での法制化をめざした構想であったことに依存して、すべて教育の側からみた福祉との区別ということになります。福祉領域での対象者への働きかけには、経済的給付などの物質的な援助と、対人支援の実践・サービスとの2側面があります。困窮している人に生存に必要な現金を渡すというのは福祉的実践の重要な中核をなします。ですが、教育領域でこれと同等の働きかけは存在しません。子どもにお金を渡すことをもって「教育」とは呼ばないわけです。ですので、教育の側からみた教育／福祉というのは、福祉領域における経済的給付の側面を削ぎ落した、対人支援実践としての側面のみを検討の俎上に上げる視点だということに注意を喚起しておきます。これは以下で教育／福祉を考察するときに不可避の、そして軽視してはならない考察の前提となることに留意しましょう。

（2）教育／福祉における同一性と差異性

教育と福祉の領域で繰り広げられる実践は、いずれも、人のよりよい・より望ましい方向への変化にむけて働きかけるコミュニケーションだという点で同一です。「福祉なくして教育はなく、教育のない福祉はない」（浦辺史）、「福祉は教育の母胎であり、教育は福祉の結晶である」（小川利夫）——教育／福祉の視点をもったRED研の先達も、つねにこのことを強調してきました。「教育における「福祉的機能」、社会福祉における「教育的機能」を考えていくと、何が社会福祉であり、何が教育なのか、必ずしも明確ではなくなってくる」（大橋謙策）、「福祉とは教育の前提であり、またその基盤である」「両者はじつは統合化されていかなければならない、そういう性格」（一番ケ瀬康子）、あるいはいっそう端的に、「教育は福祉である」（伊藤和衛）等々、こうした指摘は枚挙にいとまがありません。

ここで一点だけ補足しておくと、人のよりよい・より望ましい方向への変化にむけて働きかけるコミュニケーションは、なにも教育と福祉のみに限りません。医療や看護の領域で展開する実践も、異なる専門知に依拠した同様のコミュニケーションだといえるでしょう。ですので、教育と福祉は相互に排他的な二項コード——教育か、さもなければ福祉——を構成するものではありません。医療との接点においては「療育」と呼ばれて区別される他の重要な概念も存在します。この点はここではこれ以上掘り下げません。教育／福祉には他の第3項との区別もまた潜在しているという点への注意を促すにとどめたうえで、つぎに、教育／福

図表 1-2

祉を隔てる差異性についての考察に進みます。

教育も福祉も、人のよりよい・より望ましい方向への変化にむけて人にかかわる実践だという点では同じです。ですが、実践のスタートとゴールが異なる、いいかえると、実践が踏まえる「前提」と、実践の「達成」とされるものの扱いとが二つの領域のあいだでは対照的です。この違いについて考えるために、図表1－2をみてください。

教育領域での実践のスタートラインは、対象者の――発達上の、あるいは、身につけている知識等における――同質性に置かれます。義務教育であれば年齢が、それ以降の教育段階なら入学試験への合格が、その後の教育的なコミュニケーションがなされる前提となります。それは、対象者の側が実践の前提となる基準・標準を満たしているという同質性を仮構するための手続きです。したがって、この同質性は必ずしも実態を示すものではなく、あくまで前提にすぎません。前提が裏切られている現実があるとしても、その現実の探索とそれへの対応が主眼になるのではなく、同質性の仮構＝前提を踏まえたうえで、その後の「よさ・望ましさ」にむけたコミュニケーションが続いていく、というのが教育的な働きかけの特徴となるわけです▼3。そして、その働きかけのゴールが達成されたかどうかの評価は、働きかけをなした側ではなく、働きかけを受けた対象者の側の個人に帰属されるという大きな特徴があります。「成績」は教師の評価である以前に、子どもの達成を測る指標であるわけです。この達成評価の――被教育者への――個人帰属があるからこそ、その結果を用いた人びとの選抜・配分が教育システムの重要な社会的機能を構成することになります。

これに対して、福祉の世界での実践のスタートライン（前提）は対照的です。そこでは、現状においてあるべき（標準として一般に期待されてしかるべき）必要の「欠如」の探索と、その結果みいだされた「欠如」の実態――「保育に欠ける」「養護に欠ける」等々、一般に「児童の福祉に欠ける」状態――が、実践のスタート地点となります▼4。何が現状において満たされているべき一般・標準・基準とみなされるかは社会レベルでの合意――「健康で文化的な最低限度」の内実の解釈――にもとづきますので、その水準や内容は歴史的に変化します。ですが、教育的な実践ではスタート地点での同質性を仮構することによって、その仮定を裏切る実態があるか否かを探索しようとする視線（図表1－2の左側への視線）があらかじめ打ち切られていたのに対して、福祉的実践は、教育的実践が打ち切った視線の先にあるはずの「一般的標準が満たされていない実態」こそを根拠として立ち上がる点で一貫しています。図表1－2でいえば、真ん中の「社会レベル」で共有される「一般・標準・ふつう」の基準を境に、「よさ・望ましさ」にむけた右側の領域で教育的な働きかけが繰り広げられるのに対して、福祉の実践は左側で展開します。それが対象者の「実情・状況・実態」を「踏まえ・に応じた・に配慮・を把握」することをコミュニケーションの準拠点とするということです。

他方で、福祉領域での実践のゴール地点は、あるべき必要・標準が満たされたところで働きかけが打ち切られる、という点で特徴的です。図表1－2の左側の欠如の現状からスタートした実践は、対象者の状況が真ん中の「一般・標準・ふつう」の水準に達したところで目的を果たしたことになり、そこで打ち切られ、それより右側の「よさ・望ましさ」にむけては接続していきません。前節で触れた小川利夫が問題視したのは、福祉的実践のこの側面です。児童養護施設等に入所している子どもたちが義務教育を終えても高校に進学できず、就職を強要される現実に対して、「児童福祉サービスにおける学習権・教育権保障」という問題提起をせざるをえなかったのも、福祉的実践が図表1－2の真ん中に到達した時点で打ち切られ、右側へと接続していかない特性をもつからこそでした。

小川の教育福祉論は、教育の側からの、教育の論理にもとづく福祉領域への異議申し立てでしたが、これに限らず、二つの領域のあいだには「困難な確執や対立」（吉田敦彦）が発生しがちです▼5。むしろそこで目立つのは、福祉の側から教育にむけられた批判あるいは非難でしょう。「社会福祉から教育の側にむけての議論は、しばしば「告発」の形態をとってきた」（青木紀）といえます。「学校（教師）には貧困がみえない、みようとしてくれない」といった「告発」は、図表1－2の左側への視線をもたず右側のみで展開する教育的コミュニケーションに対する、福祉の論理の要求です。私が専門とする教育社会学・社会階層論の実証研究が「出身階層による教育達成の格差」の知見にもとづき突きつける学校批判・教師批判の言説も、基本的には同じ福祉的視線に立脚したものだといえるでしょう。すなわち、図表1－2の右側と左側とを架橋する教育／福祉の視点とは、「教育機会の平等」の問題を、しかもその「実質的な平等」を焦点化するさいに不可欠な視点、問題提起でもあるのです。

（3） 教育／福祉がもたらすジレンマ

二つの領域のあいだに「困難な確執や対立」「齟齬、摩擦、確執」の関係が指摘されるように、教育／福祉がかかわる「多様な教育機会」での具体的な営みをみていくと、それらがジレンマに満ちた実践の場となっていることがわかります。前項でみたように、教育／福祉は、実践がめざす方向性において同一、でありながら、実践の前提（スタート）と達成（ゴール）の扱いにおいて対照的でした。前者ゆえに、教育と福祉とでは、同じ実践を相互に比較評価する地平を共有することができます。だからこそ二つの領域が重なり合い、接する場においては、後者ゆえに、実践を導く異なる規範・論理のあいだでの葛藤や摩擦、場合によっては対立が生起するのが常態となります。そこでは相異なる規範のあいだでの交渉・すり合わせや調整・妥協、あるいは取捨選択が必須となり、実践のただなかに置かれた当事者・実践者にとっては、ジレンマの連続として経験されることになります。

もうひとつ、教育の世界に福祉の論理が導入されることで顕在化する――福祉との対比のない、教育の論理だけの世界であったら潜在化したままだったかもしれない――ジレンマがあります。それは子どもの意思決定・意思表明を尊重することに由来するジレンマ、いわゆる「自律尊重原則と与益原則」、あるいは「自己決定とパターナリズム」のあいだのジレンマです。もちろん、教育領域における営みも、「未熟」な子どもを対象にする以上、基本的には子どもの自律性・主体性（という理念）とパターナリズム（という理念）との絶えざるせめぎ合いにほかなりません。ですが、福祉の論理はこのジレンマをいっそう深刻に受け止めざるをえなくします。というのも、そこでの子どもはたんに「未熟」なのではなく、困難な環境に置かれた子どもであり、一般に困難な環境にある子どもほど、自分の希望や利害、意思の認識や表明が困難だからです。苛酷な環境から逃げられない運命を背負った子どもは、「逃げたい」という希望や意思をもちません。少なくとも、自分ひとりでは、もてません。「きょう晩ごはん、なにがいい？」と一度も尋ねられたことのない子どもは、「自分がいま何を食べたいか」を認識し、表明する言葉をもちません▼6。子どもへのかかわりは、まずは繰り返し「何が食べたい？」と尋ねるところから、スタートします。そこでは――沈黙をみかねて「じゃあこれを食べようか」と尋ねた側から答えを与えてしまうのではなく――表出されない意思を待ち、見逃さず、聴き取るための論理と技法が鋭く要請されます。そのとき子どもの口から発せられた言葉が、ほんとうにその本人の意思であるかをつねに問い返しながら、働きかけを継続していくほかないのです。

こうして教育／福祉の視点をもって実践をとらえるとき、人のよりよい・より望ましい方向への変化にむけて働きかけるコミュニケーションが、つねにジレンマに満ちあふれたものだということを痛感することになるでしょう。あるいは逆に言ったほうがよいでしょうか。教育／福祉の視点とは、そうした働きかけがジレンマに満ちたものであることを自覚できるようになるためにこそ、必要なものなのだと。

4　ジレンマのなかで、ジレンマと向き合う実践の論理

図表1―2の単純なモデルではあたかもすべての実践が単一の「よさ・望ましさ」にむかっているかのように描かれていますが、当然そこにはつねに複数性と葛藤・対立とがあります。また、仮に同じ「よさ・望ましさ」が共有されたとしても、現状をどう把握するかに応じて、そのつどの働きかけにも複数の異なる論理が参照可能であり、選択可能です。そもそも、何が当人にとっての「よさ・望ましさ」なのかについての決定権が究極的にはその人自身にしかない以上、つねに意思決定・意思表明の理解と取り扱いをめぐる根源的なジレンマ状況――自律尊重原則と与益原則、あるいは自己決定とパターナリズム――が不可避です。

教育／福祉の視点の導入によって浮き彫りになったのは、人のよりよい・より望ましい変化にむけて働きかけるコミュニケーションをめぐって、実践を導く異なる規範・論理のあいだの葛藤・摩擦や対立が生起する状況です。実際、RED研で共有されてきた実践現場からの話題提供――そこには公立学校での取り組みも含まれています――に通底していたのは、当事者・実践者のみなさんが成長する人びとの生を支える営み

につきまとうジレンマに正面から対峙している姿でした。それらは必ずしも明瞭にそれと対象化された表現が与えられていたわけではありません。むしろその多くは、現実の制約のもとでも理想を手放すことなく取り組むなかで得られた手応えや、抱え込んできた違和感を、なんとか手探りでも言葉にしようとする試みでした。

それらの語りに共通してジレンマ(との対峙)が看取されたということは、RED研で話題提供された事例がいずれも、そうしたジレンマを「解消」しようとはしていなかったことを意味します。ジレンマの「解消」とは、不可避であるはずのジレンマに気づかない、とか、存在しないかのようにふるまう、とか、無視したり、消去しようとしたりすることです▼7。そうしていない/こなかったからこそ、ジレンマの所在を手探りではあれ語ることができたのです。あるいは熟達した実践者の報告のなかには逆に、ジレンマの顕在化を歓迎し、その状態をなるべく維持し、尊重する、場合によってはむしろジレンマの顕在化とその共有を促す「仕掛け」を用意する、といった姿勢すらありました。そこには「ジレンマは不可避なのだから、不可避なものは解消のしようがない」といった諦念以上の、積極的な意義づけを与える実践の論理が認められるように思われます。

ではジレンマを常態化し、ジレンマの存在に自覚的になることで何が可能になるのでしょうか。ジレンマの存在に自覚的になることは、対立する相異なる規範や論理(による提言や異論)を簡単にスルーできなくします。いま・ここでなされる実践上の選択がほんとうにそれでよいのか、つねに立ち止まり、問い返すことを可能にします。それは他によりよい選択肢がないのかどうかをそのつどサーチする契機となりますし、いったんなされた実践上の選択を事後に批判的に反省する契機ともなりえます。ジレンマがみえない状態、気づいていても無視する状況、具体的には「自らが選択した実践こそ善である」ことを疑問視しない姿勢とは、実践上のオプションをみる反省的視線をもちえません。そのようになされる働きかけは、端的に内実の貧しい、危険なものとなるほかありません。

制度的に教育と福祉のどちらの領域に割り当てられていようとも、人のよりよい・より望ましい変化にむけて働きかけるコミュニケーションとは、ジレンマの部分的で一時的・暫定的な解決の絶えざる連続でしかありえません。ひとつの規範、ひとつの論理によるジレンマの永遠・絶対の解決はありえないのです。RED研で共有されてきた実践に通底する論理とは、人にかかわることに不可避にともなうジレンマを直視し、引き受け、向き合いながら働きかけを持続する姿勢です。本巻Ⅱ部の実践報告も、そのような視点を念頭に置きながら読んでみてください。この視点と姿勢こそが、人間の多様性を最大限に深刻かつ真摯に受け止め重視したうえで、「決定権は、その人自身にある」という自己選択・自己決定の原則を、「市場」ベースの用語系・問題系に回収されることなく論じ、制度設計として構想していくための準拠点となることでしょう。

注

1　教育機会確保法の成立に尽力した亀田徹氏は、条文中に「休養の必要性」という文言が書き込まれたことの重要性を強調しています（亀田 2017）。

2　RED研ウェブサイト「本会の趣旨」〈何をめざして議論するのか〉より。

3　かりに同質性の仮構＝前提からの逸脱、すなわち一般的基準・標準が満たされていない現実が感知された場合、その現実は子どもの達成評価――「〇〇ができない」との形式をとる「できる／できない」コードのもとでの理解――へと変換されたうえで、教育的な働きかけの対象とされます。

4　この「欠如」を、福祉の世界の実践用語で「ニード」と呼びます。

5　「教育と社会福祉の両者をつなぐ課題は山積」（山野則子）や、「教育と福祉の関係も、齟齬、摩擦、確執が目立つといってよいだろう」(高田一宏)といった指摘は、近年の教育福祉の論者たちに多くみいだされる問題意識です。

6 ここで私は、沖縄の支援シェルター「おこわ」の立ち上げと運営にかかわっている上間陽子さんの言葉を想起しながら書いています。

7 ここで2巻2章の拙稿の4節も参照してください。

文献

池本美和子(1999)『日本における社会事業の形成――内務行政と連帯思想をめぐって』法律文化社

小川利夫ほか(1994)「座談会「教育福祉」問題の現代的展望」『社会福祉と社会教育――教育福祉論(小川利夫社会教育論集第五巻)』亜紀書房:401-66頁

亀田徹(2017)「「教育機会確保法」は自転車のような法律」、YAHOO!ニュース(2023年11月28日取得、https://news.yahoo.co.jp/expert/articles/1a35da4e3e0b32f9fd5fe32429c8fc9e94e84075)

川本宇之介(1921)「教育の社会化と社会の教育化」『社会と教化』1(9):16-23頁

菊池俊諦氏還暦祝賀会編(1934)『菊池俊諦氏還暦記念文集』菊池俊諦氏還暦祝賀会事務所

木村元(2015)『学校の戦後史』岩波新書

清川郁子(2007)『近代公教育の成立と社会構造――比較社会論的視点からの考察』世織書房

野口友紀子(2017)「社会事業は教育とどのように関わったのか――先行研究にみる教化と社会教育」『長野大学紀要』38(3):65-75頁

野口友紀子(2018)「社会事業成立過程における〈教育的なもの〉の諸相――雑誌『社会事業』にみる感化の行方」東京社会福祉研究会編『東京社会福祉研究』12:5-19頁

野口友紀子(2019)「大正期の生活改善と社会教育」東京社会福祉史研究会編『東京社会福祉史研究』13:25-35頁

林茂男ほか(1992)「〈特集〉福祉と教育の連携を探る」『月刊福祉』75(6):16-59頁

山崎道子ほか(1993)「〈特集〉教育と福祉の連携と課題」『ソーシャルワーク研究』19(1):3-48頁

第2章

「無為の論理」再考

金子良事

1　はじめに

２０１８年に大阪にやってきてから、縁があって、私は外国ルーツの子どもたちの学習支援（居場所活動的な意味も含まれています）や小学生の居場所活動、若者支援に携わってきました。また、そうした現場で培ってきたことをフィードバックして、今度は本務校での学生支援に力を入れてきました。研究者としてのキャリアをスタートさせてから、そのアイデンティティは歴史研究者だったのですが、大阪に来てからは歴史研究者ではなく、実践者としてやってきました。ただ、何の実践者かと問われると少し迷ってしまいます。私は小学校の居場所活動ではスタッフの大人たちから先生と呼ばれることはあっても、子どもたちから「先生」と呼ばれることはありません。その意味では、場面によっては大学の先生としてふるまっていますが、場面によってはいつもいるおっきいおっちゃんとしていろんな現場に顔を出します。なんだかよくわからないけど、いるという感じです。

ＲＥＤ研の研究会のあり方を問い直した第16回研究会の2回前、第14回の研究会は初めて実践の場で活躍する武田緑に話してもらいました。彼女の話を聞きたいというのは当初から事務局でも話していたのですが、２０１８年の夏、当時大阪を拠点にする者同士ということで私が依頼しました。このときの私の感覚では、彼女は一緒に現場で起こっていることを考える同志であり、友人でした。まとまった話ができないということで申し訳ないと固辞する彼女に、話をしながら整理しましょうと説得しました。この回をきっかけに「**まだうまく言葉にできない、だけど、大事だと思ってモヤモヤしていることを大事にする**」という方向がみえてきた気がします。今回の文章は研究者として勉強してきたことや考えてきたこともないわけではないですが、私が日々の活動のなかで、モヤモヤしながら考えてきたことの報告です。

ＲＥＤ研を運営していくうえで、私たちは教育分野の研究者だけの研究会として完結するのではなく、幅広い人と対話していくという問題意識をもっていました。最初は福祉分野の研究者や福祉に問題関心をもっている教育分野の研究者に声をかけるということを意識してやってきました。教育＝学校を論じることがマジョリティのなかで、そこから外れたものを考える際に、最初に手掛かりにしたのが福祉だったのです。

当初からＲＥＤ研で継続して関心をもち続けてきたのは「居場所」でした。第2回の田中麻衣子の研究レビューをはじめ、知念渉・金子で発表した日本教育学会第77回大会ラウンドテーブル（居場所カフェをもつ高校の取り組み）や、小学校から高校までさまざまなフィールドで居場所活動を実践する阪上由香にも2回ほど（23回、31回）現場からの報告をしてもらっています。「居場所」という言葉は、教育の領域から派生して、今や日常会話でも広くさまざまな分野で使われています。そうしたなかで、私たちが参照点としてイメージしたのは居場所カフェでした。居場所カフェは西成高校から始まり、全国に広がりつつあり、その形態も多様です。ただ、そのなかでもofficeドーナツトークが運営してきた西成高校のとなりカフェがソーシャルワークを重視してきたということはここでも改めて確認しておきたいと思います▼1。

ＲＥＤ研では現場での実践報告やそこで抱えている「モヤモヤ」をどう考えたらよいのかという問いを大事にしてきましたが、同時に概観することも大事にしてきました。概観するには大きく二つの方向があって、ミクロな現場だけでなくマクロな国や国際的動向のなかで位置づけるという方向と、理論的にやや抽象度を上げて考える方向です。ＲＥＤ研の研究会では１日のなかで、ものすごく具体性の高い話と、抽象度が高い話を行ったり来たりするということがよくみられました。そうしたなかで研究会のなかで大事にしようと思ってきた一つが仁平典宏（2巻3章）の「無為の論理」の議論でした▼2。仁平の議論はこの二つの方向を同時に満たしているといえます。ここでは仁平の議論をまず紹介していきたいと思います。

仁平は「教育の論理」と「無為の論理」の二つを対比的に取り上げます。簡単にいいかえると、「教育の論理」は自分で物事を決めることができるようになる（＝自立する）ために変化を起こさせるもので、**ありのままの存在を肯定する**「無為の論理」はそのような変化を求めないものです。仁平は、この二つの論理の重要性を認めながらも、そこには優先順位をつけて、「無為」のほうが重要で「教育」はこれをサポートするもの（寄与するもの）、としていくように位置づける理屈づけが必要だ、という風に結論部分で提起しています。

ここで本論に入る前に、仁平がこのような議論を提起した背景を確認しておきたいと思います。これは「福祉」をどう考えるのかということと関連するからです。第二次世界大戦の後、先進国は戦時中にイギリスで生まれた「福祉国家」をめざして国家の社会保障の体制を模索していきます。そのイギリスやアメリカは１９６０年代から70年代にかけて、福祉国家という体制を見直すようになっていきます。特に、イギリスではSelf-help（日本語で自助）という概念が重視されるようになっていきました。そうしたなかで「自立」をめざす方向が強調されるようになりました。仁平はこうした動きを「自立」できていない状態から、「自立」できる状態への変化、「教育の論理」という文脈でとらえたうえで、つねに「自立」ありきというのは厳しいのではないか、そのままでいいということを問題意識として根本にもっていたのではないかと思います。仁平は「無為の論理」が実現されるものとして「居場所活動」を位置づけてもいます。

今回、本章では仁平の問題提起を継承しつつ、「無為の論理」を基軸にしながら、教育と福祉をさまざまな角度から検討し、最後に「存在をそのまま肯定する」ということがどういうことなのかを考えたいと思います。

2 「一息つく」
――「無為の論理」の一つの形

私が結論として言いたいのは「一息つく」ことは大事だよねということに尽きます。たぶん、どんな人であっても一時的な休息が人間には必要ということを否定することはないのではないでしょうか。ある子どもが、教育の領域において何かを勉強していくにせよ、福祉において、自ら抱えている困難をときには支援者の力を借りながら打開していくにせよ、そこにはなんらかの変化を伴います。そのどちらの場合もある程度のエネルギーが必要になります。そのエネルギーを出すためにも、「一息つく」というのが大事だ、ということを強調したいのです。

やや図式的に考えると、「一息つく」は瞬間的なものであるのに比べて、教育や福祉のなかで変化していく、つまり、仁平の言葉でいう「教育の論理」はある程度の時間がかかります。いいかえれば、「無為の論理」のなかの一つである「一息つく」を「教育」と「福祉」の両方の文脈から独立させて、その意義を強調したいということです。

仁平は、「教育の論理」と「無為の論理」を並列的に並べるのではなく、「無為の論理」に「規範的な高次の位置」を与える理路を示唆していました。これに対し、私は規範的な優劣をつけるのではなく、単に時間軸的な順番として「一息つく」を提示しています。言ってみれば、本格的な運動を行う前の準備運動というような位置づけです。もちろん、教育や福祉における相談支援のようなコミュニケーションのなかで、「無為の論理」が位置づけられないわけではありませんし、むしろ、重要なトピックだと思います。しかし、私はここではあえて教育と福祉ということと切り離しておくことを強調したいと思います。その意図は大きく二つあります。一つは、ほとんど全員にあてはまる普遍性を確保したいということ、もう一つは、なんらかの成果と切り離したいということです。つぎにこの二つをより詳しく考えていきましょう。

（1）「一息つく」の普遍性

普遍性という言葉を使ったのは、どんな人にも「一息つく」ことは必要という意味です。どんな人にもというのは、あらゆる人が含まれます。特に重要なことは子どもだけでなく、大人も含まれるということです。「一息つく」という表現は、緊張からの緩和という意味を含んでいます。緊張は、学校生活（たとえば友達とうまくいかない、勉強がわからない、先生となじめない、受験勉強をしなければならない、テスト前！等）のなかでも、プライベートな環境（たとえば貧困、家族の仲が悪い、障害や病気で思うようにできない、あるいは家族のなかでそういう人がいてケアを担わざるをえない等）のなかでも、至るところで生じます。逆に言えば、つねに緊張状態から解放されている、泰然自若とした心持ちでいられるということは、ほとんど何かの達人や仙人のようなものなので、大人も子どもも難しいと考えてよいでしょう。

福祉は、具体的に理解しようとすると、どうしても特定のトピックと結びついて理解せざるをえないところがあります。現在では、教育に隣接する福祉ということでいうと、子どもの貧困が関心を集めやすいトピックだと思いますが、伝統的に特別支援教育や同和教育、外国ルーツの子どもたち等の特定のカテゴリーのなかで、研究が深められたところがあります。もちろん、そこで取り上げられた事例とその分析はその事例だけにとどまらず、しばしばその他の事例にも汎用的に通用する内容もありますが、どうしても具体的な問題に引っ張られてしまいます。特に、普遍的な人権概念に対して、人権が侵害されているマイナスの状況が着眼されやすいため、勢いマイノリティ研究にならざるをえないところがあります。

今回、私があえて全員と言ったのは、困難を抱えていようが、目立つような悩みをもっていなかろうが、どんな人も何かに取り組むときにはある程度、緊張するし、その緩和も必要になるといえるだろうと考えたからです。困難を抱えていることを前提としなければ、社会福祉の世界でいうところのニードおよびそのニードが出てくる個々の背景に立ち入ることなく、スルーすることができます。

（2）成果とは切り離される

もう一つの成果と切り離すことができるという点について少し説明します。教育は、認知能力にせよ、非認知能力にせよ、なんらかの能力を獲得するという成果が期待されます。また、福祉もニードの充足という形で、あるいはなんらかの困難を抱えている場合、支援を受けながらの自力によって、その状況を改善するという形で、成果が期待されます。この両者に共通しているのは、即時的なものではなく、ある程度の時間によって営まれること自体が前提とされているというところです。

こうしたものに対して、「一息つく」はそうした成果とは無縁であり、瞬間的なものです。たとえば、今、家庭環境が厳しくて、学校で友達と話をするのが「一息つく」ことになる子どもがいるとします。その子は学校から帰った後、あるいはその帰らなきゃと思った瞬間から、再び緊張してしまうかもしれません。一息ついたことは消えてしまいます。それでも、私はその子が一息つくことができたことを良かったと思います。

もちろん、一息つくことがいつも消えてしまうとは限りません。結果的にみると、一息ついたことによって、学習にむかうという子どももいるでしょう。しかし、それを最初から求めているわけではありません。頑張る過程として一息つかされるのでは、リラックスできないじゃないですか。

その意味で、ここで重視している「一息つく」は、学習指導要領の「学びに向かう力、人間性等」とも一線を画しています。学びにむかわなくても構いません。ただし、人間性という意味では、人間らしく自然にいられるととらえ返せば、その同一線上に位置づけることができるかもしれません。子どもであれば、過労死するまで我慢する前に休むということを身につけるのはたしかに重要なことですし、大人であれば、直ちにそうしたほうがよいと思うからです。

仁平が「無為の論理」の事例として位置づけていた居場所活動と福祉の関係について考えてみましょう。居場所カフェ事業の立ち上げ期から活躍した人たちはソーシャルワークとの関係を重視してきており、この意味で居場所カフェは社会福祉とも深い関係にあるといってよいし、そこに大きな可能性をもっていることも肯定的にとらえられると私は考えています。しかし、同時に、居場所カフェにはそれだけに収まりきらない可能性もあります。簡単に言えば、居場所カフェはソーシャルワークに結びつくような生徒だけでなく、それ以外の生徒たち（潜在的にあるいは将来的にソーシャルワークが必要となる子たちも含まれます）にとっても重要な場であるということです。

では、こうした「一息つく」ことが教育や福祉（的な支援）の実際の営みのなかでどのような意味をもっているのでしょうか。

3 「一息つく」がなぜ重要なのか？

「教育の論理」と比較される「無為の論理」は、子ども自身のありよう、ないし受け止められ方を重視する考え方になります。この意味で、人と人のコミュニケーションという側面が強いです。これに対し「一息つく」ということは、もう少し広がりがあります。

想像してみてください。あなたはどういうときに一息ついたなと感じますか。仕事をしている大人だったら、お茶を飲んだり、たばこ休憩をしたり、子どもだったら、YouTubeを観たり、オンラインゲームをしたり、友達とファーストフード等で話をしたり、あるいは一人でボーっとしているときだったり、そんなさまざまな場面が思い浮かぶかもしれません。休息をするには、ヨギボーが置いてあるといいかもしれないですし、ちょっとおしゃれな空間、少しのお茶とお菓子など、物理的な空間や小道具、そんな環境的なものも大きく寄与しそうです。そうしたことは、居場所カフェや子ども食堂、学校、家庭、どこでも工夫の余地がありそうです。ここではこのような広がりや可能性を視野に入れておきながらも、コミュニケーションという点に絞って「無為の論理」や「一息つく」ことを掘り下げていきたいと思います。

（1）「一息つく」と相談支援や学習

私が多くの若者たちの支援をしているなかで感じるのは、本当に困難を抱えている人は張りつめていて、緊張しているということです。その緊張は心理的なものでもあり、ときに身体的なものでもあります。その緊張が一時的に緩和されると、若者たちはポツポツと今抱えている悩みやしんどいことを話してくれることがあります。

居場所カフェ事業でソーシャルワークが重視されるのは、ここでこぼれおちた話をキャッチして、具体的な支援につなげるということが想定されているからです。また、ボランティア等がしんどい話を聞いたときには、個人個人がそれを抱えすぎないように、みんなとシェアするというようなことが行われることもあり、ケア者のケアという意味で大切です。「一息つく」ことによって、毎回とは限らなくても、ポツポツとしたこぼれ話が出て来ることが予想される限り、そうしたことが起こったときにそれを受け止める体制づくり、制度設計をするのは重要です。「一息ついた」あとに若者が何かを語りだしたら、そこから福祉がスタートするということになります。

福祉だけでなく学習も実は「一息ついた」後にやってくることがあります。人間のリソースは有限なので、家庭や友達関係で悩みがいっぱいになっていたら、子どもが勉強に取り組めないのは当たり前でしょう。大人だってプライベートな悩みのなかにいるときには、なかなか仕事に集中できなくなってしまう人は決して珍しくないです。悩みでいっぱいで緊張している状況では、何か新しいことを入れる余白がない状態です。

でも、一息ついたあとには勉強をやろうという気持ちになってくることもあります。居場所カフェでも子どもたちが何をするか選ぶなかで、勉強することはあります。ただ、これは結果的にそうなることもありますが、そうなるまでは辛抱強く待つことになるかもしないし、そういう風にならないかもしれません。

このように「一息つく」は教育や福祉の呼び水になる可能性があります。そして、その効果を測定することは難しいかもしれませんが、無視しえない意味があります。しかし、私はそのような効果が得られなかったとしても、子どもや若者が瞬間的にでもホッとできて、そこで少しでも笑顔になれれば、それだけで十分じゃないかと考えています。

(2)「無為の論理」と対立する「外在的ルール」

私が学習支援の現場に立っているとき、スタッフのあいだで話をするなかでしばしば「学習(ないし勉強)」と「居場所」が対立的に使われることがありました。「学習」と「居場所」の対立は一見すると、仁平が提示した「教育の論理」と「無為の論理」に置き換えられそうですが▼3、私はそこに対立点があるとは考えていません。「無為の論理」が存在(＝対象になる本人の存在)そのものを肯定する論理ならば、それと対立する論理はそのままでは存在を肯定しない、すなわち(本人の存在)外在的ルールとみなしたいと思います。具体的に、外在的ルールを考えてみるとき、学校のようにたとえば遅刻や欠席をしないというようなルールは想像しやすいですが、ここではそれだけではなく広く(本人にはどうしようもない秩序である)外的環境、たとえば、家庭に経済的不安があるというような自分以外のあらゆる要素を含んで、とらえています。

存在をそのまま受け入れるということをテクニカルに探究したのが臨床心理学の分野のアクティブ・リスニングで、その背後にはカール・ロジャーズが提唱した来談者中心主義の考え方があります▼4。とはいえ、心理療法においては少なくとも来談者は状況を改善したいと考えて来談しています。したがって、結果的に受け止められた後に、改善することが望まれると思います。

私はここまで「無為の論理」のひとつである「一息つく」ことを「教育」や「福祉」と分離してとらえ、強いて言えば「教育」や「福祉」が始まる一歩手前の準備段階のように議論してきました。ただ、アクティブ・リスニングに示唆されるように、「無為の論理」は「一息つく」といった休息だけでなく、「教育」や「福祉（相談支援）」のなかにも埋め込まれることがあるでしょう。こうした状況を具体的に考えていく先にあるのは「ケア」についての研究群だと思います▼5。しかし、それならばなぜ「ケア」を推進するのではなく、そこと切り離される「一息つく」を重視したのか、つぎはこの点についてコミュニケーションの難しさという点から、掘り下げていきます。

（3）存在を肯定するとは何か――福祉と教育の相克するとき

「無為の論理」が教育や福祉のなかに埋め込まれているからといって、それを自動的に高位の規範的位置づけを与えるべきかと問われたら、私はケースバイケースとしか答えられません。たとえば、今、学習支援の現場で、家庭環境に複雑な事情を抱えていて、そのことも相まって勉強になかなか取り組めないため、数学が苦手な中学生がいるとします。何がわからないかもよくわかっていません。この子は数学ができないことにコンプレックスをもっていて、また厳しい環境でなかなか自尊感情をもつこともできないでいます。この中学生にどう向き合えばいいか考えてみましょう。計算のやり方を教えて、一緒に練習につきあって点数を伸ばすことと（教育）、勉強することを必ずしも強要しないで、好きなことをやっていたとしても、ときどき声をかけてちゃんと見守っているサインを出すこと（無為）、どちらを優先したらよいでしょうか。そう簡単には言えません。もっと具体的な場面を想定してみましょう。学校の定期テストの前で、勉強しなきゃと子ども自身が思っているときであれば、計算の練習のほうが有効かもしれませんし、家族が喧嘩していて家に居づらくなって顔をみせただけなら、本人の心の片隅に勉強しなきゃということがあったとしても、無理に勉強させないほうがいいかもしれません。極端なことを言えば、どういう風に接すればよいのか日によって違います。子ども自身の置かれている状況もそれに伴う気持ちも変わっていきます。私だったら、現場で会ったときの表情や一言二言交わしたときの雰囲気で判断します。なお、ここで考えた事例は特定の子がいるわけではなく、私が子どもたちと学習支援の現場で接した場面をつなぎ合わせて作り出したフィクションです。つぎに、事例から離れて、もう少し原理的に考えていきましょう。

「無為の論理」が存在をそのまま肯定するということであるならば、実は困難な環境を乗り越えてきた人は、子どもも大人も自分という存在を自身で肯定することが難しいことがあります。それはいいかえれば、自尊感情が低いということで、しばしば自分が悪いと自分を否定します。困難というのは貧困、家族の不和、DVのようなわかりやすいものだけでもたらされるものではなく、個人個人の受け取り方でしんどい（あるいはしんどかった）と思うようなものを想定しています。あえてわかりやすい例を出せば、両親の仲が悪いのは自分がよい子でないからだ、というような考えをする子は少なくありません。困難のなかにいることに慣れることで、自分を肯定するのが難しくなります。

アクティブ・リスニングやケアは、対話相手の存在を受容することで、結果的に相手を肯定することになります。期せずして、それは治療のような効果をもたらすこともありますが、その過程では好転反応のようなしんどい思いをすることもあります。つらくて誰にも話せなかったことを一息ついたことでポツポツと語りだしたとすると、それを話すことでフラッシュバック的なことが起こるかもしれません。これには受け止める側にも技術だけでなく、胆力が必要になります。話を聞いて受け止めてほしいだけなのに、聴く側が同情心におぼれて、あるいは自分の消化しきれていない過去の経験を刺激されることで、その困難さを矮小化して気のせいだよというような言い方で相手の発言を否定してしまったり、逆に困難を生き抜いてきたことをほめたたえることで、受け止めなかったりとか、つい安易に解決策を提示してしまったりということはよく起こります。それらは存在を肯定しているのではなく、外的環境やそこで行われた行動の評価をすることで、存在から逃げているということだと思います。もちろん、その逃げることには逃げざるをえない聞く側の背景があるかもしれないわけで、私は逃げることを否定しているわけではありません。難しいということだけを伝えたいのです。とはいえ、逆に、あえて外在的ルールがもち込まれることによって、この場合は話題を逸らされることで、その困難さから強制的に離脱させることが有効なときもあります。向き合う準備ができていないときは逃げることも大事な選択肢です。

相手を受け止めるというコミュニケーションはお互いの自尊感情を高めたり、レジリエンスを上げたりすることに寄与するかもしれません。とはいえ、福祉的支援が必要な状況をそのコミュニケーションによって解決できることはほとんどないでしょう。たとえば、貧困線のボーダー層にいる家族の経済問題を解決することは福祉専門職でも難しいです。家庭環境を劇的に変えることが難しい以上、子どもたちはまたそのなかでやっていかなければならないのです。一時的に楽になることはあっても、根本的解決はなかなか難しいです。これに比べると、勉強ができない何かを少しだけでもできるようにするのは、もし家庭のなかで勉強する環境がないとしても、学校などで行うこともできますし、限られた時間である程度の成果を上げることも可能でしょう。学校の宿題をやるとかテストで点数を取るといったことは、わかりやすい「外在的ルール」の導入です。これよりもよい学習方法、教育方法が他にあるかもしれません。しかし、そのルール内でできないことによって傷ついたことは、そのルール内でできるようになることで取り戻すこともできます。そのときには、手っ取り早く自尊感情を回復するための道が開けるかもしれません。

子どもだから、障害があるから、困っているから、ということで軽んじず、誰であっても一人の人間として尊重するのは、教育や福祉の専門職以前に、誰にとっても大事なものだと私は個人的には思います。その意味で、仁平の言うように「無為の論理」に規範的な高次の位置を与えてもよいのかもしれません。ただ、実際には存在をそのまま肯定する「無為の論理」、「教育の論理」を含む「外在的ルール」の導入は場面によって使い分ける必要があるでしょう。明確にこういう技能を身につけたい、そのために必要な訓練があらかじめわかっていて、そうした教育を受けたいというような条件下では、必ずしも「無為の論理」は必要ではなさそうです。そんなことはいいから早く教えてくれよとなるかもしれません。さらに、技能を習得するプロセスの意味は、習得した後で振り返らないとわからないという面もあるので、最初は何のためにやっているのかわからないけど、後に振り返ってそれがよい経験だったと思うこともあるでしょう。この場合も「無為の論理」は必ずしも要りません（それでもあったほうがよいということもあるかもしれません）。その他にも、あえて教育や福祉において「外在的ルール」を利用したほうがよい局面もあります。内在的存在を大事にすることと、外在的ルールを利用することはときに相克します。どちらも毒にも薬にもなりえます。そうした性質を踏まえて、場面ごとに適切な選択を取ることが大切ではないでしょうか。

4　おわりに

「無為の論理」を具現化したもので、もっとも議論されているのはおそらくケアだと思います。本論でもケアについて触れるところもありましたが、今回、私はケアという行為のなかに含まれることが大いにあるにもかかわらず、「一息つく」という瞬間的な行為を教育や福祉と切り出して、焦点を当てました。私が支援しているなかで出会った何人かは、すごく頑張っていたのですが、それゆえに「休む」ということを苦手としていて、それは頑張るよりも難しいことでした。そのとき、(その人にとって)何もしないで休むことは、難しいですと話しました。

原理的に、わかっていて、人には伝えているにもかかわらず、私自身もまた十分に休むことなく、自分をすり減らして支援をしていました。その結果、自分が破綻し、身近な人を傷つけただけでした。学校の現場に立っている先生や、地域で学習支援、居場所活動、子ども食堂などあらゆる場所で子どもの支援をしている大人たちのなかには、同じように限界まで頑張って、日々の実践に従事されている方も少なくないと思います。ノーベル経済学賞を受賞したハーシュマンに有名なVoice or Exit(発言するかさもなければ退出するか)という概念がありますが、日本人の大人たちはそのいずれでもない第3の選択肢、「我慢する、耐え忍ぶ」を選んでしまいがちです▼6。私たちは適切に「休む」ことを覚え、その姿を子どもたちにみせることも重要です。

今回、あえて「一息つく」と切り離した「ケア」ですが、当然、教育や福祉の実践の場では重要です。実際、「一息つく」のが難しい状態の人が、ケアという行為のなかで解きほぐされ、一息つけるようになることもあるでしょう。「ケア」には大いなる可能性がありますが、同時に難しさもあります。そうした難しさも含めて「ケア」を掘り下げることは、改めて取り上げるべき今後の課題としたいと思います。

注

1　居場所カフェについては居場所カフェ立ち上げプロジェクト編著（2019）『学校に居場所カフェをつくろう！』明石書店。

2　仁平典宏（2018）「〈教育〉の論理・〈無為〉の論理——生政治の変容の中で」『中国四国教育学会 教育学研究ジャーナル』22：43-49頁。

3　竹井沙織・小長井晶子・御代田桜子（2019）「生活困窮世帯を対象とした学習支援における「学習」と「居場所」の様相——X市の事業に着目して」『名古屋大学大学院教育発達科学研究科紀要．教育科学』65（2）：85-95頁では、X市で学習支援事業を受託している事業者へのアンケート調査で、「学習」と「居場所」の用語の使い方を調査し、そのうえで「教育の論理」と「無為の論理」の二つの概念を使って、「学習支援」が二つの論理のはざまでジレンマを生じていると考察しています。

4　ロジャーズたちがアクティブ・リスニングについて書いたブックレットは、１９５０年代の企業内労使関係がメインターゲットになっていました（Rogers, Carl R. and Farson Richard E., (2021) *Active Listening*, Mockingbird Press (original published in 1957))。アクティブ・リスニングのなかでAttitudeに絞って書かれた鈴木秀子『愛と癒しのコミュニオン』文春新書、１９９９年は、存在を肯定するということについて示唆的な内容を含んでいます。

5　「子どもの貧困」とケアについては柏木智子（2020）『子どもの貧困と「ケアする学校」づくり』明石書店の整理を参照。さらに、松村智史（2020）『子どもの貧困対策としての学習支援によるケアとレジリエンス』明石書店では、学習支援のケアという機能（効果）がレジリエンスを育むことを探求しています。

6　たとえば、茂木と中村の対談ではこの問題を掘り下げている（茂木洋之・中村天江（2020）「日本人は、なぜ発言も離脱もしないのか——“Voice”と“Exit”に関する5カ国比較」『Works Review「働く」の論点２０２０』リクルートワークス研究所：48-55頁、https://www.works-i.com/research/others/item/wr2020_1-5.pdf ２０２３年8月30日閲覧）。

第3章

教育における緩さとジレンマの意味論

「社会的に公正な教育」の構想とその実践的課題＝可能性

澤田 稔

1 はじめに
――研究のスタンス／思考のスタイル

（1）中途半端さの選択

私たちが2016年に立ち上げ、これまで続けてきたこのRED研は、その特徴の一つとして、アクティヴィズム（運動論）的要素とアカデミズム（学問論）的要素とが相即不離なかたちで互いに結びつけられてきたという点が挙げられます。序章でも述べられているように、2016年に成立した「教育機会確保法」（「義務教育の段階における普通教育に相当する教育の機会の確保等に関する法律」）は、いわゆるフリースクールや夜間中学校の制度的位置づけという問題に留まらず、従来の公教育全体の多元的な再編という課題を召喚すると認識せざるをえないものでした。したがって、その課題の射程範囲はことのほか広く、しかも、そこではいくつもの要素が複雑に絡み合っていることを痛感することとなりました。そこで、拙速なアクティヴィズムに傾くよりも、少し落ち着いて、いろいろな人の助けを借りつつさまざまな角度から考察・議論を重ねる場を設けようということになったのです。

要するに、私たちの研究会は、「多様な教育機会を考える」という言葉で公教育の再編問題をどのようにとらえればよいかという問いを掲げつつ、この問題に、研究的側面だけでなく、実践的側面をも視野に収めながら取り組もうとしてきたわけです。ＲＥＤ研の趣旨文には、直接そういった表現は使われていませんが、そのようなスタンスでこの研究会は続けられてきたと私自身はとらえています。

この視点がＲＥＤ研の趣旨に照らしてある程度妥当であるとすれば、本章の考察も、まさにそうしたスタンスに貫かれたものだということができます。という言い方をすると、無矛盾的な一貫性を強調しているように聞こえるかもしれませんが、むしろ逆です。公教育の再編というつかみどころのない問題を、理論的とも実践的ともどっちつかずの中途半端な構えで考察してきたということです。この中途半端さというトーンは、本章でもその通奏低音となっています。

(2) より望ましい公教育像の描き方——理論モデルと実践事例とのあいだのモヤモヤ

もう一つ強調しておくべきは、本章が、今後の公教育像をどう描けるのかという問いに対して、単に理論モデルの演繹によるのでも、また単にいくつもの現場をみてきた事例に基づく帰納的な整理によるのでもなく応答しようとしているという点です。この両者を行きつ戻りつしながら、ある種の規範科学（事実の記述・分析を旨とする経験科学に対して、どうあるべきかという「べき論」にフォーカスする学術研究）においてよいとされる視点と、現場の実践家も観察者の私も「よい」と評価した教育のあり方とをより合わせながらまとめられた考察であるという点でしょう。

もちろん、その叙述内容ができあがってしまうと、本章で紹介する実践事例を、ある理論モデルの実際的応用であるかのように語ることも可能でしょう。が、それは本考察プロセスの実態とズレることになります。他方で、ここで紹介する実践事例を意義づけ・価値づけるには、そのための基準となる観点＝概念が必要で、その学術的な概念を使って実践を語ると、どうしてもその直線的な適用であるかのように映ってしまうことになりかねません。すると、元々あった理論と実践との揺動的な往還構造や、その往還から導かれた結論がモヤモヤを残しながらの暫定解に過ぎないという側面が後景に追いやられてしまいます。この点は、ＲＥＤ研のあり方や本章の思考スタイルのもつ特徴にかかわることなので、ここで強調しておきたいと思います。

（3）本章の構成

さて、以下では、まず、公教育の再編問題について考えるうえで有効と思われ、私が専門とする批判的教育学でも参照されている政治哲学的な理論モデルと、今後の学校教育が取り得る方向性に関して肯定的な示唆を与えてくれると考えられる実践事例との双方を互いにより合わせて抽出した教育学的理念を導入します。その教育学的理念とは、コンピテンシー・インクルージョン・デモクラシーという三つを指します。そして、これらの理念を具現化する際に不可避的に生じる課題としてのジレンマを整理したいと思います。そのうえで、この三つの理念に基づいて実践される教育に「社会的に公正な教育」という呼び名を与えることになります。

つぎに、その理念の実現に資する実践として、三つの基本理念のあいだで生じるジレンマの展開＝部分的・暫定的解決によって図ろうとしていると解釈可能な事例を取り上げ、「緩さ」と「ジレンマ」という鍵概念を掲げつつ、その実践事例の意義について振り返ります。そこでは、筆者がパンデミック前の9年に渡って毎年1－2週間ずつフィールドワークを実施したボストンの公立幼小中一貫校、Mission Hill School（以下、ＭＨＳ）で実践された事例を取り上げます。

最後に、そうした理念に基づく教育機会を産出しようとする際に生じる実践上の典型的なジレンマに再度あらためて着眼し、この種のジレンマに対する可能なスタンスの取り方を本章のまとめとして議論したいと思います。

2 社会的に公正な教育の基本理念
――コンピテンシー・インクルージョン・デモクラシー

（1）コンピテンシー・ベースの教育

コンピテンシー・ベースの教育への転換という指針は、文科省も「資質・能力の育成」という表現を掲げて重視しており、こうした傾向は先進諸国の教育政策に共通にみられるものです。端的に言えば、それは、知識内容の伝達に力点を置くコンテンツ・ベースの教育に対して、単純な正解や解法が成立しない問題の改善・解決にむけてさまざまな知識を活用・生産できるような有能さ（コンピテンシー）の育成をより重視する教育への転換を図る動向を指します。これは、後期近代あるいは再帰的近代と呼ばれる社会状況において不可避的に生じる事態とみなせるでしょう。

しかし、こうした動向は、ポスト産業主義、あるいは第4次産業革命と呼ばれるような新たな産業社会における被雇用能力（employability）の育成重視という方向に偏重する危険性があります。この危機意識は、RED研の趣旨文に含まれる「単純で粗悪な『市場化』『民営化』」に対するそれと軌を一にしているといえるかもしれません。

もちろん、文科省の教育政策に関する公式文書を参照すると、SDGsに連なるような理念が明示的に語られていますし、OECDもそのポジション・ペーパーやPISAの報告書において、ノーベル経済学賞受賞者で政治学的正義論の研究でも知られるアマルティア・セン（Amartya Sen）を参照しつつ、コンピテンシーよりも上位に個人・社会双方のウェルビーイングという理念を掲げているほどですから、新たな産業社会への適応という方向しか視野に収めないというわけにはいきません。しかし、だとすれば、今後めざすべき学校教育を支える理念として、コンピテンシーと同等に、あるいは、それ以上に重視されるべき理念が明示的に掲げられてもよいでしょう。

たしかに、教育という領域は「選別・配分」の機能を負わされている以上、学校の外で重視される能力に大きな関心を払い、その能力の育成を回避することは不可能です。けれども、学校の外の社会は、経済、あるいは産業社会だけではない以上、学校は、新たな社会状況の出現に即した「社会化」という機能を果たすなかで、産業主義とは異なる価値観に基づく能力観の再構成を図ることで、学校教育の「正当性」を新たに手に入れ直すという可能性も考えられるのではないでしょうか。もちろん、再度翻って考えると、学校教育は「選別・配分」機能から逃れられないので、その意味でのジレンマが不可避であることを見落とすべきではないわけですが、この点は本章末尾で再度振り返ることにしましょう。

（2）公教育におけるインクルージョンとデモクラシー

さて、前段の事由から、コンピテンシーという要因に加えて、より望ましい学校教育の構成要素として導入しようとする理念がインクルージョンとデモクラシーです。

インクルージョンとは、インクルーシブという形容詞を付されるに値する教育の実現をめざす理念を表すものとして掲げられています。その際、この言葉は、障害の有無という側面にとどまらず、階級・人種・エスニシティ・ジェンダー・セクシュアリティ等々をも含めて、可能な限り多様な属性・背景をもつあらゆる子どもたちを明示的に包摂しようとする学校教育の実現を追求する姿勢を指すものとして用います。

デモクラシーとは、学校教育における、また学校教育を通じた、子ども・若者の参加民主主義を奨励・支援していこうとする姿勢を表す理念として掲げられています。そこでは、学校内で、子ども・若者たちが自分たちの（学習活動を含む）生活やそのコミュニティを自分たちで作っていくという経験を、他方で、学校外でも、自らの生活に関係する（ことになる）本物の政治的課題の解決にも関与するという経験を、ともに拡大していく企図が想定されています。

（3）再分配・承認・代表の政治と「社会的に公正な教育」の構想

こうした理念は、ある理論モデルを導きの糸としているところがあります。すなわち、コンピテンシー、インクルージョン、デモクラシーというトリコトミー（三分割的概念）は、米国の政治哲学者ナンシー・フレイザー（Nancy Frazer）の正義論（social justice=社会的公正論・社会正義論）の支柱をなす「再分配・承認・代表の政治」に対応しています。

もちろん、このパラレルな対応関係の設定には、より緻密に考察すべき理論的課題が残されています。しかし、本章で（たとえば、その論争相手のアクセル・ホネットAxel Honnethではなく）フレイザーの理論に着目するのは、そこにプラグマティックな有効性をみいだすからであり、それが公教育の再編問題に関するアクションを構想するうえできわめて示唆的だと考えたからです。すなわち、本章の議論には、アカデミックな政治哲学的厳密さという点で限界が含まれるとしても、アクティヴィズムへの見通しにつながる理念の明確化を優先すべく、上のような概念の対応関係に着眼し、教育学的な規範理論として適用しようとしているわけです。

以上の点を確認したうえで特筆しておきたいことがあります。それは、コンピテンシー、インクルージョン、デモクラシーという規範的トリコトミーを束ねる上位概念に「社会的公正」という理念を位置づけることができるという点です。したがって、本章は、これら三つの規範理念を基盤とする「社会的に公正な教育」の構想論への序説となっています。このことは、このトリコトミーのプロトタイプともいえるフレイザーの再分配・承認・代表の政治が、社会的公正論（正義論）として提起されていることを考えれば、唐突な概念の外挿ではなく、むしろごく自然な概念連関から導かれているといえるでしょう。

この概念連関は、つぎのような意味で無視できない重要性を有しています。先に、コンピテンシー・ベースへの教育の転換だけでは、私たちが懸念する危険性（産業主義への過度の偏重）を回避できそうにないと指摘しました。コンピテンシー・ベースの教育への転換とは、先にも触れたように、個別的知識の網羅的習得に大きな比重を置くために、学習者に知識・意味の再認・再生を旨とする受動的役割を担わせる傾向が強かった従来型のコンテンツ・ベースと呼ばれる教育から、高度化・複雑化した後期近代社会において一定の汎用性を有するとされる主体的問題解決能力や自己調整能力と呼ばれるようなスキル＝コンピテンシーを育成することに重点を置く教育へと転換しようとするものです。

しかしながら、このコンピテンシーの中身は、ある意味で空洞と言っていいでしょう。社会で生きて働く力などと言っても、その力がどんな意味で生きて働くと考えるのかによって、コンピテンシーの内実は違ってくるはずだからです。

実際、子ども・若者にどんな資質・能力を育成すべきと考えるのかという能力観は、どんな社会が望ましいと考えるかという社会観と相即不離ともいえます。その点で、そうした社会像に偏りが避けられないように、どんなコンピテンシー概念も何らかの方向に偏らざるをえません。この点で、本章が選択するその偏り（価値基準）が「社会的公正」という言葉で表現できるということになるでしょう（いうまでもなく、コンピテンシー＝有能さは、市場競争における勝利や資本蓄積のための手段にもなり得ます）。

むろん、何をもって公正とみなすかという問題には、つねに論争の余地があります。それだけに、その内実を明確化しようとすることは、ドグマティズム（教条主義）の陥穽に陥る危険性がつねにあるでしょう。しかし、それを恐れて規範論的議論（べき論）を放棄するのではなく、批判に開きつつ一定の指針を提起する試みにも、十分な意義が認められてよいのではないでしょうか。本章は、そのささやかな試みの一つです。

しかも、障害者権利条約の批准に伴う文科省による「インクルーシブ教育システム構築事業」の導入、および、子どもの権利条約の批准に伴う「こども基本法」（そこには子どもの意見表明権が明確に謳われています）の成立という現状に鑑みれば、インクルージョンやデモクラシーという理念は、少なくとも部分的には、すでに喫緊の課題として公教育政策にインストール済みだとみなすこともできるでしょう。

（4）公教育に求められる「緩さ」とその意味

さて、具体的な実践事例の考察に入る前に、前記トリコトミーを学校現場で具現化しようとするときに共通に生じるように思われる実践感覚を「緩さ」という言葉で代表させ、その意味を概観しておきたいと思います。

コンピテンシー・ベースの教育は、それが学習者の主体的な思考・判断・表現を重視するものであるとすれば、学習において子ども・若者に、より大きな自由度を与え、大人による指示・統制を弱める必要があるという意味で「緩い」教育をめざすことになるでしょう。また、唯一の正解を前提とせず多様な解決法や表現方法の存在を重視するという意味でも、より「緩い」教育が求められるといえます。しかも、単純な正解のない問題の探求には試行錯誤がつきものであるとすれば、そうした試行錯誤を許容するという意味でも「緩い」教育が要請されるといえないでしょうか。

インクルーシブな教育は、これまでの基準では包摂されなかったような多様な存在のあり方が承認・尊重されるという意味で「緩い」教育を志向するといえるでしょう。それは、能力（できる／できない）の前に、つまり「できなくてもよい」を前提にして、一人ひとりの子ども・若者の存在が肯定されるという意味で「緩い」場であることを意味するでしょう。この側面は、能力の向上を旨とする教育的営みというよりも、むしろ子ども・若者一人ひとりの全面的承認を基礎とするという意味ではケアと呼ばれる営みに近いといえるかもしれません。

デモクラシーに関しては、教育政策の策定・実施や学校運営において子ども・若者の参加やその声を聴くことを重視するという意味でも、学校生活のあり方やそこでのルールなどをほぼすべて決定してきた大人の側の権限範囲を限定づけるという意味でも「緩い」教育の具現化が追求されてよいことになるでしょう。

もちろん、「緩い（vsきつい／堅い／厳しい）」というのは相対的な意味合いに過ぎませんが、それでも、従来型の学校文化の基調が「きちんと・ちゃんと・しっかり」モードにあったといえるだけに、今後、「社会的に公正な教育」をめざすためには、学校教育に「緩さ」を織り込むことが必要条件の一部に含まれるように思われます。とすれば、そうした「緩さ」の実現形態、その演出方法の具体的なあり方について、できるだけ豊富な例（必ずしも成功事例に限る必要もないかもしれません）に触れながら学ぶことの意義は大きいといえるでしょう。次節で、ある学校の実践事例を取り上げる所以です。

（5）「社会的に公正な教育」のジレンマとその解決・展開方法

その事例を取り上げる際に、これらコンピテンシー・インクルージョン・デモクラシーという理念の具現化をめざす「社会的に公正な教育」が不可避的に直面し続ける「ジレンマ」という要因に着目することにしたいと思います。

先に参照したフレイザーも、看過できない不公正・不正義が存続する社会について「再分配・承認・代表の政治」という三つの要因にかかわる社会的治癒策を講じるうえで、一つの要因に関する改善をめざすことが別の要因に関する改善の阻害要因になる（たとえば、再分配の政治における治癒策が承認の政治の治癒策の阻害要因になる）危険性があると指摘しています。フレイザーは、この意味で生じるジレンマに関する反省性に「境界認識（border awareness）」という名を与えて注意を促し、こうしたジレンマの暫定的な解決策の積み重ねの一環として、一方の要因の改善策に別の要因の改善策を交差させるという戦略＝「交差是正（cross

図表 3-1　MHS における教育の諸特徴を表す一覧

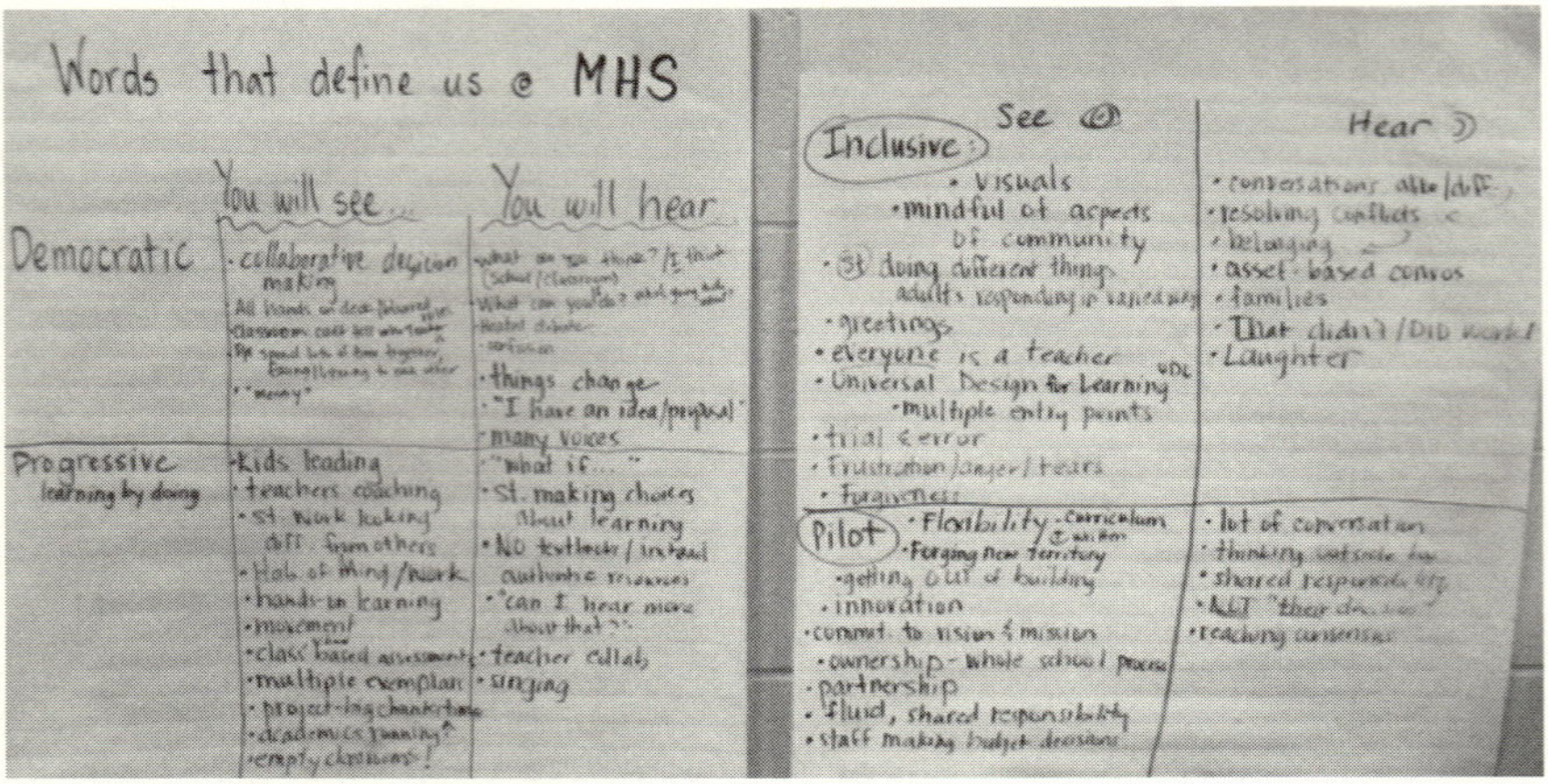

注：2019 年 3 月筆者撮影

redressing)」の重要性を強調しています。

　よって、以下に取り上げる事例においては、コンピテンシー・インクルージョン・デモクラシーを具体的実践に落とし込むときに必然的に生じるジレンマ（の一部）と、その漸次的・暫定的解決方法となる「交差是正」的実践が含まれる事例を取り上げることになります。

　本節の最後に、つぎの点だけ補足しておきたいと思います。最初の節でも触れたように、コンピテンシー・インクルージョン・デモクラシーというトリコトミーは、たんにフレイザーによる「再分配・承認・代表の政治」の教育学的再解釈・応用によって導出された概念ではありません。筆者が、日米のさまざまな学校や教室を訪問するなかで、どのような教育に「よい」という価値判断を自分が与えているのかを、その現場を共有した実践家や研究者と議論しつつ自省するなかで析出されたものでもあります。

　筆者は、フレイザーの枠組みを援用した学会報告を２０１２年に初めて行い、２０１６年にその研究成果を別の学会誌論文として公刊し、このトリコトミーとほぼ同様の議論を試みていました。他方で、本章で取り上げる実践事例の舞台となったMHSを2019年に訪問した際、その学校のスタッフ・ルームには、新たに着任した教員に対してその学校の実践のあり方を説明するワードがまとめられたシートが掲示されていたのですが、そこには前記トリコトミーとほぼパラレルな概念が列挙されていたのです（図表3－1）。この事実は、前記トリコトミーの妥当性の一端を示しているように思われます。このことを確認したうえで、事例紹介に移りたいと思います。

3 事例の考察
――「緩さ」の作法と「交差是正」の教育実践

以下では、既述のように、MHSでの実地調査に基づき、前記トリコトミーに関連する事例で、そこで生じるジレンマに「交差是正」的戦略（つまり、ジレンマを解消することをめざすのではなく、そのジレンマを受け入れたうえで、ジレンマを新たなかたちで再展開するという方法）により対処しているとみなせる事例を取り上げます。

（1）「精神の習慣」を軸とするコンピテンシー・ベースの教育における「交差是正」

MHSは、エッセンシャル・スクール連盟（The Coalition of Essential Schools）という進歩主義的教育団体の加盟校として、その主導者の一人だったデボラ・マイヤー（Deborah Meier）が設立者の一人に名を連ねて開校された学校でした。そこで、この団体やマイヤーの理念を反映して、「精神の習慣（Habits of Mind）」と呼ばれる批判的思考法の育成が実践の基軸に据えられていました（図表3－2）。同校では、そのような見方・

図表3-2 「精神の習慣」

精神の習慣(Habits of Mind)	
証拠・証明(Evidence)	自分が知っていることは、どうすればわかるのか。どの程度の確証があるのか？
観点(Viewpoint)	これは誰の視点からの提示されているものなのか。別の観点から異なる理解の仕方はできないだろうか？
連関(Connections)	これは、私たちがすでに知っていることとどうつながっているのだろうか？一定のパターンはあるだろうか？
妥当性(Relevance)	このことはなぜ重要なのだろうか。
推測(Conjecture)	このことは、もし事情が違っていればどうなるだろうか。異なる過去・現在・未来を想像できるだろうか。

注：MHS教室内に掲示されていた表を筆者が和訳

考え方を汎用的に適用できるようなコンピテンシーを育成することを最も重視し、Less is More.（知識量は少ないとしても、より豊かな学びにつながる）という方針を採用していました。すなわち、あえて教育内容の網羅主義を断念して、扱う内容項目を減らし、その分、深い学びを通して、そのような思考習慣を子どもたちが少しでも自らのものとすることができるようにするカリキュラムを編成・実践していたのです。子どもたちは、どのようなテーマに関してレポート作成や発表、作品制作をする場合にも、この「精神の習慣」の観点が活かされているかを問われることになります。学習過程における教員からの指導・助言においても、生徒間での相互レビューにおいても、これらの観点が適用されることになります。

その授業＝学習の形態は、従来型の斉一的な授業とは大きく異なり、子どもたち自身がさまざまなやり方で「精神の習慣」を生かした思考を学習のなかで展開することがめざされます。社会学的知見として指摘されることがあるように、こうした思考力の習得は中産階級以上の家庭の子どものほうが有利であるという階級性を完全に払拭できないとすれば、経済的・文化的に相対的に不利な条件を抱える子どもには、そのような思考ス

図表 3-3　MHS における授業（個別学習時）の様子

注：2019 年 3 月筆者撮影

キルを重視したコンピテンシー・ベースの教育は、より大きな困難を抱えるものになる十分な可能性があります。しかし、この学校では、どのような背景をもつ子どもにも、将来社会を生きていくうえでも、また民主主義社会の構成メンバーとしても、こうしたスキルが重要であると認識し、さまざまな困難を抱える子どもにも可能なケアや支援を提供しつつ実践を展開していました。これはいわば「文化資本」の「再分配」に当たる企図といえるように思われます。

その学習場面の「緩さ」が感じられる場面をご覧いただきましょう（図表3－3）。これは小学校高学年クラスでの調べ学習を含むレポート作成の場面ですが、子どもたちは、思い思いの場所・姿勢で学習を進めています。そのプロセスでは、集中力が途切れたり、一見無駄にみえる私語が交わされたりといった場面もみられます。すべての子どもがうまく学習を進められるわけではありません。しかし、この学校では、そうした場面を必ずしもたんに否定的にのみとらえず、そうした停滞も試行錯誤のプロセスとして、できるだけ承認しつつ授業を展開していました。その意味で、一斉授業とは異なる、よりインクルーシブな学習空間が生み出されていたと解釈することもできます。もちろん、看過できない場面が生じたときには、教員が子どもの活動を見守るに留まらず、明確に介入することも出てくるわけですが。

さらに特筆すべきは、何よりもまず前述の「精神の習慣」という思考スキルありきではなく、一人ひとりの生徒理解、特に一人ひとりの生徒の持ち味を肯定的に理解・評価しようとする営みが、各教員、および教員同士のチームワークにより徹底されていたという点です。

その証左として、まず、学年団で毎週行われるミーティングで、一人ひとりの生徒の固有名詞を出しながら、その子どもの学習状況や素行等に関して交わされる担任同士の会話や、次学年担任教員とのあいだで行われる申し送りのミーティングで共有される資料が挙げられるでしょう。そこでは、家庭背景、学力面、社会的情緒的側面、素行問題やその素行が生じやすい原因（trigger）やそれを緩和するための良策等まで話題になり、レポートにまとめられていったのです。さらに、学期末の成績表（student report）には、数値化された各項目の評定以外に、各生徒あたり800－1000語にも及ぶナラティブ・レポートと呼ばれる記述式評価が含まれており、そこではポジティブ・フィードバック（学習目標の到達度に縛られない、その子の学習活動への積極的価値づけ・意義づけ）を軸とする個人内評価が丁寧に記載されています。

これらのことは、前述のようなコンピテンシー・ベースの教育を多様な属性をもつ子どもに提供するという実践が、つねに、一人ひとりの子どもの存在を肯定し承認する営みを伴って展開されているといえるように思われます。このように「精神の習慣」を軸にしたコンピテンシー・ベースの教育の徹底が、一人ひとりの多様な学習のスタイルの承認、そのケアやポジティブな個人内評価を伴って展開されているところに「交差是正」的戦略をみいだすことができるように思われます。

しかし、ここで注意すべきは、こうした交差是正的方略が、コンピテンシーの階級性と、多様な背景をもつ一人ひとりの子どもの存在の承認・肯定とのあいだに生じるジレンマを解消するものではないということです。この方略による実践は、ジレンマの不可避性を前提として、状況・局面に応じて更新されながら反復・継続されていくものと考えるべきでしょう。

（2）「ピース・コーナー」の設置というインクルーシブな教育の企図における「交差是正」

「ピース・コーナー」とは、もともとモンテッソーリ教育法の一環として、主に幼児教育における学習環境として生み出されたものです。これは、近年、インクルーシブ教育における学習環境の工夫の一つとして注目され、州によっては発達障害のある子どもの学習支援に有効なツールとして推奨されています。

図表 3-4　MHS にあるピースコーナーの例

注：2019 年 6 月筆者撮影

ピース・コーナーは、各教室の端に設置された教室内シェルターのようなもので、生徒たちは学習活動から逃れ、一人でソファに座って休憩することができます。授業中、イライラしたり、逆に気持ちが沈んだりして勉強する気が起きないときは、いつでも好きなときにそこに行くことができるわけです。このコーナーは原則5分まで使用可能で、タイマーは5分間に各自でセットすることになっています（図表3－4は、小学校1－2年生複式学級の例）。

授業時間中は、席について学習に集中することを要求されるような従来型の学校の「きちんと・ちゃんと・しっかり」モードに比べると、このピース・コーナーは、明らかに「緩い」空

図表 3-5　MHS のピースコーナーに置かれている気持ち調整メーターの例

注：2019 年筆者撮影

間として教室をデザインし直すことにつながっているといえるでしょう。

では、ピース・コーナーは、どのような意味で前述したような交差是正の戦略として機能しているといえるのでしょうか。

この環境上の工夫は、学習からの離脱＝学習の停滞を否定せず、承認することを意味しますので、上にみたコンピテンシー・ベースの教育における「交差是正」の一環にもなっていることがすでに自明でしょう。言わば、生徒が一時的に学習から逃れることを共感的に許容し、学習活動からの一時的な離脱を承認することで、逆説的に、生徒が学習から長期間あるいは完全に離脱することを防ぎ、学習への復帰や授業への再集中を支援するツールとして機能することが期待されているわけです。

しかし、それだけでなく、教育における「承認の政治」としてのインクルーシブな教育の作法によって、コンピテンシー・ベースの教育の実現の一部を図っているという意味での「交差是正」にもなっています。それは以下のような意味においてです。

ピース・コーナーの利用において重要なのは、このコーナーの利用開始も学習活動への復帰も、そのタイミングは、原則として子どもたち一人ひとりの自己決定に委ねられている点です。子どもが授業中の集中力を失っても、教師が「ピース・コーナーに行きなさい」と指示するのではありません。また、そこには砂時計やタイマーが準備されていて、利用時間の限界を子どもたちと教員で予めルールとして定めている場合がほとんどですが、そこからどの段階でどのように学習活動に戻るかは、生徒自身が決めることになります。ここには、心理学的に「自己調整」と呼ばれる能力を育てるという意図が反映されています。その際、しばしば「気持ち調整用メーター（原語はzones of regulation）」と呼ばれるツールを使ったアプローチが採用されています（図表3－5）。

このツールは扇形や長方形のシートで、青・緑・黄・赤の4等分に色分けされており、青い所には、沈んでいたり落ち込んでいたりする表情の顔写真や絵が、緑の部分には、ちょうどいい感じの落ち着いた、あるいは朗らかな表情の、黄色のところには、やや緊張しているとか不安にみえる表情の、赤いところには、イライラしたり、怒っていたりする表情の顔写真や絵が貼られたり描かれたりしています。こうした視覚的指標は、幼い子どもでも自分の心の状態をメタ認知し、自己調整力を身につけられるようにするのを助けるツールになっています。メタ認知や自己調整といった能力が、社会的に不利な条件下にある生徒ほど獲得や積み上げが困難とされるコンピテンシーの一部であるとすれば、ピース・コーナーは、「承認の政治」だけでなく、同時に「再分配の政治」にも寄与しているという意味で「交差是正」の戦略の好例であると結論づけることができるでしょう。

しかし、ここでも直面しているジレンマの解消に至る見通しはつきません。学習からの逃避を承認することが学習への復帰や長期的継続につながる保証はありません。さまざまな工夫を凝らし、学習からの離脱・復帰の過程で「自己調整」という非認知的スキルの獲得を促そうとしても、そうした工夫は、もともとそうしたスキルをもった子どもにより有効に働き、そうでない子どもにその効果が現れにくいということも十分に考えられるからです。しかし、それでもより社会的に公正な教育をめざすならば、このジレンマを引き受けて、こうした試みを更新・発展させていくしかないように思われます。

(3)「クラス憲法」の取り決めと運用における「交差是正」

クラス憲法とは、子どもたちを中心に、担任・副担任教師(や学習支援ボランティア)も含めて、クラスの構成員全員で定めた、そのクラスの学年を通した目標やルールを意味します(図表3-6は、MHS2016-17年度1-2年複式のある学級で定められたクラス憲法の例)。これは教室運営における子どもによる参加民主義的な営みの一環であり、本章ではデモクラシーという理念に対応し、フレイザーの概念で言えば「代表の政治」に当たる教育上の営みです。ここで注目しておきたいのは、そこで生じるつぎの二つのジレンマです。

一つには、全員がいつも熱心に参加するということが、さまざまな事情で難しいという点です。たしかに、民主的な参加、その意味で自主的な参加の強制というのは、ある種の語義矛盾になるとしても、民主的なコミュニティがその構成員(子ども)の参加によって初めて成立するのだとすれば、できるだけすべての構成員が参加することが望ましいことになります。しかし、やはりそれでも、何らかの事情で参加の意欲をもつことができない構成員も出てくるかもしれません。

もう一つは、全員で取り決めたクラス憲法でも、場合によっては破られてしまうことがあるという点です。大人の社会であれば、法律に違反したときには刑罰を与えられ、少なくとも一時的に一般社会から合法的に隔離・排除されるということが起きうるわけですが、そのようなことは義務教育段階の教室運営において通常ありえません。

では、こうしたジレンマに対して、この学校ではどのような対処法が示されてきたのでしょうか。

前者のジレンマに対しては、「(所属集団の議論や活動において)パスする権利(the right to pass)」、つまり「参加しない権利」を最初からクラス憲法に書き込む場合があるということです。MHSでは、この権利が明文化されていたクラスは見当たりませんでしたが、不文法的に了解され運用されていたクラスはいくつもみられました。これは、議論において自分の番が回ってきたときや、教師や他の生徒に指名された際に、応答しない権利を保障されるということを意味します。ここでも熱心な全員参加という理想に必ずしも縛られない「緩さ」の作法が明らかに見受けられます。

だからといって、それは、まったく参加しなくてよいということを意味しているのではなく、誰しもそのときのさまざまな事情により、そのクラスでの「政治」に参加したくない、できないという局面は存在するということをお互いに許容するという多様性の承認を基盤にすることで、そのクラスのデモクラシーの維持が企図されていることを意味します。すなわち、参加への（一時的）拒否の承認を通じて参加（の継続）を担保するという逆説的な機能を果たしているわけです。

図表 3-6　MHS のクラス憲法の例

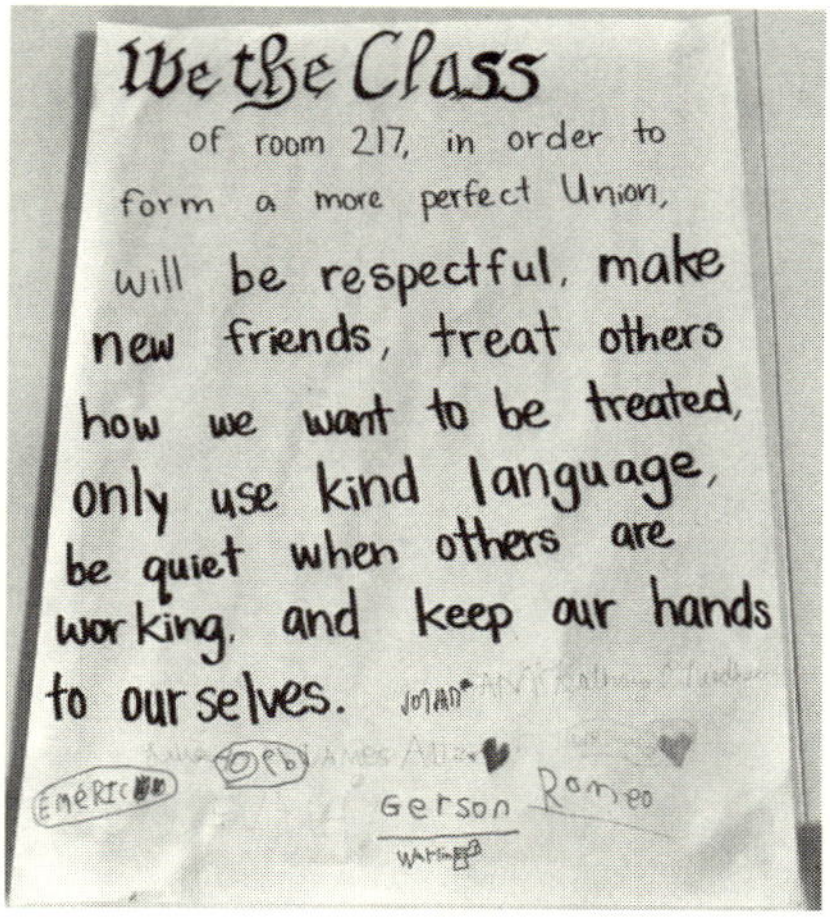

注：2017 年 6 月筆者撮影

前述した後者のジレンマに対しては、報告者が聞き取りを行った例では、その担任教員が、クラス憲法が破られることがあることを最初からある程度見越していることがわかりました。その教員は、そのような機会を、むしろつぎの段階の参加民主主義的営みに積極的に活かしていこうとする姿勢をもっていたのです。

もちろん、人権を傷つけるような言動がみられたときには、教員が厳しく注意することも稀ではありませんが、ある低学年クラスの担任教員はつぎのような内容の話を聞かせてくれました。すなわち、「クラス憲法を破ってしまう子どもが出てくることは、実際にあります。そのときに、子どもたちには、ここは学校の外の社会とは違うよね、警察もないし、牢獄もないよね、ここはコミュニティで、私たちだけでしょ、どうすればいいと思う？と問いかけることにしています。もうクラス憲法なんてなくしてもいいの？とか。そうすると、またあらためてクラス憲法で決めたことの大事さを子どもたちと確認できるよい機会になりますし、また、クラス憲法についてあらためて見直して、つぎの段階に行ける好機にもなると考えています」と。

破った行為自体の問題点は子どもたちと省察するけれども、破った子どもの人格を否定せず、そうした子どもの存在をインクルーシブに「承認」しようとするわけです。自分たちで決めたことは「きちんと・ちゃんと・しっかり」守りなさいという指導モードに比べると、ここにも「緩さ」の作法をみいだすことは容易いでしょう。こうした「承認の政治」によって、「代表の政治」（ここではデモクラティックな学級コミュニティ）の持続可能性を模索しようとしているように思われるのです。

しかし、先にみてきた他のジレンマと同様に、ここでのジレンマ自体も解消されるわけではありません。学校や学級でのデモクラシーへの不参加を承認すること（インクルーシブな処遇）が、逆説的に、参加民主主義の持続可能性を高めるという保証はありません。また、多様な子どもの在り方を承認しようとすることと、デモクラティックな議論を経て取り決められたクラス憲法を尊重するということとのあいだに葛藤が生じる可能性があります。さらに、子どもの自発的意思・参加が基盤に据えられるべき民主的コミュニティの形成に、大人によるパターナリズム（温情主義的干渉・介入）という強制力が行使される場合もあり得るでしょう。したがって、ここでも、暫定的解決の積み重ねによるジレンマの持続的展開が不可避になると思われます。

4 まとめ
――ジレンマの解消ではなく反省的展開へ

（1）「社会的に公正な教育」の基底的要因としてのインクルージョン、または「承認の政治」

ここまで、より望ましい教育像の一つを、コンピテンシー・インクルージョン・デモクラシーという三つの規範理念を基盤とする「社会的に公正な教育」として描き出したうえで、関連する実践事例を取り上げながら、その三つの理念の具体的実現を試みる際に、その各理念間に生じるジレンマに着目し、そのジレンマに対する逆説的で暫定的な解決策としての「交差是正」という方略の具体的な実装の有様を概観してきました。

この最終節では、このトリコトミーのなかで最も基底的な位置に置いてよいと考えられる要因を確認し、そのうえで、より社会的に公正な教育の実践を企図すると不可避的に直面するジレンマについて、さらに、そのジレンマに対する可能なスタンスの取り方について議論しておきたいと思います。

前節で取り上げた「交差是正」の各実践的方略を再度振り返ると、その実践事例のすべてに関係している要因が「承認の政治」のみであることに気づきます。このことが示唆しているのは、「再分配・承認・代表の政治」のなかで最も基底的な要因に「承認の政治」を位置づけることができるのではないかという仮説的知見です（この知見を採用することは、フレイザーの論争相手であり、承認一元論と呼びうる哲学を展開するホネットに近づくことになるのかもしれません）。これら三つの政治を教育学的文脈に即して翻案した先の言葉で言えば、コンピテンシー、インクルージョン、デモクラシーという社会的に公正な教育を構成するトリコトミーのうち、最も重要な基礎となる要因としてインクルージョンという理念を位置づけることができるのではないかということになります。この知見は、前節で一つの学校という単位を基本として導き出されたものであるわけですが、地方自治体や国家レベルの教育政策に関しても適用できる視座としてとらえることができるように思われます。

（2）再び「社会的に公正な教育」が直面するジレンマについて

ここで注視すべきは、教育という領域において、この「承認の政治」としてのインクルージョンという理念を基底に据えるとすぐに、その実践や政策に一定のジレンマを不可避的に生じさせることになるという点です。では、なぜ、どのようなジレンマが生じることになるのでしょうか。

まず、ジレンマが生じる原因については、少なくとも以下の、互いに関連する二つの側面から考えることができるように思われます。

第1に、この広義のインクルージョンという理念は、近代において教育という領域が担わされている「選別・配分」という社会的機能とのあいだに葛藤を引き起こすからです。「選別・配分」という機能は、要するに、人々を一定の能力の獲得度合いによって選り分け、それによって一定の学習機会や職業・社会的地位に割り振ることに寄与するうえで中心的な働きを果たすことを意味します。この機能と連動する能力主義（メリトクラシー）は教育領域では不可避ですが、そこに可能な限りすべての人々の存在を尊重・肯定するというインクルージョンの理念が事後的に、より強力に外挿され、その理念を重視しようとすると当然板挟み状態が生じることになります。詳述する余裕はありませんが、この側面は、教育における評価（学力評価）

に対する構えをめぐって生じるジレンマにも通底しているでしょう。

第2に、広義のインクルージョンという理念は、公教育の外部に位置づけられていた存在を、その内部にできるだけ包摂しようとする駆動因になるので、そのことが同時に、公教育の既存の枠組みや位置づけを否定する契機となるために、これに伴うジレンマが避けられないことになります。それは、公教育が、そこにこれまで包含されていなかった多様な教育機会に開かれるということをも意味するからです。

教育機会確保法成立以降、いわゆるフリースクールや夜間中学校も、もはや公教育制度のたんなる外部ではなくなりました。通常の学校以外での学習を公的に承認することは公教育の「空間的越境」を、学齢期以外の学校での学習を公的に承認することは公教育の「時間的越境」をそれぞれ意味することになるでしょう。こうした越境は境界線を曖昧にするため、既存の公教育の立場からみれば、その枠組みや基盤が揺らがされることになり、これまで公教育の外部にあった組織の立場からみると、その自由や独自性が損なわれる危険性に晒されるという意味で、ジレンマの出現は不可避になるでしょう。こうした既存の枠組みの揺らぎは、組織形態や運営主体に関しても生じます。そこには、公的諸機関や学校法人以外のＮＰＯや民間企業の参入もみられることになるからです。

つぎに、以上の諸要因が相互に関連しているきわめて実践的なジレンマについて検討し、このジレンマに対して実践者として取り得るスタンスのあり方を考察しておきたいと思います。

それは、端的に、「学力保障」重視の立場と「承認・ケア」重視の立場との、あるいは、「学習機会」の提供と「居場所」の提供とのあいだに生じるジレンマと表現できるかもしれません。フリースクールや学習支援事業の多くが、既存の学校教育に馴染めない、または批判的な子どもたちに、それに代わる別の学習機会を提供することを目的として運営されています。そこでは、子ども・若者たちが学習に取り組むかどうか、一定の学力を身につけられるかどうかの前に、またそのこと以上に、そこに集う子ども・若者の（条件付きではない）全面的な承認に照準し、その意味で子ども・若者たちが安心して居心地よく過ごせる場所であることを優先しようとする場合がしばしばあります。しかし、その事業者・実践者は、そうした両極のあいだで板挟み状態に陥らざるをえない局面が生じることが考えられます。こうしたジレンマは、既存の学校の内部でも生じ、それは教員間の教育観の対立として顕現することもあるでしょう。

この両極に関して、現場でもしばしば語られるのが、これら両者のバランスをどう取るかということです。そして、同様によく話題に上るのが、そのバランスの取り方の難しさに関する悩みやモヤモヤでしょう。しかしながら、筆者の見立てでは、そこに美しい中立的立場のような、ちょうどよいバランスの取り方というものはおそらく存在しません。実践的には、いずれかに重点を置くことを選択せざるをえないわけです。つまり、その都度、バランスを欠いた、偏りのある選択しかできないということです。それだけに、どちらを選択するにしても、一方を立てればこちらが立たずという状態が不可避的になり、その選択はいずれにせよ簡単ではないでしょう。

一見、本章の立場ではインクルージョンという理念に、すなわち、承認・ケア重視という立場に立脚する以上、選択に大きな困難はないようにみえます。しかし、学習活動や学力の獲得が不要だということにならない限り、そこでジレンマが解消することはありません。では、この重点の選択は何を意味するのでしょうか。

それは、いわば、ジレンマが解消不可能であることは認めたうえでの暫定的な賭けのごときものといえるのではないでしょうか。すなわち、目の前の子ども・若者を学習活動にむかわせ、学習の目的としての一定の学力・能力を身につけさせること（ここには、社会性に関する学びやその獲得などを含む広義の学習活動を意味するものとします）を優先するのではなく、むしろ、目の前の子ども・若者のありのままの存在をできるだけ尊重・肯定し、指導と呼ばれるものとは異なるケアという営為に注力することこそが、むしろ本人が学習にむかい、それによって一定の学力を獲得することにつながる可能性に賭けるということです。

それは、いいかえれば、「できなくていい」という立場を取ることが、逆説的に「できるようになる」ための諸条件を構成する可能性に賭する立場だといいかえられるかもしれません。この立場からみると、学習にむかわせよう、学力を身につけられるように支援・指導することに注力することは、逆説的に、そうした支援や指導が必要にみえる子ども・若者たちがその支援や指導からさらに遠ざかることに棹さすことになりやすいようにみえるということになります。けれども、そうした学習支援・指導を前面に押し出さないことが功を奏する保証はなく、学習活動や能力の獲得が特に喫緊の課題になっているようにみえる子ども・若者がその機会を逸することにつながりかねないという恐れから逃れることはできないでしょう。

したがって、承認・ケア重視の立場から、学力保障重視の立場を完全に否定することもできません。それは、すべての子ども・若者たちに、その後の生活・キャリアにおいて必要不可欠な水準の知識・技能の獲得を保障することをめざすという意味で、子ども・若者たちが、一定の何かが「できるようになること」（能力の向上）をより重視し、敢えて「承認・ケア」重視の立場を一旦否定することで、逆説的に、その肯定に帰結するという見通しに賭ける立場だといえるでしょう。つまり、この立場は「できなくていい」よりも「できるようになる」を優先することが、「承認・ケア」重視の立場がめざす一人ひとりの子ども・若者の存在の承認・肯定（たとえば、自己肯定感の獲得・安定化）に帰結するという逆説的な見通しを指すことになります。

この両方の立場とも、教育の場を介して子ども・若者のウェルビーイングにどう寄与すべきかという課題に対する機能的に等価な解決策であると考えることができます。従来の学校教育においては、基礎的学力の保障重視の立場を優先する傾向が強かったとはいえるでしょう。しかし、私たちは、前述のように「緩さ」に照準する教育の可能性を追求するとともに、承認・ケア重視の立場を選択しようとしているわけです。

ここでは、ちょうどよいバランスを取ろうとすることによってバランスが取れるようになるという可能性を否定している以上、私たちは、どちらかを選べと言われても選びようがないという二つの選択肢のなかであえて一方を選択ないし優先することを避けられません。仮にバランスを取れるかもしれないとすれば、最適解的バランスを取ることを断念し、意図をもって一方を選択・優先し、そこに軸足を据えつつ実践を展開したうえで、それとは反対の極の課題に試行錯誤的に対応することによってでしかないのかもしれません。

したがって、この立場は、先に触れたこの研究会のスタンスと同様に、きわめて中途半端だと認めるしかなく、決して安定的でもありえません。その立場が成功することが保証されているわけではなく、つねにもう一方の立場からの批判的視線に晒されることになるからです。このように、本章の立場は不安定であり、この立場を選択する実践者も、そこで生じるジレンマによるモヤモヤから逃れることはできないでしょうし、すべきでもないように思われます。選択した立場の意味を明確に自覚しつつ、実践の結果として現れるその都度のモヤモヤをつねに省察し、そのモヤモヤの暫定的・漸次的解決をめざし、これを少しでも発展的に反復していくしかないように思われます。

よって、この立場は、そのジレンマや不安をたんに飼い慣らそうという結論をめざしているのでもありません。むしろ、このジレンマが不可避的かつ解消不可能であると受け止め、それに伴う不安も解消できないと認めたときに、逆説的に若干飼い慣らせていることになるのではないかというスタンスを念頭に置いています。卑近な例が許されるとすれば、ちょうど、緊張が避けられない状況で、緊張することは仕方ないと認めるときにこそ、緊張がほぐれる可能性が生じるのと同じように。

以上のように、公教育やそれと関連する学習支援の場を、本章で掲げたようなコンピテンシー、インクルージョン、デモクラシーという基本理念からなる社会的公正を志向する教育として再編することを企図し、なかでもインクルージョンという理念を優先的基盤としつつ、「緩さ（ゆるさ・ぬるさ）」に照準する実践として展開しようとするとき、従来の教育との関係を視野に収めて活動する者にとっては、一定のジレンマに直面することが不可避であると思われます。しかし、そこで重要なのは、そのジレンマの解消をめざすのではなく、基本理念を維持しつつも、それと相反する立場とのあいだで考え、先に観察した「交差是正」の例のように、ジレンマを認めたうえでの試行錯誤を反省的に展開することなのではないでしょうか。しかし、こうしたスタンスを押し付けることはできません。できることがあるとすれば、そうしたスタンスの所在を明らかにして、そこに誘うことしかないように思われます。小文が、その誘いに寄与していることを祈るばかりです。

†本章のベースになった研究はＪＳＰＳ科研費 18K18668及び19K02568の助成を受けたものです。

文献

澤田稔（2012）「批判的ペダゴジーの実践的諸相――「社会的公正」のためのカリキュラム論のために」日本カリキュラム学会第23回大会 自由研究発表（口頭発表）
澤田稔（2016）「批判的教育学から見たグローバル化をめぐるカリキュラム・教育方法のポリティクス――後期近代におけるマイノリティ教育の論理」『教育社会学研究』98：29-50頁
Apple, M.W. and Beane, J. A. eds.,（2007）*Democratic Schools*, 2nd ed. Heinemann.（＝澤田稔訳（2013）『デモクラティック・スクール――力のある教育とは何か』上智大学出版）

Apple, M. W., Au, W., & Gandin, L. A. (Eds.). (2011). *The Routledge international handbook of critical education.* Taylor & Francis.［長尾章夫・澤田稔監修（2017）『批判的教育学事典』明石書店］

Fraser, N. (1997). *Justice Interruptus: Critical reflections on the "postsocialist" condition.* Routledge.［仲正昌樹監訳（2003).『中断された正義――「ポスト社会主義的」条件をめぐる批判的省察』御茶ノ水書房］

Fraser, N., & Honneth, A. (2003). *Redistribution or recognition?: a political-philosophical exchange.* Verso.［加藤泰史・高畑祐人・直江清隆訳（2012）『再配分か承認か？――政治・哲学論争』法政大学出版局］

Fraser, N. (2008). *Scales of Justice.* Polity Press.［向山恭一訳（2013)『正義の秤――グローバル化する世界で政治空間を再想像すること』法政大学出版局］

Meier, D., Lyne, H., Knoester, M., and Gasoi, E. "The closing of Mission Hill School attacks progressive education." Boston Globe, August 22, 2022. https://www.bostonglobe.com/2022/08/22/opinion/closing-mission-hill-school-attacks-progressive-education/ [accessed 2 February 2024]

第 II 部　「多様な教育機会」をつくる
――ジレンマのなかの実践

第4章

インクルーシブな高等学校づくりにおける実践の端緒

アイデア会議、オンザフライミーティングなどにおける水平型コミュニケーションの可能性について

中田正敏

1　はじめに

「多くの可能性を秘めながら、一人ひとりがもっている力を必ずしも十分に発揮しきれなかった生徒」を対象に、有意義な高校生活を送ることができるように支援し、将来につなげることができる高等学校づくりにマネジメントを担当する者として参画したことがあります。

この学校づくりの説明会で話をしたとき、ある中学生から「今までのことはチャラにしてくれるんだよな」と確認され、当事者らしさにあふれた発言だと感心したことがあります。

本章では、インクルーシブな学校づくり▼1の事例の端緒の動きを取り上げ、何に着目し、どのようなかたちで働きかけ、どのような可能性が生まれたのか、について振り返りたいと思います。

（1）学校づくりの枠組みと組織的な課題

県の方針では、入学者選抜の方法は、「持っている力を必ずしも十分に発揮しきれなかった生徒」の入学を可能とするため、調査書の評点を選抜資料にせず、学力検査も実施しないこととなっていました。従来の高等学校の解決モデルでは通用しない生徒たちが入学してくることになるので、これまでにないきめ細かい支援を開発する必要があります。しかし、受け入れる側で、既存の「解決モデル」で対応できない生徒は「うちの学校に合わない」生徒として「お引き取り願う」という発想がある場合には、うまくいきません。学校づくりの枠組みとしては、「インクルージョンのための指標」▼2を参考にしました。そのなかで、特に着目したのは、「特別な教育的ニーズ」のある生徒を受け入れるという視点ではなく、生徒の「学習と参加を妨げる障壁」が現在の学校組織にあるのではないか、という視点です。具体的には、障壁となっているコミュニケーションの様式があるのではないか、という枠組みで考えることにしました。その意味で、赴任当初は、インクルーシブな学校として、それについてどの程度の柔軟性があり、可能性を秘めた学校組織となり得るのかを把握する必要がありました。

さらに、「お引き取り願う」ことが禁じ手となる学校づくりをすることになることはわかり切っていましたので、具体的に学校づくりを進める際には、組織としてさまざまな矛盾に出会うことが予想されました。「多くの可能性を秘めながらも、必ずしももっている力を発揮できてこなかった」状況は、生徒ばかりではなく、この難問にこれから対処しようとする学校組織にも当てはまることであるように思えました。

(2) 赴任当初に感じた「ちぐはぐさ」

赴任当初、生徒の在籍人数をみたところ、毎年、4月に入学した生徒は240名、それが、2年生の4月には200名、そして3年生の4月には180名という数字が5年間、ほぼ動いていないことに気づきました。これは、学校がもっている力があるとすれば、それを発揮できていなかったことを示しているように思いました。

しかし、この厳しい数字から意外に思えたこともありました。教職員は一人ひとりの生徒の話を実によく個別に聴いていたことです。4月当初から続発する生徒指導事案を扱うなかで、この生徒はどういう生徒ですか?という質問に、担任の教師は、皆、家庭の事情も含め、受け持ちの生徒の課題や長所を具体的に把握していることがよくわかりました。

しかし、個々の教師として把握していることがやや限定されていて、教師の枠組みでとらえ方が固定的なものになっていました。簡単に言えば、ある先生はいつも生徒のある側面のみをみる傾向があるということです。さらに、複数の教師とやりとりをしていくなかで、教師のあいだのコミュニケーションが不足しているのではないか、という感触がありました。話をもっとしていればやりとりのなかでお互いに何らかの影響を受けるのではないかということです。

生徒の話はよく聴いているにもかかわらず、かなり多くの生徒が退学しているという事実があり、対話をしていることが、生徒が学校を続けることに結びついていないということがわかりました。教員のあいだのコミュニケーションは、今のところはまだ個別分散的ではあるが、増幅させることができれば新しい可能性が生まれるのではないか、というように考えることができました。

そのためには、一人ひとりの教師の資質・能力を高めるというよりは、教職員のあいだのコミュニケーションに着目し、そこにどう働きかけるのかを考えることにしました。また、その教師が生徒とどのようなコミュニケーションをしているのかについても着目し、これについてはどのように働きかけるべきか、さらには、職員同士ではこのあたりのことについて互いにどのような働きかけをしているのかに焦点化する方略をとることとしました。

また、教職員はかなり疲弊している様子がみえました。それについては、先に述べたように生徒の話は丁寧に聴くことで重い現実を知ることになり、それを何とかしたいという気持ちも生まれるのですが、どうにかできるものはほとんどなく、取り組みが実を結ばないことが多いためではないか、と考えてみました。つまり、対話の場があるにもかかわらず、生徒や教師の充実した学校生活に結びつくことに至らないことが教職員の疲弊の要因ではないかということです。生徒の話を聴くという活動は個別分散的にはあるのですが、それがそれだけに終わっていることが無力感につながり、疲弊の要因のひとつではないかと考えました。

2 さまざまな局面におけるコミュニケーション

教職員のあいだのコミュニケーションや教職員と生徒のあいだのコミュニケーションに着目して、状況の把握を試みた結果、教職員は何らかの媒介で生徒を解釈しているのですが、それがどのようなコミュニケーションに基づいて行われているのか、について必ずしも自覚してはいないこと、あるいは、同僚とのコミュニケーションのなかで生徒を解釈する見方が変わることもあることに気がつきました。

また、生徒とのコミュニケーションについては、さまざまな日常的な事案で、生徒の声を聴くだけで、それ以上の展開はないという事例、教職員相互のコミュニケーションのなかで生徒を対象とする見方が変わりつつあるという事例、教職員—生徒のあいだの関係で共に考えることができているという事例などがバラバラに存在していました。

これらは、一人ひとりの教職員の力量という見方で済ますこともできるかもしれませんが、学校組織を単なる個々の先生や個々の生徒の集合体としてとらえることには限界があるようにも思いました。つまり、個々の資質能力というよりは、やりとりやコミュニケーションを分析単位として考えるべきではないか、ととらえ、諸課題をさまざまな局面におけるコミュニケーションに着目して考えることにしました。

具体的には、どのような局面が学校組織内で起こり得るのか、について考え、①教師はふだんはどのように生徒を解釈しているのか、②どんなときに複数の解釈があって混乱することがあるのか、さらに、③どのようなことが生じると新しい解決モデルを生み出せるのか、という場面に分け、そこではどのようなコミュニケーションが行われているのかについて考えてみることにしました。

その際に、解釈層、矛盾層・エージェンシー層という三層構造に関する理論[3]を参考にして考えることにしました。簡略に触れると以下の表現になります。

①解釈層では、活動においてアクターは、もしXならば、Yになるという法やルールのようなあれこれのロジックに依拠して思考する。

②矛盾層では、集合的な活動における参加者として、ときとして予測しがたい行動によって解決を求めるなど、矛盾した動機に駆り立てられる。

③エージェンシー層では、潜在的な個人的あるいは集合的エージェントとして外側からみずからの行動をコ

ントロールするためにアーティファクト（文化的人工物）を発明し、それを使用して意図的に転換的な行動をとる。

（1）解釈層——既存のスクリプト

学校の現場における解釈層では、教職員はあらかじめ何らかのスクリプト（台本）を媒介として対象として生徒や生徒の行動を解釈しています。

たとえば、遅刻指導をしているときに、「もっと早く家を出なさい」とか、「雨の日はいつもバスが遅れるのだから、もう少し早く登校しなさい」とかの発言を教職員がすれば、「はぁい」と生徒が従ってくれるという台本があります。多少手こずっても、最終的にはこちらのスクリプトにはまるところまで、移動してきてくれると、何とかスクリプトどおりに事が運んだということになります。

こうしたスクリプトに基づく解釈が通用する領域では、「うちの学校」内で通用するスクリプトに即した解釈によってすべての出来事が解釈できるということになります。

この層でのコミュニケーションのとり方は、非対称的な、垂直型コミュニケーションです。学校ではこのようなやりとりが普通であるととらえられがちです。

（2）矛盾層——相矛盾するスクリプト

しかし、これで終わらないことがあります。何故か、教師のスクリプトから逸脱した行動をする生徒がいます。何故か反抗的な態度をとり、素直に従わない生徒はその逸脱した行動により「困った生徒」とか「問題児」として対象化されることになります。教職員からはそう解釈されるということです。そうした行動が繰り返されると、「うちの学校」に合わない生徒としての解釈が固定化されることになります。どうしてもこちらの定めたところに入って来てくれない場合は、「うちの学校」には合わないので、「お引き取り願う」ことになるかもしれません。

しかし、「困った生徒」であるという解釈とは異なる解釈が成立することもあります。

遅刻指導に従わず、「困った生徒」であると思っていた生徒と別の場面で出会ったときに、学校に来ることは好きであることがわかり、なぜ、あのような反抗的な態度をとったのか、わからなくなることもあります。そのようなときには、担任の教師に聞いてみたくなるかもしれません。そして、担任である同僚からは、「学校では遅刻指導のときはあんな感じだったが、家では妹の世話をしているし、いろいろなことでとても苦労しているようである」とか「なかなかできないことを家ではやっているようだ」という話を別の同僚から聴いたりすることもあります。

「困った生徒」であるという解釈に、「困っている生徒」、「それなりに努力している生徒」というもうひとつの解釈が入り込んでくることになり、二つの異なった解釈が存在する不安定な状態になり、これまでは信じて疑わなかったスクリプトがゆらぐことにもなります。

ここには相矛盾した解釈が存在していることから、これが矛盾層にあたると思います。

このような事態は解釈層から矛盾層に入り込むことを意味しますが、実はこの矛盾層は変革のプロセスにとって不可欠なものです。

教職員のあいだの水平的コミュニケーションが盛んになると、ひとつの解釈では終わることはなく、複数の解釈が成立しやすくなり、それが明らかになる機会が増え、教職員のスクリプトはゆらぐことが増えてきます。場合によっては、その解釈をめぐって対立関係が新たに生まれたりすることもあり、波風が立ちやすい状況になります。

ある解釈だけでやっていけない状況が生まれることによって、組織内部にはさまざまな**矛盾**が集積されることになります。繰り返しコンフリクト的状況や達成の難しい課題が生じ、さまざまな混乱、ストレスなどが生まれることにもなります。

そのために、教師のあいだのコミュニケーションがコンフリクトを生み出すものとして考えられてしまい、躊躇されることもあるのですが、これは矛盾が可視化されたということで、新たな解決モデルの創出のプロセスの起点が形成されたと考えれば、むしろ、矛盾層は必要不可欠な通過点ということになります。

矛盾層内は不安定で、ストレスが多いために、ここに留まることはできません。

そこで、どのようにそこから離脱するかが課題となりますが、ここから先はかなり複雑な展開がいろいろあります。つぎにそれらについて考えてみたいと思います。

（3）矛盾層から解釈層への退却——旧スクリプトの復活

離脱の道筋の最初のひとつは、矛盾層から再び解釈層に戻る、つまり、「問題行動」という解釈に舞い戻ることです。「困っている生徒」であるという解釈については「たしかにそれはそうであるが、ルールがあるのだから、それはそれで仕方がない」とか、「ここは高等学校なのだから」というかたちで最初の解釈に戻る場合もあります。また、組織の既存のルールが力説されると、「そういう話だったらわかります」という言い方で、納得して、もとの解釈に戻ることもあります。

これらはフォーマルなコミュニケーションのなかで、主として垂直型コミュニケーション内で起こる現象であることが多いように思います。

2番目の道筋は、「困っている生徒」という解釈を維持したまま、そして、生徒を対象の位置に置いたまま、生徒を支援の対象とすることもあります。教職員の側からの支援が果たして適切であるかどうかを把握しないまま対応することにもなり、抱え込んだままになるリスクがあります。生徒も支援の対象という枠組みにはめ込まれることになります。生徒に同情するというだけではこの隘路にはまり込むことになります。

ここでは生徒との垂直型コミュニケーションのなかで、上からの救いとして、「困っている生徒」だから支援をしてあげるというようにイメージされている点に限界があります。また、教職員のみが「あらかじめの答え」を知っているという枠組みで行われやすいことにもリスクがあると思います。垂直型コミュニケーションが作動するため、つぎの局面を拓くことには結びつきにくいことから、一定の持続の後に解釈層に実質的には舞い戻ることになります。

3番目には、これらとは違った言説として、「私はルールの操り人形ではない」というような怒りの表現が生まれることもあります。この怒りには「困った生徒」という解釈に戻りたくないという意味が潜んでいることがあります。こうした言説は、問題の根深さを示したということで意味があるのですが、そこから何か解決策をみいだすにはまだ少し距離があります。これはフォーマルな会議で表明されることは稀であり、多くはインフォーマルな場では悩みとして表明されることで、旧スクリプトに統制されること、垂直型コミュニケーションへの反発が組織内に浸透する可能性があるかもしれません。こうした動きはつぎの展開に間接的に結びつくことがあり、その意味では、組織論としては着目する必要があると思います。

しかし、これもまた、つぎの局面を具体的には拓けないことから、実質的にはもとの解釈層に戻ることになります。これら三つの動きは、インクルーシブな学校づくりの障壁として考えることができると思います。

(4) 矛盾層からエージェンシー層へ

以上の三つの道筋とは異なる道筋もあります。

それは、これから先にどうしたらよいのか、について教師と生徒が共に考えるという構図です。「困っている生徒」を対象化することなく、共に考える主体として、つまり、生徒と教職員が「これからどうするか」、つまり将来像を対象化して、どうしたらよいかをともに構想し始めることがありました。

この転換は、矛盾の言説的表明としてはつぎのように考えられると思います。

これまでの解決モデルでは解決できそうもない、ある困難な状況のなかで追い詰められて、どうしたらよいかわからない局面に陥った教師と、同じく困った状況のなかで「困っている生徒」が、互いに「あらかじめの答え」がないなかで、これからどうするについて、水平的なコミュニケーションをすることにより、答えを探すプロセスに入ることになります。

このようなことはどのようにして可能になったのでしょうか。

私にはわかりませんでしたので、わからないときには質問するしかありません。その経緯について、その教師とのやりとりをするなかで質問したところ、「打つ手がなくなり、かなり困ったので、担任の教師としては情けない話だが、どうしてよいかわからない、と自分(その先生自身)が困り切った状況であることを当の生徒に伝えたところ、その状況のなかで**不思議なことに**生徒はこれまで話したことがないことを話し始め、それからのやりとりのなかでおぼろげながら手がかりがみえてきて、共にスクリプトを考え出す道筋ができてきたということでした。

垂直型コミュニケーションでは埒が明かない局面で、それに見切りをつけて、水平型コミュニケーションに移行したということであるように思います。垂直型コミュニケーションでは「正解」を教師が知っていることが前提となりますが、それができなくなったため、水平型コミュニケーションへの切り換えをやむなく実施したところ、生徒がこれまでにない不思議な対応をしてきたことをきっかけとしてつぎへの展望を拓くことができたという話です。

しかし、そこから先はもう大丈夫ということではなく、かなり複雑な紆余曲折があり、緊張関係に満ちた展開もあるのですが、教師と生徒は垂直的コミュニケーションと水平的コミュニケーションが相互に切り換えられるなかで、教師が一方的に問題解決のスクリプトを与えるのではなく、将来につながる何かを共に編み出す関係のなかで新しいスクリプトが徐々に形成されていきました。後から考えると、あの一瞬の不思議な現象が起点となっていたことは確かなようです。

これは双方が主体の位置についてエージェンシーと言われる現象▼4があらわれていますので、これはエージェンシー層であると考えてよいと思います。このような動きが学校組織全体として生まれるためには何が必要なのでしょうか。次節以降では、エージェンシーの生成を促進した動きについてみていきたいと思います。

3 アイデア会議の実施と学校組織のコミュニケーションの変化

本節では、着任直後に実施した「アイデア会議」を特に取り上げて紹介をします。この会議は、学校づくりの起点となりましたが、これを振り返る際にも、コミュニケーションに着目して考えていきたいと思います。

生徒への支援のためには、教職員が一人で抱え込むのではなく、教職員のあいだで相互の支援が必要であること、さらに、困難な状況のなかで生徒の多様性に対応することは重要であることなどの指摘は誰でもできることかもしれません。

実践的には、教職員の動機と結びつかない改革はたいてい失敗します。生徒を支援しようとする動機は、日頃からの教職員と生徒、教職員と教職員のあいだの良好な関係づくりによって生まれるという感触がありましたので、これを優先順位の一番であると考えました。

しかし、これを実践の場でどのように実現するのか？　具体的な切り口がなければ意味がありません。

（1）アイデア会議という構想

「アイデア会議」という方法については加藤昌治氏の著作で知識としては知っていましたが、ここにきて、具体的にどう取り組むのか、を編み出すしかない状況が目の前にありました。

実施に踏み切る際に、参考にした理論的な枠組みがあります。

それは、「価値を認める問い」▼5という考え方です。「いかなる組織においても「美」を探し出すことができる」し、「それがみいだされたとき、組織のメンバーはそれによって新たな未来を拓いていくことができる」という枠組みです。具体的には、ある組織がある問題や課題を抱えているとき、こうするべきだというルールを上から提供することは、問題を「いっそう動かしがたい現実を構成すること」になる。そうではなく、組織のメンバーに、「組織内で共有したよい経験やエピソードについて思い起こし、過去の自らの実践についてたくさんのストーリーを出して、互いのストーリーを共有し、比較し合う」場をつくることです。その結果としては、「笑い声があちこちで起こり、互いにほめたり尊重し合ったりする」場面がみられ、「和やかな雰囲気のなかで」、組織の「未来像をイメージする」、つまり、「これまでのよい経験を核として組織をつくりあげていく」にはどうしたらよいかについて考えていくなかで、組織の問題は「いつの間にかどこかに消えてしまった」という内容でした。

この社会構成主義の考え方が、遠い国の実践というよりは、とても身近に感じたことがアイデア会議の実施の判断に結びついたと思っています。

（2）「基本デザイン」の提示

アイデア会議の前段として、最初に示したのは、「学校しくみづくりの基本デザイン」です。この基本デザインは、学校づくりの柱として「進路について考える活動」、「自分の生活について考える活動」、「ルールについて考える活動」、「体験に基づく活動」など領域という枠組みで、具体的にどのようなアイデアが考えられるか、という問いかけをしました。

しかし、すぐにそれを問うのではなく、前段として領域のそれぞれについて、この学校では困難な状況を拓くためにこれまでどのような道をたどってここまできたか、という経緯を確認し、現時点での「到達点」を示しました。具体的には、「基礎基本に立ち返りながら理解を深める指導」として、具体的には、「8学級30人の少人数によるきめ細かい指導の実践」、「数学、英語の2分割方式で個に応じた指導の展開」などです。すでに改革のプロセスにあるということを明示しました。

到達点として、ある程度の資源があること、そして、そのうえでどのようなアイデアが考えられるのか、という可能性について、生徒の話はよく聴いている教職員ならば出せるだろうという確信がありました。それには具体的な根拠がありました。先に述べた基本デザインを示した段階で、何か提案があるならばしてほしいと教職員に呼びかけた段階で、問題提起した翌日からさまざまな考え方やアイデアが寄せられ始めました。とても生産的なものが多く、これだけですぐに形にしても十分という手ごたえがありました。しかし、この初発の動きは、学校組織全体としての水平型コミュニケーションにより増幅する必要があると考えました。

（3）アイデア会議の企画

職員会議でそれぞれから意見を出してもらう方法ではなく、グループ形式で自由にアイデアを出す方式をとり、この段階では、互いに批判することは避けることなどのルールを説明しました。自分にとって違和感がある提案が出た場合には、そういう発想は自分にはなかった、という受け止め方をし、まずは話を聴くことに集中する枠組みを提示したということです。ふだん生徒に対しては実践していることを同僚にもやってみようという話かもしれません。

グループについては、この学校での経験年数を同じくするという基準で分けました。一緒に転任してきたので話しやすいということもあります。既存の校務分掌（グループ）や学年会の枠組みではすでに一定の垂直型コミュニケーションが作動していることもあるので、なるべくそうしたコミュニケーションが作動しにくいよう、水平型コミュニケーションをとりやすいかたちで、互いに触発しながらアイデアを出せることを狙い、そのようなグループ分けにしました。

（4）アイデア会議の実施

最初に、生徒とのコミュニケーションを通して把握した生徒の姿やニーズを踏まえて、これから、生徒が入学したいと思う高校とはどんな学校か、について意見交換をする一方で、この学校組織の良質なところ、この学校でもっともよく機能している資源は何か、についても考える手順を踏んだうえで、最後に、具体的なアイデアをなるべく出すという段取りにしました。

アイデア会議そのものは、最初のうちこそ、初めてということもあり、少々ぎこちない雰囲気もありましたが、互いにアイデアを出し合うなかで、また、「先生、前から思っていたんですが、ユニークな発想ですね」などで笑いがあちこちのグループで起こり、和やかななかで気楽に、しかし、真面目なテーマで、アイデアが次々と付箋に書き込まれていきました。

たとえば、この学校の資源として、「分掌のリーダーの○○先生の笑顔」というものもあり、アイデアとしては「教員の数を倍にしてほしい」というものまで多様なアイデアが出されました。ほとんど非現実的に思われるものであっても、状況の切実さが表れていることには変わりがありません。そうしたアイデアも、何らかの工夫や努力で対応可能なものに変わるかもしれません。アイデアの精緻さよりも、むしろ、原石としてのアイデアがまずは重視されるべきであると考えました。

（5）「アイデア会議」の結果のフィードバック

アイデア会議の後、アイデアが実現されていくプロセスを周知する必要があると判断し、定期的にニュースレターを発行し、その後の、取り組みの状況を教職員にフィードバックし、さらにアイデアを求めることにしました。準備号は、これまでの2回の「アイデア会議」のさまざまなアイデアを基にして今後の構想の骨格として検討していくことを明らかにし、第1号では、重点的な課題として、その当時、懸案であった2年生の8クラス展開の課題や入試の原案などの具体的な問題を特集しました。第2号では、8月の職員会議の検討事項を事前に示し、「アイデア会議」のなかでも提案されていた「キャリアセンター構想」を第3号で特集しました。これに続く各号でも、「ケース会議」の報告、「授業改革」に関する研究報告、さらには、学校とのやりとりの結果を踏まえて、学校づくりをどうするのか、という話題が特集されました。

このニュースレターが朝の職員打ち合わせで配布されると、全員がかなり真剣に読んでいました。司会者が「それを読むのは後にして、打ち合わせに集中しましょう」と言ったことをよく覚えています。

(6)「アイデア会議」とは何か

「アイデア会議」の面白みは、個々人のアイデアが否定されることなく、つまり、どちらが正しいのか、という形で、一つの考え方を導き出すのではなく、お互いの違いがむしろアイデアとして高く評価されるということにあります。そこでは、人の考えを聴き、なるほど、それは考えたことがなかったという受け取り方が成立することにあります。「アイデア会議」は、この学校組織内では解決策を共に考えることができるという感触を得る契機の一つになったように思います。

これまでの到達点からつぎの展開というテーマは「アイデア会議」が取り組んだものですが、「アイデア会議」自体がつぎの展開の起点になったことが組織論としてはとても重要なものが含まれていると思います。つまり、このアイデア会議には、日頃のインフォーマルなコミュニケーションで時折現れる水平型のやりとりがフォーマルな場にもち込まれていたことに注目する必要があります。普段ならばフォーマルな会議でのコミュニケーションは垂直的なやりとりに終始しがちなのですが、そこに安心してインフォーマルなものがもち込める雰囲気が生まれることにより、アイデアが口にしやすく、さらには、そうしたアイデアが水平的なコミュニケーションのなかで増殖するし、洗練されるという体験は、会議内の出来事にとどまらず、その後の職員室でのやりとりやその他のさまざまな場面で話しやすい雰囲気として持続し、いろいろな場で自発的な「アイデア会議」が行われるようになったと思います。

もうひとつ気がついたことがあります。ここで提出されたアイデアは実際に何らかのかたちで実現したのですが、このことが教職員のつぎへの動機づけにつながったことです。それぞれの立場で、生徒との対話から生徒の抱える厳しい状況を知ることにもなり、どう支援すればよいのか、と悩んだ経験にねざしたアイデアが活かされて、目の前で具体化されるプロセスがありました。これから何か面白そうな展開になりそうだという感触を得た教職員が増え、異動希望者は激減しました。

4 「廊下での対話」とオンザフライミーティング

生徒の声に耳を傾けることの重要性は明らかなのですが、実際にはそれ相応の力量を要します。そして、その話を支援に結びつける作業はさらに困難であるというのが現実でした。そこで、対話のなかには支援に結びつく可能性が秘められているという前提で、対話が具体的な支援に確実に結び付く仕組みを学校目標として設定しました。

具体的には、「教職員や生徒の相互の対話のなかで、一人ではできないことが協働のなかでの支援によって可能となる創造的な学校環境をつくる」というものです。

これを達成するために、実践的にはどのようにすればいいのでしょうか？

今できつつあることを確実にしていく実践として、以下、起点となる動きとそれを増幅する動きについて述べたいと思います。

（1）廊下での対話

本来、授業中なので、教室にいるべき生徒に教職員が廊下で遭遇する場面があります。こうした場面で、ほぼ何となく暗黙のルールとされていた対応がありました。それはスルーしないというものです。さらに「何をしている！」ではなく、「どうした？」という声をかけることによって、生徒の生の声を引き出すというものでした。

授業中であるにもかかわらず、教職員がたまたま廊下で出会う生徒にはそれなりの相当な背景があります。ふだんからたまたま関係性がとれている生徒であれば、ちょっと話をするだけで済むこともありますが、そうはいかない場合がほとんどで、教職員にとっては気が重い出会いとなることもあります。

「廊下での対話」とは、休憩時間の教室、職員室、グランド、体育館等でインフォーマルに展開される、その場で始まる即興的な対話全体を、最も頻度の高い「廊下での対話」で表したものです。

「廊下での対話」では、ときとして、すぐには理解しがたい話、場合によってはかなり「聴き慣れない声」に出会うこともあり、また、背景に複雑な事情が潜んでいる場合もあり、教職員が個人的に抱え込むにはきつい話が出てくることもあります。

対話は支援のために不可欠な起点であることは確かなものなのですが、それだけではよほどのことがない限り支援に至ることはありません。

このほぼ偶然的に始まる「廊下での対話」は、生徒の声を聴くという意味では価値あるものですが、単発で終わると意味がありません。そこで終わらずにつぎの展開に結びつくことが重要です。

この「廊下での対話」はつぎに示す教職員のあいだのインフォーマルなミーティングと結びつくことによって支援に至る道筋ができる可能性が広がります。

(2) オンザフライミーティング

オンザフライミーティングとはもともとは協働チームづくりに関する用語で、「オン・ザ・シート・ミーティング」(座席に着席して行う会議) に対するものであり、フォーマルなミーティングの合間に行なわれる関係者同士の立ち話とされています。

その特徴としては、①時間と場所は特に決まっているわけでない。②協議題がゆるい。③「記録」は文字化されず、言葉として残る。④役割分担が特に決まっているわけでない。⑤短めで効率的な問題解決アプローチが求められる。⑥頻繁に設定されることもある。⑦短時間で終わるなどが挙げられています[6]ので、多くはフォーマルな会議を補完するために不可欠なインフォーマルな会議であるとされています。

フォーマルな会議の前後やその休憩時間でのインフォーマルなコミュニケーションは日常的に学校でもみられるものかもしれません。「ちょっといいですか」というかたちで、垂直的コミュニケーションで行われることがあるかもしれません。それらがフォーマルな会議を補完する機能を発揮することはあると思います。

しかし、このタイプのインフォーマルなコミュニケーション、つまり、オンザフライミーティングはそれが置かれた状況により、単なる補完物では終わらない可能性が秘められています。具体的には、先に述べた「廊下での対話」と結びつくと、この新たな独自の機能が発揮されることがあります。

実際、実践のなかでつぎのような動きがありました。

インフォーマルな「廊下での対話」で、生徒の背景となっている複雑な状況に気づいた教職員は、どうすればよいのかという「正解」が浮かぶことはないままに、生徒とはまた話をしようというかたちで対話を打ち切り、職員室に戻ります。そこで自分の席に座り、一人悩むということになってしまうと、抱え込み状態に終わることになります。

しかし、「アイデア会議」などで頼りになる同僚と話すことの重要さを理解しつつある教職員は、まわりをみて、目があった同僚に、今、生徒と対話をして知ってしまった話を聴いてもらうことを始めます。こうして、たまたま目のあった同僚との立ち話でインフォーマルなかたちのコミュニケーションが始まります。話を聴いた同僚は、その話は、たとえば、養護教諭に話をしたほうがよい話であるとか、他学年のある先生が同じような話でうまく対応したらしいという話が出て、実際にその同僚が職員室にいるのに気づき声をかけて立ち話に参加してもらうということが起こります。コミュニケーションの結び目が増えて、即興的でインフォーマルなコミュニケーションが展開されていくことがあります。

このような会議はあらかじめ構成員が決まっているわけではなく、話の内容によって参加する人が決まってくるところがあります。最初に生徒から話を聴いた先生は、ある時点で参加している意味がなくなることもあり、そのときには自然に退出できることもあります。結び目を解いて、別の立ち話に参加するかもしれません。

このようなインフォーマルなコミュニケーションのなかで、かなり、支援のイメージが明確になってくることもあります。これはほぼ偶然的なものとして発生しつつあり、その規模や継続時間はさまざまでした。

このような興味深い動きには、当初言い当てる言葉がありませんでしたが、ある時点で、先に述べた「オンザフライミーティング」という言葉があることに気づきました。

同時に、それは学校づくりの文脈では、フォーマルな会議の補完機能というより、「廊下での対話」を起点とする支援というアイデアの創出機能もあり得るし、しかも、ここでのコミュニケーションは水平的な関係性で行われていることにも気づきました。

オンザフライミーティングができるという見通しがあると、安心して「廊下での対話」ができることにもなります。緊張感のある「廊下での対話」は多くの場合、背景に差し迫った支援のニーズがある場合、オンザフライミーティングに拓かれているという構図が不可欠です。「廊下での対話」が「オンザフライミーティング」という言葉で表明される動きと結びつくことで、本節の冒頭部で述べた「一人ではできないことが協働のなかでの支援によって可能となる創造的な学校環境」の基礎ができたと思います。

(3) オンザフライミーティングとフォーマルな会議

「廊下での対話」を起点とした話はオンザフライミーティングのレベルでほぼ解決し、後はフォーマルなケース会議でまとめられるだけで解決する場合もあります。難易度の高い話は、メンバーを固定化したチーム・アプローチを採用したり、さらには多職種のケース会議で検討されることもあるのですが、それに先立ってオンザフライミーティングである程度の話ができていると、それらの進行には無駄がありません。それが脆弱であると、ケース会議だけではうまくいかないことが多かったように思います。

また、オンザフライミーティングや、ケース会議で何らかの支援が生成された場合、「廊下での対話」の場で、その後どうなのかがわかることもあり、「廊下での対話」がフィードバック機能をもつことがあります。

「廊下での対話」、オンザフライミーティング、チーム・アプローチの三つのレベルにわたる動きが活発になるにつれて、生徒指導会議や成績会議等のフォーマルな会議でも生徒の個別の背景についてのコメントもしやすくなり、それらが次第に個別に応じた「ケース会議」化していく可能性もゆたかになっていったように思います。

廊下での対話を端緒としてオンザフライミーティングが**水平的コミュニケーション**を軸に豊かに展開することで、対話が確実に支援につながることが増えていきます。これは単なるフォーマルな会議の補完に留まることなく、むしろ独自の創発的な戦略を生み出す機能ももっていると考えることができます。

このような文脈でコーディネーターが活動するなかで、オンザフライミーティングの発展形として「コア・ミーティング」を創り出すことができるようになりました。これはコーディネーター、養護教諭、スクールカウンセラーにより構成されるもので、自発的に行なわれていたオンザフライミーティングの延長線上に位置するインフォーマルな会議として始まりました。毎週、定期的に行われており、実質的には、機能の高い「校内委員会」的なものですが、オンザフライミーティングの動きを前提としているところに存在意義があります。

このメンバーは日頃からオンザフライミーティングを積極的に創り出し、それを自身の活動の核としていました。

こうした動きも含めて、学校組織全体のなかで、オンザフライミーティングが盛んに動き始めると、コーディネーター等の担当者が「抱え込む」リスクは格段に低くなっていくように思います。

この会議は、それぞれの役割分担が明確という点ではフォーマルな会議という側面もありますが、オンザフライミーティングからの延長線上に位置する点ではインフォーマルな会議という側面もあります。この会議の意義は、水平的コミュニケーションなしには垂直型コミュニケーションは実質的なものとならないことを証明するところにあるように思いました。

オンザフライミーティングが学校組織のなかで行われる範囲が広がるにつれて、フォーマルな会議も柔軟なものに変化していったように思います。

それはフォーマルな会議の単なる補完物ではなく、さまざまな「廊下での対話」と結びつく独自の展開によってフォーマルな会議を再構成する可能性を広げる機能をもっているかもしれません。

5　まとめと若干の考察

これまで、インフォーマルな水平型コミュニケーションが作動することに着目し、学校づくりの当初のちぐはぐな動きがしだいに多少のギクシャクした動きを伴いながらも、生徒とともに考えるスタンスを生み出し、それがアイデア会議やオンザフライミーティングによって増幅されたことについてみてきました。

「一枚岩」として教職員がまとまるという表現がよく使われることがありますが、本章で述べたような、局面に応じて柔軟に垂直型コミュニケーションを水平型コミュニケーションに切り換えることが可能という共通の認識をもつ教職員集団のイメージの表現にはそれは使えないと思います。

水平型コミュニケーションが局面に応じて作動することにより、学校組織がザワザワすることになります。教職員からも、「こんなにあちこちで揉めていていいのか？」と質問されることがありましたが、「組織的に「致命傷」にならない限りは大丈夫」と答えたのを覚えています。教職員一人ひとりが生徒との対話をすることがあたりまえの文化になると、互いに自分のやり方ができてきて、それらが必ずしも一致するわけではありません。しかし、同時に、互いに同僚のやり方には「一目置く」関係ができることで、ザワザワ感のなかで、さまざまな解決モデルが生み出されてきたように思います。

ここで紹介した実践事例は2000年代の後半のものです。その頃から官僚制システムはさまざまな切り口から、以前よりもかなり強化されたかたちで現場に入ってきていましたので、そのような動きとコミュニケーションの関係について少しだけ考察したいと思います。

官僚制システムが全面作動する近代の学校組織▼7は垂直型コミュニケーションを基調として動いています。しかし、そのような動きのなかで、水平型コミュニケーションも局面に応じて作動する組織をつくることが重要で、特に多様性に応じるためには最低限、同僚の動きに「一目置く」関係性が共有されつつ、柔軟に動ける組織づくりが重要であると思います。教職員のコミュニケーションが「指導の文化」内の垂直型コミュニケーションのみに限定されるときに、多職種の専門家との連携は困難なものとなるリスクがありますが、先に述べた「互いに一目置く」関係性はおそらく他の職種との連携しやすい組織づくりの起点にもつながると考えます。

また、官僚制システムでは「役割分担」が強調されますが、それが「抱え込み」と隣り合わせになっているリスクに気が付くことはあまりないように思います。本章で述べた水平型コミュニケーションができる関係性は、そのリスクにもいち早く気づき、対応できる可能性があります。

さらに、官僚制システムでは「計画的戦略」が重視され、それが機能不全になったときへの対応が鈍いと思います。アイデア会議やオンザフライミーティングが機能している組織には、これまで蓄積された実践知が創発的戦略として機能する可能性もあると思います。

学校組織内のコミュニケーションに着目し、それがどのようなものであるときに、何をどう促進し、どう阻害するのか、について考えてきました。

局面に応じてコミュニケーションのモードの切り換えが必要であること、その判断が柔軟にできるインクルーシブな学校づくりの実践について２０００年代後半期、赴任当初のほぼ半年間に限定し、その一部について紹介させていただきました。このようなスタンスの学校づくりもあり得るという報告になっていれば幸いです。

注

1　中田正敏（2023）「高等学校におけるインクルーシブな組織文化の形成——「対話の文化」を起点とする改革」平野智之・菊地栄治編著『みんなでつくるインクルーシブ教育』アドバンテージサーバー

2　Booth, T. and M. Ainscow, 2002, *Index for Inclusion: Developing Learning and Participation in Schools*, Centre for Studies on Inclusive Education, United Kingdom.

3　Engeström, Y., 2007, "Putting Activity Theory to Work: The Change Laboratory as an Application of Double Stimulation," H. Daniels, M. Cole, and J. V. Wertsch eds., *The Cambridge Company to Vygotsky*, Cambridge University Press.

4　Biesta, G., M. Priestley and S. Robinson, 2016, *Teacher Agency: An Ecological Approach*, Bloomsbury Academic.

5　ケネス・ガーゲン／東村知子訳（2004）『あなたへの社会構成主義』ナカニシヤ出版

6　Snell, M. E. and R. Janney, 2000, *Collaborative Teaming: Teachers' Guides to Inclusive Practices*, Paul H. Brookes Publishing

7　北村和夫（2000）『環境教育と学校の変革』農山漁村文化協会

第5章

地方の高校生と都市部の大学生をつなぐ場と機会の創出

バーチャル空間を活用した公設型学習塾の実践の現在地

高嶋真之

1　本章の対象と筆者の立場

「多様な教育機会」概念の射程は広く、不登校や貧困などのさまざまな社会的不利の状況に置かれた子ども・若者を対象にした実践が多様に展開されています。その実践が行われている地域に着目すると、都市部と地方ではそれぞれに固有の文脈や背景の下で「多様な教育機会」が創り上げられていることがわかりますが、都市部に比べて地方の「多様な教育機会」が注目されることは少ないです。実際、本書においても、その多くは都市部の実践が事例として取り上げられています。しかし、人口減少・少子高齢化・過疎化が進む現代日本において、地方の実践を無視することは決してできません。これからの社会や教育を考えていこうとするのであれば、むしろ積極的に取り上げて検討していくべきですらあります。

地方のなかでも特に過疎地域は、都市部とは異なって、学校以外の教育機会が限られてしまいます。たとえば、都市部では当たり前に存在する学習塾は、地方では子どもの数の少なさから経営が成り立たず、その商圏から外れます。そのため、通塾機会を含む教育機会の地理的な格差の是正や学校外の教育環境の充実などをめざして、個人や株式会社といった民間ではなく、公の存在である地方公共団体が独自に学習塾を設置する動きがみられます。これは「公設型学習塾」（以下、「公設塾」と略記）などと呼ばれます▼1。ある全国調査では、170自治体が「「公営塾」を設置している」と回答しています（公営塾研究プロジェクト 2023）。

そこで本章では、地方の「多様な教育機会」の実践として公設塾を取り上げて考察を加えていきます。具体的には、北海道鹿追町の「鹿追町オンライン公設塾」（以下、単に「塾」と略記する場合もある）を取り上げます▼2。次節で詳しく論じるように、鹿追町オンライン公設塾は地元高校の魅力化の一環として設置されていて、その先駆的事例として島根県海士町の「隠岐國学習センター」が挙げられます（山内他 2015）。これを参照する形で高校生を対象とした公設塾が全国に広がっていますが、オンラインを実践の一部で活用することはあっても、バーチャル空間によるフルオンラインの実践は極めて稀です▼3。したがって、鹿追町オンライン公設塾を対象にすることで、都市部ではなく地方の、対面ではなくオンラインの「多様な教育機会」の実践を考察することができ、これによってさらに、「多様な教育機会」それ自体の多様性を示すことにも貢献できると考えられます。

ところで、鹿追町オンライン公設塾と本章の筆者である高嶋の関係は複合的です。第1に、私は公設塾の政策や実践を研究対象とするリサーチャー（研究者）です。これまでに学習塾や公設塾に関する学術論文を執筆してきました（高嶋 2019・2021など）。第2に、私は鹿追町オンライン公設塾の代表として塾の運営を行うマネージャーです。塾の構想段階から参画し、教育委員会や学校などの関係機関と連携を図りながら運営業務を担っています。第3に、私は鹿追町オンライン公設塾で生徒とコミュニケーションを取るチューターです。他の大学生・大学院生のチューターと同様に生徒の質問や相談に応えたり雑談をしたりしています。

こうした筆者の立場性ゆえに、実践を記述する研究者としては観察対象との距離が近くなり過ぎてしまい、実践を十分に対象化・客観視できていない可能性が大いにあります。しかしその一方で、マネージャーやチューターとして、塾に関係する方々や生徒たちと一緒にどのような場と機会をつくろうとしているのか、各段階・各場面で何に迷い葛藤してきたのか、どのような意図や基準をもって価値判断を行い、何を選択した／しなかったのかなどについて、これまでに研究者として得た知見や視点を活かしながら論じることができます。本章では、三つの立場を併せもって実践に携わることができている利点を最大限に発揮して、鹿追町オンライン公設塾に埋め込まれている論理を開示していきます。

2　鹿追町オンライン公設塾の設置と構想の過程

(1)　鹿追町と鹿追高校の概要

鹿追町は北海道十勝総合振興局の管区内に位置しており、人口約5000人（2023年7月末現在）、面積約400平方キロメートルの地方自治体です。近隣の中核都市の一つである帯広市から北西へ自動車で約40分の距離にあり、公共交通機関（バス）を使って通学することもできます。鹿追町には、小学校5校、中学校2校、高等学校1校があり、町内唯一の高校が北海道鹿追高等学校（以下、「鹿追高校」と略記）です▼4。

鹿追高校は、1950年に分校として設置された後、1952年に独立、1978年に町立から道立に移管され、道立の全日制普通科2間口（1学年2学級）となり、学級数が大きく増減することなく現在に至っています。この間、小中高一貫教育プログラムの開発、姉妹都市との連携によるカナダ短期留学の実施、探究学習の推進など特色のある教育活動を積極的に行うと共に、大学進学指導を含む進路指導を熱心に行うことで、地元である鹿追町からの厚い信頼を得てきました。

（2）公設塾の設置の背景とオンラインの選択

では、なぜ鹿追町ではオンライン公設塾を設置することになったのでしょうか。その背景と意図やさまざまな制約は実践を大きく規定します。そのため、背景・意図・制約に着目しながら塾の開設までの過程を明らかにすると同時に、現在の塾の実践の諸前提を論じていきます▼5。

新型コロナウイルスの感染拡大によって社会が混乱の渦中にあった2020年5月頃、鹿追高校と鹿追町教育委員会（以下、「鹿追町教委」と略記）のあいだで公設塾の設置にむけた動きが始まりました。そのきっかけとしてつぎの二つが挙げられます。

一つは、働き方改革による「鹿ゼミ」の廃止です。「鹿ゼミ」とは、鹿追高校で長年実施されてきた大学進学希望者を対象にした夜間講習です。町内に高校生を対象とした学習塾や予備校がないため、鹿追高校では、部活動が終わった後の夜の時間帯にも講習を実施していました。しかし、働き方改革が声高に叫ばれ始め、2018年度末に「鹿ゼミ」を廃止せざるをえなくなり、鹿追高校はその代わりとなる別の取り組みを模索する必要に迫られていました。

もう一つは、入学者数と地元進学率の急減です。2010年代は、入学者数が約60～80人、地元進学率

（鹿追町内の中学校2校から鹿追高校に入学する生徒の割合）が60～80％で安定的に推移していました。しかし、2020年度は、入学者数が28人、地元進学率が40％と大きく減少し、1学年1学級になってしまいました（鹿追町教委からの提供資料より）。この原因を何か一つに還元することはできませんが、ちょうど「鹿ゼミ」廃止のタイミングと重なっていたために、鹿追町教委としても高校の魅力を向上させて入学者を確保しなければならない危機感が強まり、鹿追高校に対してより一層の協力を進めることになりました。

これらのきっかけを経て、鹿追町教委と鹿追高校は他自治体の公設塾の視察を行い、設置の可能性を検討し始めます。しかし、財政的な問題が最大の壁となりました。視察先では、公設塾に年間数千万円の予算を充てていましたが、鹿追町ではこの規模での予算確保は難しく、公設塾の設置にあたっては財政的な制約が課せられることになりました▼6。

この課題を解決するために、鹿追町教委と鹿追高校はＩＣＴの積極的な活用をめざしました。鹿追町教委では、コロナ禍以前の2019年度から、学校設置者ではないにもかかわらず、道立の鹿追高校に町独自で生徒全員へのiPadの無償貸与と校内Wi-Fiの整備を進めていました。また、鹿追高校の校長は、前任校である離島の高校で、生徒と島外の大学生をオンラインでつなぐ実践を行っていました。そのときの経験から「遠くにいる〝憧れ〟の存在の重要さ」（鹿追高校校長の発言より）を実感しており、鹿追高校でも、生徒が大学生や大学院生とオンラインでつながることで、数年後の自分を見据えたロールモデルを獲得できるような取り組みを考えていました。

こうして、鹿追町教委と鹿追高校は、オンラインによって公設塾の設置を進めていくことを決定し、2020年11月に「鹿追高支援へ町が公設塾　オンライン指導　来春、生徒確保狙い」という見出しで新聞報道がされました（『北海道新聞』2020年11月6日）。この翌月（同年12月）に、私は、チューター就任の依頼を受けて了承し、このときからオンライン公設塾の検討メンバーとして本格的に参画し始めることになりました。

（3）オンライン公設塾のイメージの具体化

コロナ禍によって教育現場にZoomが急速に普及したことで、鹿追町教委と鹿追高校は当初、Web会議システムを用いた1対多のオンライン講習をオンライン公設塾のイメージとしてもっていました（鹿追町教委担当者と鹿追高校校長の発言より）。すなわち、廃止された「鹿ゼミ」をオンラインで再開させることがめざされていたといえます。しかし、私はつぎの二つの理由でこの案に賛成できずにいました。

一つは、高校の教育活動との重複です。鹿追高校では、「鹿ゼミ」は廃止されましたが、放課後講習や夏季講習・冬季講習などは継続していたため、オンライン講習はこれらと同じことを繰り返すだけのように思えました。また、当時、私は大学の非常勤講師としてZoomを用いたオンライン授業を行っていましたが、コミュニケーションや指導の難しさもさることながら、とりわけ学生との信頼関係を築くことは極めて難しいと感じていました。ましてや、それを他の大学生や大学院生のチューターに任せるなど到底できそうにありませんでした。そのため、結局のところ、オンライン講習は放課後講習などの繰り返しにすらなりえないのではないかという考えをもつに至ります。

もう一つは、空間性の重視です。私は、これまでの塾講師のアルバイトや学習支援のボランティアなどの経験から、場のもつ力の大きさを実感してきました▼7。場があることで、学習はもちろん新たな出会いや関係づくりが促進されるだけではなく、生徒やチューターにとって帰属意識が醸成されやすくなる、「場」

図表 5-1　鹿追町オンライン公設塾の画面上の様子（一部）

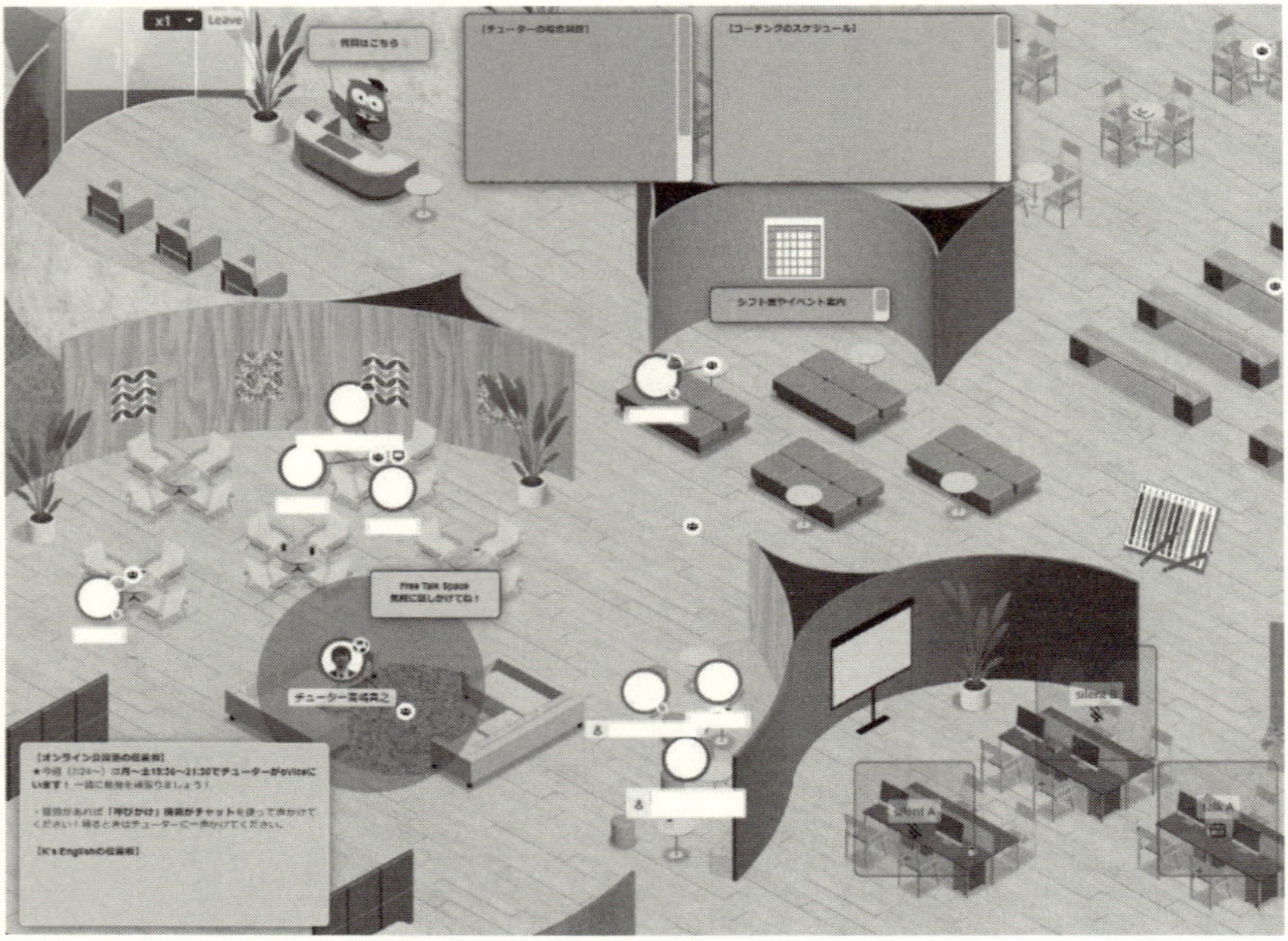

出所：筆者撮影

や「場にアクセスすること」に対して多様な意味が生成・付与されるようになる、これらが積み重なることで「自分の居場所」と感じることにもつながり得る、と考えています。そして、こうしたことは、電話の延長線上にあるWeb会議システムからは生み出されにくいのではないか、とも考えています。そのため、たとえオンラインであっても、物理的な教室のように空間性をもった場が不可欠ではないかという信念がありましたし、これはいまも変わりません。

そこで私は、オンライン公設塾の新たなイメージとしてバーチャル自習室を、そのためのツールとして「ovice」というバーチャルオフィス▼8を、鹿追町教委と鹿追高校に提案しました。これが受け入れられて、鹿追町オンライン公設塾の基本形になっています（図表5－1）。

oviceにはパソコンやタブレット端末からブラウザでアクセスできます。ovice上では、「○」で表示されているアイコンを動かして移動し、近くにいる人とカメラ付きで会話することができます。逆に、遠くにいる人には会話は聞こえません。この他に、チャットや画面共有などの機能が実装されており、ovice内に鍵付きの会議室やサイレントルームをつくることもできます（図右下の正方形三つ）。

（4）オンライン公設塾のコンセプトの具体化

オンライン公設塾のイメージとツールの決定と同時並行で、鹿追町オンライン公設塾のコンセプトづくりが進められていきました。私が最初に鹿追町教委や鹿追高校と共有した「オンライン鹿ゼミ（仮）構想会議レジュメ」（２０２１年1月26日作成）には、「もし自分で公設塾を一からつくるなら」という仮定の下、「公設塾の理想像」「公設塾の実践を通して実現したいこと」「『学習支援』の枠組み」「公設塾で行う取り組みの優先順位」「公設塾のコミュニティとしての性格」「公設塾への生徒の参加と入塾」「公設塾の講師の業務内容と業務時間」についてA４・４枚で整理されており、現在の実践につながるさまざまなアイディアが書き留めてあります。

その後も協議を重ねて、最終的な事業趣旨として、「オンラインツールを用いて鹿追高校の生徒の学びと自律をサポートし、学校外にサステナブルな学びの場と居場所を構築することを通して、鹿追高校と鹿追町の魅力を高める。」「国公立大学や難関私立大学の合格から基礎学力の向上や学習習慣の定着までといった、生徒一人ひとりの学習目標に応じた指導を行う。」の二つが示されました。従来の「鹿ゼミ」との連続性を「国公立大学や難関私立大学の合格」と掲げることで維持しながら、「基礎学力の向上や学習習慣の定着」や

「居場所」というキーワードを追加している点に大きな変化があります▼9。これは、より多くの生徒に塾を利用してもらいたいという素朴な想いの表れですが、これに加えて、町の税金を投入して行う事業であるからには、対象となる生徒を一部に閉じるようなことはせず、より公共性を高めていく姿勢が求められると考えた結果でもあります。

事業趣旨のなかでも特に「生徒の学びと自律のサポート」を具体化するために、鹿追町オンライン公設塾では、生徒が取り組んでいる学習や活動をサポートする「ティーチング」と、生徒の興味関心や思いを対話を通して言葉にしながら伴走する「コーチング」を教育活動の2本柱に据えました。これらを担当するチューターは、主に札幌市や関東圏に在住する大学生・大学院生で、鹿追町教委が個人や団体に業務を委託して実施しています。チューターには、日々の教育活動の実施はもちろんのこと、先に論じたように、生徒の〝憧れ〟の存在としてロールモデルになることが期待されています。なお、この原稿を執筆している2023年10月時点では、ティーチング担当6人(筆者を含む)とコーチング担当8人(団体に所属)の合計14人が、チューターとして継続的に参加しています▼10。

3　鹿追町オンライン公設塾の実践とさまざまな意図

(1) 鹿追町オンライン公設塾の多様な実践

前節のような過程を経て、2021年4月に鹿追町オンライン公設塾は開設しました。正直なところ、私をはじめチューター全員にとって期待と不安が入り混じるなかでのスタートでしたが、これまでに見聞きしたことのない珍しい取り組みに興味を示してくれた生徒たちのアクセスと支えも手伝って、塾は3年目を迎えています。開設当初は、学習塾をバーチャル空間で成り立たせることだけで手一杯の状態が続いていましたが、徐々にできること／できないことの区別が明確になっていき、現在では、安定的にコンテンツを提供しながら実践を展開することができています。

基本的に、平日19：30～21：30にティーチング担当のチューター二人が、さらに、週に2回、追加でコーチング担当のチューター二人がバーチャル空間に居る状態になっており、塾にアクセスしてきた生徒の対応を行います。生徒の入室と退室のタイミングで必ず声掛けを行うようにしており、学校や生徒自身の出来事、塾で取り組む／取り組んだ学習や活動の内容などを会話しながら聞き取ります。生徒がバーチャル空間に居るあいだは、生徒の質問や相談に応えたり雑談をしたり、それぞれの作業を進めたり何もせずただ傍に居たり、生徒から呼ばれるまで待機していたりなど、さまざまな対応をその場の状況にあわせて柔軟に行います。

この他に、週に1回1時間程度、鹿追町教委がチューターとは別に講師を依頼して、オンライングループ英会話（「K's English」）を行っています。また、不定期で、チューターが企画したさまざまな特別イベントを行っています。たとえば、年度初めに塾やバーチャル空間に慣れてもらうための「オンラインレク」、チューターが生徒と一緒にただひたすら勉強を進める「10時間勉強会」、チューターの受験勉強・大学生活・海外留学などの経験を共有する「シェアリング」、生徒一人ひとりの希望進路や興味関心に合わせたゲストとの「ミーティング」など、バーチャル空間で可能なことを試行し続けています。

さらに、年に数回、大学の休業期間を利用して、チューターが鹿追高校に訪問する機会を設けており、その際に高校で特別イベントを行ってもいます。２０２４年2月には、道内外にいるチューター7人で訪問することができて、進路活動の授業で高校1・2年生全員を対象にした「シェアリング」と、放課後にチューターと直接ざっくばらんにお喋りができる「Shikaoi Offline Commons」を行いました。普段はオンライン上でしか交流できない相手と対面で会って話ができる喜びと戸惑いは、なかなか言葉にし尽くすことができません。また、塾へのアクセスを躊躇していた生徒が、チューターと対面で話をして人柄を知ることで、その後に安心感をもって塾を利用し始めることもありました。回数は限られていますが、「オンライン公設塾」だからといってオンラインだけで完結するのではなく、学校と連携しながら対面を掛け合わせることによって、塾の実践の幅を広げています。

(2) 利用している生徒の普段の様子

生徒は利用登録を完了した後、塾を無料で利用することができます。生徒が鹿追町教委から無償貸与されているiPadのホーム画面には、バーチャル空間（ovice）と利用登録（Googleフォーム）のショートカットアイコンがあり、保護者や教員の同意や許可を得ることなく、生徒本人の意思だけで利用登録と塾へのアクセスが可能になります。この背景には、事業趣旨の通り、塾の目的である「生徒の学びと自律」を促す契機として「登録」を位置づけていることが挙げられます。そのため、継続的に利用する場合であっても、意思確認の意味を込めて、年度毎に利用登録をし直すことが慣例になっています。

生徒は主にチューターの居る日時（平日19：30～21：30）に自分の都合に合わせて自由にバーチャル空間に入室／退出しています。生徒の利用方法はさまざまです。

一方では、勉強に関連する目的を明確にもってアクセスする生徒がいます。自習していてわからない問題を質問するために、生徒は問題と解答を写真で撮って「質問ＢＯＸ」（生徒とチューターで共有しているGoogleドライブ）にアップロードし、チューターはそれをみてホワイトボードアプリなどを使いながら個別に解説します。推薦入試の時期になると、志望理由書や小論文などについて、生徒とチューターでGoogleドキュメントを共同編集しながら執筆や添削を進めます。また、特に質問などがあるわけではない場合であっても、「家で一人で勉強しているとサボってしまう」という理由から、塾にアクセスすることを「勉強モードへの切り替え」と意味づけて利用している生徒もいます。

他方では、勉強に関連する目的をもたずにアクセスする生徒もいます。「今日の勉強は終わった」と言ってチューターと雑談したり、アクセスだけして自室で自由に過ごしていたりしています。とりわけ、困り事や悩み事に関しては、友達でも保護者や教員でもないナナメの関係にあり、生徒たちと年齢が近く、しかも、物理的に距離のあるところに住んでいることが奏功して、チューターが生徒にとって利害関係なく話しやすい存在になっていると感じます。

なお、アクセス中の生徒のカメラのオン／オフは自由です。オンラインで顔をみせたくなかったり、自分の部屋が映ってしまったりすることへの配慮ではありますが、机にiPadを置いて勉強する場合、顔を映すためのインカメラが天井をむいてしまい、顔をみせることと勉強を進めることが両立しないという学習環境上の制約でもあります。いずれにしても、カメラのオン／オフを含めて、生徒が塾を活用しやすい方法を最優先にして運営しています。そのため、チューターにとってはかなり厳しい環境になってしまっていますが、生徒の様子や理解度などを声だけで聞き分けなければならないこともしばしばあります。

（3）生徒や関係機関とのコミュニケーション

チューターは鹿追町内に在住していないため、教育活動以外にも、生徒との連絡、鹿追町教委や鹿追高校との連携などはすべてＩＣＴツールを駆使して行っています。

生徒との連絡はGoogle Classroomを通して行っています。生徒は利用登録とあわせて塾用のGoogle Classroomに登録することで、チューターとバーチャル空間外でもコミュニケーションを取ることができるようにしています。週の初めには、チューターが交替で「今週のお便り」を配信しており、塾に関係する連絡事項や大学生活の様子を伝えています。

鹿追町教委や鹿追高校との連携はMicrosoft Teamsを通して行っています。鹿追町内の教育関係者がおよそ全員参加しており、チューターはここにゲスト権限で参加しています。たとえば、塾に関連する連絡や検討、生徒への直接連絡や教室への案内掲示などの依頼、関係者ミーティングの日程調整などを行っています。塾の様子を記録している日報や、塾に関する情報や資料などは、ＵＲＬを共有することで教育関係者がいつでも閲覧可能な状態になっています。２０２３年度には、鹿追高校の校務分掌に「公設塾・スタサプ課」（進路指導部内）が新設され、窓口となる担当教員が明確化されたことで、塾の立場からは従来よりも高校と連携しやすい組織体制になりました▼11。

こうしたＩＣＴツールは、原則として、すでに生徒や教育関係者が使用しているものを活用するようにしています。塾に関連して新たに導入したものはoviceのみです。生徒にとっても大人にとっても、新しいツールやソフトを使い始めることには多かれ少なかれ抵抗がありますし、使い慣れるまでにある程度の時間を要します。さらに、オンラインゆえにチューターが対面で使い方を説明することはできません。そのため、シンプルであることの利点は大きいです。特に、鹿追高校の教職員にとっては、働き方改革の一環で塾が設置されたにもかかわらず、それによって多忙が進行してしまっては本末転倒です。この点は、私が塾のマネージャーとして高校と連携するときに、つねに意識していることです。

（4）学校と公設塾の個別性と協働性

一般的に、学校と学習塾の関係はあまりよいとは言われません。高校と公設塾の連携も一朝一夕に成し得るものではありません。しかし、鹿追町の場合、鹿追高校が主導して鹿追町教委との協力によって設置された公設塾であったため、また、民間教育企業ではなく大学生・大学院生が中心となって塾が創り上げられていった過程があったため、幸いなことに、教員からの理解が一定以上得られた状態で塾が開設し、連携も円滑に進めることができています。ただでさえ物理的な距離がある困難な条件で実践を行っていなければならないなかにあって、この点は非常に心強いです。

しかし／それゆえにこそ、私は、生徒にとって高校と公設塾が一体化しているようにみえてしまうことは避けたいと考えています。もちろん、鹿追町オンライン公設塾も学習塾としての役割を期待されている以上、高校の定期考査や大学入試などの試験にまったく無関心でいるわけにはいきませんが、そればかりに執着するわけでは決してありません。人間関係、校則、学校の雰囲気や空気、学校的な価値などから距離を置くことができる場や選択肢として存在することで、学校ではなく塾、教員ではなくチューターであることの意義が高まります。そして、この点に積極的な意味をみいだして、塾を活用しているように思える生徒がいることもまた事実です。

このように考えると、学校と公設塾（より抽象化して言えば、学校以外の組織）は、単に連携が進めば良いというわけではなさそうです。むしろ、連携の過剰は、それぞれの固有性や異質性を消失させてしまいます。そうではなく、学校と公設塾の個別性と協働性の両方を視野に収めた「適度な連携」のあり方を探究していく必要があると考えています。私は、年度初めの職員会議で教職員むけに塾の説明を行う機会をいただいていますが、その場では、学校と公設塾の関係について「バラバラでもなく一体でもないバランスの模索」を提案しています。具体例の一つとして、生徒の情報共有に関して、「生徒に「公設塾のチューターから聞いた」と言わないでほしい」と依頼して、あえて高校と公設塾がつながっていないようにみせる工夫をしています▼12。

（5）「塾」という言葉を使うこと／使わないこと

ところで、2023年度からは、新たに「Shikaoi Online Commons（SOC）」（通称「コモンズ」）と名づけて、「塾」という言葉を後景に退けています▼13。名称については、塾の構想段階から議論になっていましたが、名案が出ないまま、形式的に「鹿追町」「オンライン」「公設塾」を並べて使用してきました。しかし、ここまで述べてきたように、多様な人々による多様な取り組みが展開され、生徒たちは必ずしも勉強だけに限らない多様な活用を進めています。この様子を目の当たりにして、私は次第に「共有地＝Commons」という言葉がしっくりくるようになっていきました▼14。ただし、勉強に対する意欲や関心が高い生徒や保護者にとっては依然として「学習塾」であることに一定の意義があること、また、「塾」や「学習塾」と比較して「コモンズ」は言葉として広く知れ渡っていないことから、現在は、場面に応じて二つの名称を使い分けている状態です。

4　地方におけるオンラインによる「多様な教育機会」に関する考察

（1）鹿追町オンライン公設塾の課題と可能性

以上のように、鹿追町では、町内外のさまざまな人々が連携しながら、全国的にみても前例のない「オンライン公設塾」という実践に現在進行形で挑戦しています。オンラインゆえの課題は少なくありません。チューターのあいだでは「対面だったら…」という発言は控えるようにしていますが、この言葉が頭をよぎる瞬間は多々あります。特筆すべきは生徒の塾の利用促進です。塾を利用してくれている生徒にはバーチャル空間で会うことができますが、そうではない生徒とはコミュニケーションを取ることすら難題です。

事業趣旨に「生徒の学びと自律」とある通り、現在は、生徒の自主性を尊重して、バーチャル空間にアクセスする／しないの判断を生徒の意思に全面的に委ねています。塾を活用している生徒については、oviceの操作に慣れ、チューターとの関係の構築も進み、本人なりにアクセスする意味をみいだし、「つぎも塾にアクセスしよう」と思う、といった好循環が形成されているようにみえます。実際、塾に居る生徒は、ほぼ毎日アクセスしているような「ヘビーユーザー」ばかりです。その一方で、多くの民間の学習塾がそうであるように、塾に週1～2回通う生徒、言わば「ライトユーザー」はほとんどいません。塾の利用は「ほぼ毎日」と「ほぼ0日」に二極化している状態です。これはオンラインかつ無料という特徴が大きく影響した特殊な課題といえるかもしれません。

そのため、現状、私が考える鹿追町オンライン公設塾の最大の課題は、一般的な学習塾とは異なり、いかにして塾の「ライトユーザー」の層を厚くしていくかにあります。たとえば、現在は不定期で行っている特別イベントの頻度や質を高めて、塾にアクセスするきっかけを増やすことが考えられます。これにより、いつでも自由に塾にアクセスして利用できる利点を維持しながら、これに伴って生じてしまう目的や活動の曖昧化への対応にもつながると思われます。また、学習塾の手法を部分的に導入して、「この日のこの時間に塾にアクセスしてください」と日時を指定したほうが、生徒にとっては塾を活用しやすくなるかもしれません。いま挙げたアイディアだけでも、強目的性／弱目的性▼15、自主性／強制性といった諸価値が埋め込まれており、これらをどの程度や方法で組み合わせて実践していくかは、今後、関係者のあいだで議論していくことになるでしょう。

この他にも、細々としたことを含めると課題は挙げ始めたら切りがありません。ただ、与えられたツールを駆使しながら、オンラインだからこそ可能なことは何かを模索し続けてきました。他自治体の公設塾の講師はすでに大学などを卒業した社会人であることがほとんどですが、鹿追町オンライン公設塾では現役の大学生・大学院生がチューターを務めることができています。これこそ、オンラインによって可能になっていることの筆頭です。鹿追町教委の担当の方は、「大学生の若いメンバーを中心に先入観や固定観念なく「鹿追町オンライン公設塾」をつくって、子どもたちに寄り添ってくれている。この過程がすごく大事で、スタッフ全員が大学生という点に本当の可能性を感じますね」と振り返っており、「成熟していっても、この仕組み［大学生・大学院生がチューターとなる仕組み：筆者補足］だけは絶対に残したい」（鹿追町教委担当者発言より）と力強く語ってくださりました。

また、私が当初オンライン公設塾を構想していたときにはまったく想像していなかったような実践が創造されている点にも注目したいです。詳しく説明する紙幅は残されていませんが、生徒とチューターが打ち合わせを重ねて鹿追町で写真展を共同開催したり、海外留学を予定していたチューターがそのまま留学先から塾にアクセスして生徒とコミュニケーションを取ったり、カナダ短期留学中の生徒が塾にアクセスしてチューターに現地レポートをしてくれたり、鹿追高校がチューターの教育実習校となってほぼ同僚のように受け入れられたりなどしています。個人的には、生徒とチューターが一緒にギターを弾いているところに居合わせたことが、何気ないながらも衝撃的でした。「それぞれの部屋からオンラインでアクセスすれば、こんなこともできるのか」と目から鱗だったことを鮮明に覚えています。

たった2年半のあいだで、おそらく一般的な学習塾では行われない想像を超えた取り組みを新たに実現できているはずです。この創発性こそが鹿追町オンライン公設塾のもつ可能性であり、地方の高校生と都市部の大学生をつなぐ場と機会が存在することの意義といえます。塾の生徒むけ説明会では、必ず最後に「近未来のバーチャルオフィスを使って、共に新しい学びの文化を創り上げていきませんか？」と呼び掛けています。引き続き、生徒たち、チューターの大学生・大学院生、鹿追町教委や鹿追高校の教職員の方々などと一緒に、鹿追町で「新しい学びの文化」を創出していけるように努めます。

（2）バーチャル空間を活用した実践の展望

本章の最後に、私が鹿追町オンライン公設塾の実践に携わるなかで、「このようなことも可能ではないか？」と考えているアイディアを二つ提示して、バーチャル空間を活用した実践の展望とします。

一つは、卒業後のアクセスです。塾も3年目を迎え、高校1年生のときから塾を活用している生徒が卒業します。チューターを務めていた大学生もいつかは卒業します。生徒もチューターも、卒業後はそれぞれの進路先となる場所で学業や仕事に携わることになりますが、オンラインであれば場所は問われません。バーチャル空間（ovice）のURLさえ知っていればどこからでもアクセスできます。たとえば、大学生になった元生徒がチューターを務めたり、企業やNPOなどで勤め始めた元チューターが特別イベントで新たに得た経験を生徒に共有したりすることもできます。もちろん、近況報告を兼ねた雑談も大歓迎です。このように、鹿追町オンライン公設塾という場を媒介としたつながりが継続していくことによって、これまでとは異なる新たな創発が生まれることが十分に期待できます。

もう一つは、複数自治体による共同実施です。鹿追町オンライン公設塾は鹿追町によって設置されており、主に鹿追高校の生徒を対象にしています。この意味で、現在は鹿追町に閉じているといえます。しかし、繰り返しになりますが、オンラインであれば場所は問われません。自治体のあいだで合意が調達できれば、そして、生徒を受け入れる塾の体制が整えば、複数の自治体による共同での設置も技術的には不可能ではありませせん。あるいは、市町村といった基礎自治体ではなく都道府県のような広域自治体による設置もあり得ます。既存の境界に囚われない柔軟な発想が新たな実践を生み出すことにつながるといえそうです。

新型コロナウイルスが5類感染症に移行され、特に教育領域では、かつてのような熱量でオンラインの活用が語られなくなっているように感じます。しかし、これまで論じてきた鹿追町オンライン公設塾の事例から明らかな通り、オンラインであるからこそ可能になる「多様な教育機会」は存在しています。今後もテクノロジーの進化と共に、その多様さは増幅するに違いありません。こうした動向にも関心をむけながら、「多様な教育機会」の実践と研究が多様な形で進展していくことが望まれます。

†本章の記述はあくまでも筆者個人の見解を論じており、鹿追町オンライン公設塾の関係機関や関係者を代表したものではない点にご留意ください。なお、本研究はＪＳＰＳ科研費22K20218、23H00919の助成を受けたものです。

注

1 「公費支援型学習塾」「公営塾」「自治体主導型学習支援」などと呼ばれることもありますが、筆者は設置主体の違いを強調して「公設型学習塾」「公設塾」と呼び表しています。

2 北海道鹿追町教育委員会は、この鹿追町オンライン公設塾の実践で、一般社団法人ICT CONNECT21 GIGAスクール構想推進委員会が主催する「教育ＤＸ推進自治体表彰2023」に選出されました。(https://ictconnect21.jp/dx_municipality_award2023/、２０２４年７月７日取得)

3 最近では、メタバースへの注目の高まりとあわせて、不登校支援の実践でバーチャル空間の活用が進んでいます。実践の置かれている文脈こそ異なりますが、重なる部分は大きいと考えられるので、本章を契機として実践や研究のつながりが創出されることを期待したいです。

4 鹿追町と鹿追高校について、特に、近年、鹿追高校で力を入れて取り組んでいる探究学習の展開については高嶋(2022)も併せてご参照ください。

5 本章の執筆にあたり、塾の設置に大きくかかわって当時の状況を良く知る鹿追高校の校長と鹿追町教委学校教育課の担当者の協力を得て、２０２３年８月１日に鹿追高校でインタビュー調査を行いました(なお、協力者の役職は調査時のものです)。ここに記して厚くお礼申し上げます。また、北海道鹿追高等学校・地域みらい留学コーディネーターによるnote「オンライン公設塾はこうして生まれた」にも、私とは異なる立場から塾の設置や実践について書かれていますので併せてご参照ください。(https://shikaoi-hs.note.jp/、２０２３年７月７日取得)

6 鹿追町オンライン公設塾は、国の制度や補助金などを使わずに年間約５００万円で運営されています。

7 モチベーションに関連した「場のもつ力」の心理学的な説明については鹿毛(2022)で詳しく論じられています。

8 「ovice」のイメージや実行可能な動作などの詳細についてはoVice株式会社のホームページをご参照ください。(https://www.ovice.com、２０２３年７月７日取得)

9 「居場所」という概念は、徐々に共通理解が形成されつつありますが、論者や実践者によって考え方や強調点は異なります。私が作成した「構想会議レジュメ」では、小松（2021）による「やるコミュニティ／いるコミュニティ」の区別を参考にしながら、目的遂行型の学習塾機能と無目的型・存在承認型の居場所機能のイメージを伝えました。

10 塾を設置する以前に鹿追高校に看護科・看護コースを新設する改革案があったものの、それを断念した経緯があることを私は伝え聞いていたため、このときの鹿追町の想いに少しでも応えようと考えて、チューターには必ず医療系の学部・学科に在籍する大学生・大学院生を含めるように努めています。

11 鹿追高校の校務分掌における「課」の位置づけについては高嶋（2022）をご参照ください。

12 ここでは挙げるだけに留まってしまいますが、「適度な連携」のあり方については、山住・Y．エンゲストローム（2008）の「ノットワーキング（結び目づくり）」や戸谷（2022）の「結ぶ」という概念に含意されている「ほどく」や「結び直す」という要素に魅力と可能性を感じており、私自身の思考や行動に影響を与えています。これをどのようにして実践のなかで具体化して記述していくかについては、今後の私の実践と研究の課題の一つです。

13 鹿追高校では、「鹿追創生プロジェクト／Shikaoi Innovation Project（ＳＩＰ）」のように三つの英単語を並べた名称の教育活動がいくつかあったため、これらと同じ形式をめざして名称を考えていました。

14 元々、大学図書館などで取り入れられている「ラーニング・コモンズ」を見知っていたため「コモンズ」という言葉には馴染みがありましたが、宇野（2019）を読んで「コモンズ」概念の理解を深めたことをきっかけに、「Shikaoi Online Commons」という名称もありうるのではないかと考えるようになっていきました。

15 「弱目的性」という言葉は、藤原（2020）が孤食や共食と異なる「縁食」の特徴を説明したときに用いていたものです。すなわち、「目的をあえて強く設定せず、やんわりと複数の目的に目配せしながら大きく広く構えてみる、という程度の意味」（同上：19）と説明されています。鹿追町オンライン公設塾では食を提供することこそできませんが、「めぐりあわせ」や「ゆるやかな並存の場」を意味する「縁」の考え方や「縁食」のあり方からも実践的な示唆を得ています。

文献

宇野重規（2019）「コモンズ概念は使えるか——起源から現代的用法」待鳥聡史・宇野重規編著『社会の中のコモンズ——公共性を超えて』白水社：19-41頁

公営塾研究プロジェクト（2023）「公営塾全国自治体調査　結果レポート（第1弾）」（https://publicjuku.com/004-21、２０２４年７月７日取得）

小松理虔（2021）『地方を生きる』ちくまプリマー新書
鹿毛雅治（2022）『モチベーションの心理学「やる気」と「意欲」のメカニズム』中公新書
高嶋真之（2019）「戦後日本の学習塾をめぐる教育政策の変容」『日本教育政策学会年報』26：146-155頁
高嶋真之（2021）「過疎地域における公設型学習塾の設置と教育機会の保障―北海道足寄町「足寄町学習塾」を事例として―」『教育学の研究と実践』16：25-36頁
高嶋真之（2022）「総合的な探究の時間から各教科・科目や特別活動への波及――「鹿追創生プロジェクト」を起点とする探究学習の広がり」『公教育システム研究』21：21-40頁
戸谷洋志（2022）『スマートな悪　技術と暴力について』講談社
藤原辰史（2020）『縁食論　孤食と共食のあいだ』ミシマ社
山内道雄・岩本悠・田中輝美（2015）『未来を変えた島の学校　隠岐島前発　ふるさと再興への挑戦』岩波書店
山住勝広・エンゲストローム、ユーリア編（2008）『ノットワーキング　結び合う人間活動の創造へ』新曜社

第6章

「居られる」と「学びに向き合う」の狭間で
学習支援・不登校支援・夜間中学の実践から

内藤沙織

1 「居場所」と「学習」のジレンマ

子どもの福祉に携わるみなさんは、「居場所」と「学習」のあいだでジレンマに陥ったことはありませんか。「居場所」というと、「ありのままの自分でいられる」「安心できる」などの受容的なイメージがあるのに対して、「学習」というと、「よりよい自分になるために学ぶ」「何かを新しく身につける」などと現在の自分から変化を求められるイメージがあると思います。この「居場所」と「学習」は多くの教育・福祉の実践現場で求められ、そのバランスやタイミングなどで支援者は悩むことが多いのではないでしょうか▼1。そしてときには、互いがそれぞれの領域を侵食してしまう危険性もあるのではないかと考えています▼2。かくいう私も、一見するとこの相反する論理のあいだで悩み、ときには無力感を抱き、もどかしい思いをしてきました。

この章では、これまで私が携わってきた実践である、生活困窮世帯の中高生に対する学習・生活支援事業、不登校児童生徒のための居場所支援事業、学齢期の不登校生徒を受け入れる夜間中学事業の三つの実践から、このテーマについて考えてみたいと思います。これら三つの実践は、共通点のないバラバラとした実践であるようにみえますが、子どもたちにとっては学びのセーフティネットの場となっているという点で共通項があるように思っています。

そもそも「居場所」という言葉が登場した背景には、学校が多くの子どもたちにとってありのままで過ごすことができる場所、安心できる場所ではなくなってしまったことに起因しているように思います。「居場所」と「学習」というテーマを考えるにあたって、この点は大変重要であると考えています。なぜなら、いわゆる〝勉強ができる子〟にとっては、学校であっても、たとえ塾であっても、テストでよい点を取って先生に褒められたり、他の生徒から賞賛を得られたりと、成績がよいということだけで居心地のよい空間になり得るからです。一方、何らかの困難を抱えている子どもたちは、勉強に対してコンプレックスを抱えている場合が多く、そのような子どもたちにとって「居場所」となりうるのはどのような空間なのか、「学びに向き合える」場というのはどのような空間なのかという点が論点になってくるからです。この本のメインテーマである「多様な教育機会」を考えるうえでも、重要なテーマではないかと考えています。

2 学びの場に「居られない」子どもたちの存在

——学習支援

最初に取り上げるのは、生活困窮世帯の中高生に対する学習・生活支援事業（以下、学習支援）の現場で感じていたジレンマについてです。

私が携わっていた学習支援は、週に2回、会場に子どもたちが集まって、2時間学習をするという場所でした。対象となっていたのは、生活困窮世帯の中高生で生活保護世帯やひとり親家庭の子どもたちです。地域の大学生が主なサポーターとなり、1対1の個別対応を基本として、多くても2~3名のグループには担当サポーターが一人いるという体制を取っていました。サポーターと子どもたちの組み合わせは固定ではなく、その日集まったサポーターのなかで臨機応変に担当を決めています。途中で10分の休憩があり、お菓子を食べながらサポーターとおしゃべりできる時間が意図的に設定されていますが、基本的には学校で出た宿題や学習の教材を生徒が持参する自習スタイルで、わからない問題などはサポーターに聞くことができるというものです。

とはいえ、学習のスタイルは生徒それぞれ異なり、漢字ドリルなどをもってきて一人黙々と学習をする人、学校の宿題のなかからわからない問題をサポーターに質問しようと思って来ている人、何をしたらよいかわからないと教材を持参せず何に取り組むかからサポーターと相談をし始める人、教材はもってきているがサポーターとのおしゃべりに夢中となってまったく勉強が手につかない人などさまざまです。

子どもたちとかかわるなかで次第にわかってきたのは、多くの子どもたちが会場に来ている一番の理由は「勉強がしたい」というモチベーションではないということでした。子どもたちは、サポーターと話すことを楽しみにしていたり、学校以外の場所に通える（居場所がある）ということに魅力を感じているようでした。

多くの先行研究や事例報告でも、学習支援の可能性として「居場所」としての役割が期待されています。

たとえば高嶋（2023）は、学習支援の可能性は狭義の「学習支援」を超えたところにこそみいだされると指摘し、生徒が居場所と実感できる関係づくりとコミュニケーション、交流活動・体験活動・キャリア支援のような教科学習以外の多様な教育機会の提供、世帯の包括的な支援と生徒の継続的な支援の提供といった点にあるとしています▼3。

私自身も、学習支援の可能性は「居場所」機能や狭義の「学習支援」を超えたところにこそみいだされると感じています。ただ一方で、学習支援における「居場所」と「学習」の価値共存は、支援者としてときには葛藤を抱くことになり、ときには無力感につながることもありました。ここではあえて、その「ジレンマ」に着目をして振り返ってみたいと思います。

学習支援の現場で感じていた「居場所」と「学習」をめぐる葛藤を整理すると、つぎのようなものが挙げられます。

一つめは、「そのままの彼ら彼女らを承認すること」と「学びに向き合わせること」とのあいだでの葛藤です。

たとえば、つぎのような中学3年生の生徒がいたとします。仲の良いサポーターと話をするのが大好きで、勉強することは大嫌い。学校や家庭でも居場所がなく、学習教室だけが唯一ほっとできる場であると話します。ある日、話を聞いてほしそうにしている様子で学習教室に来所します。そのまま受け止めるとすれば、サポーターは気のすむまで話を聞くという選択をすると思います。ただ一方で、「今日も話をしてばかりで、何も学習を進められなかった。受験生だし、本当にこれでよかったのか…」と悩むことになります。「学習支援」という冠がついている事業であるので、目的は高校進学や学力向上による貧困の連鎖を防止することにあり、支援者としても少しでも将来困らない力をこの場で身に着けてほしい、高校進学してほしいという気持ちがあります。もちろん話の内容の深刻さや緊急度によって、対応を変えればよいという話かもしれませんが、つねに頭の片隅には「ここは学習支援の場所なのだから、少しでも学習に向き合えるように何かしらの支援を行わないといけない」という思いがあり、学習支援の時間を子どもたちとどのように過ごすかといった単純な点においても、葛藤を抱かざるをえないという状況が生まれていました。

二つめは、学習支援の場はオルタナティブな学びの場になれているのかという葛藤です。

学習教室では、宿題のサポートやテスト勉強のサポートを行うことが多いと思います。ただ、学習支援に来ている子どもたちは、どちらかというと勉強に対して劣等感を抱いていることが多く、他の生徒に追いつけるように補うこと自体に大変意味があるとわかりつつも、学校的価値を再度押し付けているだけではないかと感じることがありました。子どもたちと話をしていると、学校での勉強はできなくても、得意なことがあったり、興味関心の源をそれぞれもっているように思いますが、それを伸ばすようなかかわりをすることができなかったというジレンマです。

学習教室の場は、学校ではないですし、サポーターは教員でもないので評価者と被評価者という関係ではありません。ただ、「学習支援」を前面に押し出すと、子どもたちとのコミュニケーションで大きな割合を占めるのは、「学習」を通したコミュニケーションとなります。たとえば、初めての生徒との会話でも「好きな教科は何？　嫌いな教科は？」となったり、長く通っている生徒とも「宿題は終わった？」、「テスト範囲表は配られた？」といった会話が求められます。学校の宿題の確認ではなく、他に何かワクワクするような学びの機会を提供したいところですが、宿題を出さないと内申点が下がってしまい高校進学の際に不利になることがわかっているなかで、どうしても学習支援の枠組みのなかでは身動きを取ることができないと感じることがありました。

さらに、狭義の「学習」を軸とすれば、1対1の個別対応が一番効率的ということになるかと思います。ただ、「居場所」を重視した場で、1対1の個別対応が本当に最適な場づくりなのかという葛藤がありました。もちろん、学校の先生とは異なる大人（大学生や社会人スタッフ）と会話できる場、承認される場として1対1の関係性の構築はとても重要だと思いますが、他の子どもたちとの関係性づくりやコミュニティの構築といった点には何も寄与できていないような気がしていました。

この問題は、学習支援事業に個別指導を得意とする民間企業が参入していることにも関係してくると思うのですが、無料塾と学習支援は何が違うのか、事業評価は高校進学率だけでよいのかといった論点にもつながると考えています。

そして三つめは、「学習する」場と打ち出すことで、「居られなくなる」子どもを生み出しているのではないかという葛藤です。

ここまでも確認してきたように、子どもたちはサポーターと話すことを楽しみに来所しており、多くの子どもたちにとって学校でもない家庭でもない第3の「居場所」になっていることは事実でした。ただ、あくまでもそれは「学習意欲のある子」に限定されるのではないかということです。

たとえば、つぎのような女子生徒との出会いです▼4。中学1年生の頃から参加。学習教室には、友達に会えることを楽しみに来ている様子でした。家庭環境が複雑で、学校に行くこともままならなくなっていましたが、学習教室には欠かさず参加していました。家庭の都合で高校進学も諦め、学習への意欲も下がっていきました。学習教室にいるあいだも学習はせず、友達やサポーターに会いに来るのが目的となっていきました。その子の対応をめぐっては、支援者の私たちも大変対応に迷いました。学習支援という枠組みで出会った以上、何かしら彼女の力になりたい、でも学習支援という枠組みのなかで彼女にできることは何だろうと考える日々でした。「学習」を通したコミュニケーションを取ろうとすると彼女の足は遠のいてしまう。ただし、学校に行っていない彼女にとっては、社会とのつながりはこの学習支援の場だけ。福祉事業であり、生活支援や居場所機能も担っている学習教室で受け止めるべきなのか、その枠を超えた支援をしようとしているのか……大変悩みました。

福祉的なケアを必要としている子どもこそ、「居場所」を必要としています。ただし、学習支援の枠組みでカバーをしようとすると、条件つきの「居場所」となってしまう可能性があります。彼女が高校に進学しないという選択をしたからといって、学習教室に来る資格を失ったわけではありませんが、「ここは学習する場だよ」と打ち出すことによって、結果的に彼女は「居られなくなる」ということになってしまったのではないかと葛藤を抱かざるをえません。

ここまで学習支援における「居場所」と「学習」のジレンマについて整理をしてきましたが、誤解してほしくないのは、ここで挙げたジレンマは、学習支援の可能性を否定するものではなく、学習支援に可能性を感じているからこそ提起しているということです。また、学習・生活支援事業の枠組みのなかで行われている実践のかたちはさまざまであり、ここで取り上げた事例は一部に過ぎません。

それでもこのように支援者がジレンマを幾重にも抱かざるをえない状況は、現在の学習・生活支援事業とそれを取り巻く制度の整備不足によって引き起こされている部分もあるのではないかという点だけ指摘しておきたいと思います。福祉的なケアを必要としている子どもたちに、教育的な支援のみで解決を求めようとしていること、複雑な課題を一手に引き受けざるをえない枠組みとなっていること、そして運営面でいえば、個別指導を得意とするような民間業者が参入できるほどに担い手不足かつほとんど非常勤・ボランティアスタッフで運営されているような状況で続けられていることに問題はないのでしょうか。

3 居場所で「学びに向き合う」とは
――不登校支援

つぎは、「居場所」と「学習」について少し違う視点から考えてみたいと思います。

私は学習支援事業に携わったあと、そこでの無力感や限界などを感じて、つぎの現場で働くことにしました。それが不登校児童生徒のためのフリースペース（居場所事業）です。教育委員会から委託を受け、出席扱いとなるフリースクールとして不登校支援施策のなかに位置づいています。週に4日開館しているため、自分で決めた曜日に週2回通います。時間は10時からお昼を挟んだ14時まで。不登校状態の生徒にとって、定期的な外出機会をつくること、他者との人間関係を学ぶ場所としての機能を担っています。運営はユースワーカーとして働く団体職員と大学生や社会人のボランティアによって支えられています。1日の流れとしては、朝来所するとスタッフや他の生徒が混ざって雑談タイムが始まります、最近起きたことや新しい子がいる場合はみんなで自己紹介をして、それからみんなでできるゲームに移ります。トランプやＵＮＯなどのカードゲーム、さまざまなボードゲームが用意されているので、その日のみんなの気分で遊びを決めます。お昼が近づいてきたら、みんなでご飯を作ります。スタッフも生徒も一緒に役割分担をして、ご飯を作って食べて片づけまで行います。午後の時間は、勉強をしたり、体験イベントが組まれていたりと、あっという間に14時になります。

長期的に不登校状態にある生徒も多く、まずは週2回外出のリズムをつくることがめざされています。さらに、社会性を育む場として、他者との協同を大切にしています。生徒によっては、家族以外ほとんど会話しないという子もいます。家族以外の人と話すと緊張してしまうという状態をほぐしていくことから始め、本当にその変化は少しずつなのですが、一緒に遊んだり話したりするなかで安心して自分を出せるようになることをめざしています。

このような「居場所」をメインとする場所での「学習」のお話です。ある一人の生徒の話を取り上げてみたいと思います。

中学1年生のゴールデンウィーク明けから本格的に学校に通えなくなったレイさん（仮名）。小学校5年生の頃から教室に居られなくなり、別室登校をしていました。彼女が居場所にやってきたのは中2の冬ごろ。前髪で顔を隠しうつむき加減で、言葉数少なく座っていることが多かったです。来所が定着してくると、彼女の得意なことと苦手なことが少しずつわかってきました。人が多いところでは自分を出すことができない、人に判断を委ねてしまう。一方で、ゲームの説明をしたり、人に教えるのが得意。さらに、勉強に関してはかなり苦手意識があるようで、字を書くのを極端に嫌がったり、教科学習は「何のためにやるのかわからない」という発言もみられました。

そんな彼女も中3となり、中学校卒業後の進路について考えざるをえないタイミングがやってきました。高校に進学をしたいという漠然とした希望はあるものの、「どうせ通信しか行けないから、通信で良い」などと消極的な発言しかみられませんでした。ただ、卒業生（現役高校生）との交流イベントで、部活や文化祭などを楽しむキラキラとした卒業生の話を聞いて、「自分も通学制の高校に行きたい」と話すようになりました。それでも、学習時間はほとんど取ることができないまま、受験が近づいてきました。受験科目は作文と面接です。

自分から勉強したいと言ったことは一度もなかった彼女ですが、ある日志望理由を書く紙を持参してきて、スタッフに「この紙を埋めて提出する必要がある」と説明をしてくれました。スタッフは「そうなんだね、ら本を読んだりして待っていましたが、あえてその場で取り組む提案をしませんでした。そんなことを30分ほど続けていると、「一人では書けないから、一緒に考えてほしい」とヘルプを出してくれました。それからはスタッフと一緒に粘り続け、無事に受験を迎えることができました。

このレイさんとの出会いは、「居られる」と「学びに向き合う」の関係について深く考えるきっかけとなりました▼5。学習支援事業と同様に、めざしているのは、将来的な社会的自立であり、そのための学校復帰や高校進学、将来困らないようにコミュニケーションスキルや学力を身に着けることです。ただ、多くの生徒たちは学校に行けていないことに負い目を感じており、学校に通えている他の生徒より自分は劣っていると考えているようです。朝起きられないこと、勉強を頑張れないこと、友達に自分から話しかけられないことなど、いろいろな点で自分は劣っていると感じています。さらに、他者の気持ちを理解したり、他者の発言を理解したりすることが苦手な生徒もおり、ますます自信をなくすという構造です。

このような状況で、居場所拠点で何よりも重視しているのは安心安全を感じて「居られる」ということです。そして、ここでいう安心安全には、二つの側面、自分への安心、そして他者への安心があるように思っています。まずは、自分を否定している状態からそのままの自分で居てもよいという安心。つぎに、自分とは異なる行動や言動をする他者がいてもその場に居られるという安心です。

この年代で学校に行けないということは、ほとんど社会とのかかわりがなくなり、ひきこもり状態であるということとイコールですので、家族以外の他者と交流できる場所があるということはとても重要です。彼ら彼女らにとって世界のすべてのような場所である学校で得られなかった「ありのままの自分を承認」してくれる場所があるということ、時間をかけて待ってくれる場所があることの意義は大きいと考えています。

一方で、承認を重視するあまり「このままの状態で中学校を卒業させてよいのか」という葛藤はつねに抱くことになります。生徒によっては、長期不登校状態であったことから漢字どころかひらがなやカタカナも怪しい生徒もいます。九九もすべては覚えられていなかったり、かな入力はできるけれどもローマ字入力はできなかったりという生徒もいるなかで、学校で得られる教科学習の重要性を再認識する瞬間は何度も訪れます。「居場所」と銘打った場所であったとしても、その後の人生を左右する重要な時期に、いわゆる積み上げ型の学習をしなくてよいものか…というジレンマです。不登校支援をしていると、「その子の状況に合わせたら、どこまでも落ちていくのではないか」という「緩める」ことへの疑問の声も多く聞かれます。「居場所」を優先して、「学習」を疎かにしてよいのかという指摘だと思います。

不登校の生徒たちと接していると、学校に行けていないということがどれほど経験の喪失につながっているのかということを感じることが多くあります。それは、友達との関係性づくりや失敗した経験、怒られた経験などといった日常的なことから、読み書きできる漢字や計算力など知識の量も圧倒的に違うと感じます。ただ、いきなり彼ら彼女らに狭義の「学習」を通したコミュニケーションをしても、空回りの結果になることがあります。アドバイザーをしてくれている心理学の専門家の先生が不登校生徒の状態を「安全地帯から動けなくなっている状態」と表現されていましたが、心を閉ざして何も吸収できないようになってしまっている状態で、学校の宿題や試験の話をしても響くわけがありません。

レイさんの事例を踏まえると、何より大事なのはまずは「居られる」場所があること、そして「自分や他者と向き合える機会・タイミング」があることではないかと気づかされます。レイさんの場合は、学校が「居られる」場所ではなくなってしまい、別の場所を探していました。そして、ここなら「居られそう」と思って通い出した居場所拠点で、他の生徒とのやり取りのなかで自分の得意なことをみつけたり、スタッフとのやり取りのなかで自分の苦手なことを言語化したりすることができるようになりました。一方で、学習からは逃げ続けていましたが、受験が近づくタイミングで、自分の苦手なことに向き合ったり、他者に助けを求めたりといったプロセスができるようになり、初めて逃げることなく「学びに向き合う」ということが可能となったのではないでしょうか。

このように、居場所拠点に通う過程で、自分や他者と向き合うことができるようになった生徒は、受け身ではなくなり、高校から学校に復帰することができている事例も多いです。もちろん、学びから遠ざかっていた空白期間を埋めることができるのか、社会に出たときに困らないのだろうかという心配もあり、「居場所」と「学習」のジレンマが消えることはありませんが、自分や他者と向き合える経験を経て、学びの土台が作られるのではないかと思わせてくれる出会いとなりました。

4 「居られる」場としての学校
——夜間中学

そして最後の節では、夜間中学における「居場所」と「学習」についてお話してみたいと思っています。学習支援、不登校生徒のための居場所支援と携わってきましたが、最近面白い教育現場との出会いがありました。それが、夜間中学です。夜間中学と聞いてどのようなことが思い浮かぶでしょうか。おじいちゃんやおばあちゃんが学んでいるイメージ？　それとも日本語学校のようなイメージでしょうか？

夜間中学は、戦後の混乱期に現場の先生たちから生まれた実践です。昼間働いて学校に行けない子どもたちの存在を無視することができず、夜間にも学びの場を作ろうと拡がりました。その後、学齢生徒の就学率が向上するなかで、つぎにターゲットとなっていったのが学齢超過者の学び直しです。学校に行けなかった、途中で行けなくなった方の学び直しの機関と位置づくことになりました。そして次第に、さまざまな理由から本国で義務教育を修了せずに日本で生活を始めることになった外国籍の方の入学も増えていきました。

このように役割が変化してきた夜間中学ですが、近年さらに大きな変化がありました。一つは、減少傾向にあった夜間中学を学校として正式に位置づけ、各都道府県に1校ずつ配置する方向性が打ち出されたことです▼6。そしてもう一つは、ターゲット層に変化があったことです。形式卒業者の入学が認められるとともに、不登校の学齢生徒の入学・通級も認められることになりました▼7。２０２３年度現在、全国に44校ある夜間中学ですが、このまま設置が進めば2倍ほどの規模になっていくのではないかと予想されます。いずれも、夜間中学においては大きな変化であり、実践現場もその変化に追いついていないほど、現在進行形の現象です。

ただ、このようにさまざまな変遷を経たとしても、夜間中学の目的として共通しているのは、公立の義務教育の機会を保障する機関であること、もっと言えば日本社会で生きていくうえで必要となる最低限の知識・スキルを身に着けられる教育機関であるということです。まさに学びのセーフティネットの実践現場といえるのではないでしょうか。

ここで紹介するのは、このような夜間中学に在籍校をもちながら通級したカヲルくん（仮名）のお話です。中学1年生の1学期、カヲルくんは不登校になりました。夜中までゲームをしていて遅刻が多く先生との関係も悪いうえに、あるとき友達から心無い言葉を言われ、学校に行けなくなってしまいました。

居場所拠点にも通いながら、つぎのステップとして夜間中学に体験的に通うことになりました。週に二日間だけ、夜間中学の生徒に混じって教室で授業を受けることになったのです。約2年ぶりの学校は慣れないことも多く、授業中に先生の指示をすぐに理解できなかったり、休憩時間に何をすればよいのかわからず、夜間中学に通い始めた当初は、教室に居ることができず、廊下に出てしまったり、そわそわとしている様子でした。

ですが次第に、「最初は、普通の学校みたいでちょっと不安だったけど、クラスの人たちが向こうから話しかけてくれて、すごく優しくしてくれた」と、他の生徒から声をかけてもらえたり、先生にも可愛がってもらえるようになり、教室に居ることができるようになりました。「クラスは多いときで7〜8人で、おばあちゃんがいたり海外の人たちがいたり。個性的だけど、みんなとても仲が良くて、すぐ面白いと思うようになった」と少人数であることや、多様な年代・世代の人がいることを面白いと思ったようです。

さらに、「中学校のときは、学校に行っても先生から『遊びに来てるのか』と言われたり怒られたりしてばかりだったけど、夜間中学は先生がすごく優しい。ミスをしても普通に教えてくれるからめっちゃ嬉しい。勉強が楽しい」と、学習に対する意欲も取り戻して、苦手な英語などにも取り組めるようになり、授業中も恥ずかしがらずに発言をすることができるようになりました。

とはいえ、夜間の時間帯であっても寝坊をしたり腹痛で休んだりすることもあり、一進一退という感じではありましたが、最終的に約束どおり週2回通級できるようになり、さらなるステップとして在籍校への復帰や教育支援センターで高校進学にむけた作文指導を受けに行くようになりました。

カヲルくんの事例から「居場所」と「学習」という点から夜間中学の実践を考えてみると、学校という変化を求められる場所、学びに向き合わなければならない場所でありながら、「居られる」場所にもなっていたということになります。ただし、今回の夜間中学での取り組みは体験的な要素が大きく、週5日の授業のうち週2日しか通うことはできていませんし、数学などは個別プリントを使って積み上げ型の学習を行っていたものの、今回の夜間中学への通級を通して体系的に知識を獲得できているかというと疑問も残ります。

それでも先行研究において「生徒が居られる場」としての学校空間の創出の重要性が指摘されているなかで▼8、不登校生徒のために特別な「場のデザイン」を行わずとも「居られる」空間として機能した夜間中学から得られる示唆はあるのではないかと考えています。

夜間中学の特徴として、同質性を出発点としないこと、個に応じた学習支援がなされていること、学ぶ意志のある人が集まる場であるという点が挙げられると思います。一つめの同質性を出発点としないという点については、年齢や国籍もさまざまであり、多様な人々がいる空間になっています。そのため、互いに助け合う文化が自然と生まれていたり、多様性が認められる空間となっている点が特徴的です。二つめの個に応じた学習支援という点については個々人の能力や背景がバラバラであることから、個に応じた対応が大変きめ細かく行われています。クラスも少人数ですし、一人ひとりの状態に目が届きやすい環境であるといえます。そして三つめは目的に係る部分ですが、夜間中学に通う生徒は「生活に困らないように学びたい」という共通の目的をもっており、学ぶ意志のある人たちが集まっている空間であるということです。「みんなが行っているから」「卒業しないといけないから」といった消極的な動機ではありません。このような特徴から、夜間中学がカヲルくんにとって「居られる」場になっていたのではないでしょうか。

夜間中学と不登校をめぐっては引き続き議論が必要かと思いますが、夜間中学の「緩さ」や「温かさ」、「学びへの意欲」が「居られる」場としての学校の重要な要素となっているように思います。

5　「居られる」から「学びに向き合う」へ

ここまで、生活困窮世帯の中高生に対する学習・生活支援事業、不登校児童生徒のための居場所支援事業、学齢期の不登校生徒を受け入れる夜間中学事業の三つの実践から、「居場所」と「学習」をめぐる問いについて考えてきました。取り扱っているイシューの違い、対象者の違い、福祉事業と教育事業という枠組みの違いなど、一概に比較することはできないことも多いと感じているのですが、三つの実践に携わったからこそ、みえてきたこともあるように思います。

まずは、通常の学校に馴染めない、ついていけない子どもたちの存在と多様な学びの場があることの重要性です。学習支援においても不登校支援の現場においても、その子の発達的な特性であったり、家庭環境の問題であったりで、集団での教育についていけない、馴染めない子どもがいるということは明らかです。そして、たとえそれが対症療法でしかないとしても、学習支援やフリースクール、夜間中学の存在はセーフティネットとしてとても重要な役割を担っていると思います。ここで取り上げたようにさまざまな問題を抱えている子どもたちの対応を行うにはあまりにも支援体制が脆弱であるようにも思いますが、オルタナティブな学びの機会があるということ、その子のスピードに寄り添ってくれる教育現場があるということは、とても重要だと考えます。

つぎに、「居られる」が力になるという点です。「居場所」と「学習」のあいだで葛藤をしながら生徒と向き合うことになるのは間違いないのですが、「居られる」を保障しないかぎり、「学びに向き合う」ことは難しいのだろうということは確信をもっています。子どもたちはとても傷ついていて、自分に対しても他者に対しても信頼がなくなっている状態です。そのような状態では自分や他者と「向き合う」ことなどできるはずがないのではないでしょうか。「居られる」を保障することから始めるというと、緩めることへの批判の声も聞かれますが、どこにも居られなくなり、社会との接続が絶たれてしまうことこそ一番避けなければなりません。

そして、この「居られる」にはステップがあるように思っています。まず、安心して「居られる」場所があること、そこで他者への信頼が回復できたら、つぎは自分の思いどおりにはいかないことも発生するようなコミュニティのなかでも「居られる」ようになること。そして、そこまでストレッチが進めば、つぎのステップとして「自分と向き合う」ことに挑むことができるように思います。他者への信頼がベースにできると、もう少し頑張ってみようかなと思えるのではないでしょうか。逆に「居られる」場というベースが崩れてしまうと、「向き合う」ことも途端に難しくなってしまうものではないかと思います。

先日、居場所拠点を卒業し夜間中学で学び直している生徒の言葉に勇気づけられるということがありました。

「居場所拠点での3年間があったから、今夜間中学で頑張れている」

この言葉は、「居られる」の先に「学びに向き合う」があることや、個々人の成長スピードに応じた居場所や学びの機会があることの重要性を示してくれているように思います。支援者としてはこんなに時間をかけても大丈夫なのか、今すぐにでも学びに向き合わせないでよいのだろうかと悩みはつきませんが、世の中が寛容となり、多様な教育機会のなかで、いつでも学び直しができ、学び続けられる社会になることを願いながら、子どもたちと向き合い続けたいと思っています。

注

1 以前共同研究で、「学習・生活支援事業において、「学習」と「居場所」のあいだでジレンマを抱く支援者の姿を明らかにしました（竹井沙織・小長井晶子・御代田桜子（2019）「生活困窮世帯を対象とした学習支援における「学習」と「居場所」の様相―X市の事業に着目して」『名古屋大学大学院教育発達科学研究科紀要．教育科学』６５６５（22）：85－95頁）。

2 たとえば仁平典宏は、そのままでいいという〈無為〉の論理が、〈教育〉の論理に浸食される危険性を指摘しています（仁平典宏（2018）「〈教育〉の論理・〈無為〉の論理――生政治の変容の中で」『中国四国教育学会 教育学研究ジャーナル』22：43－49頁）。

3 高嶋真之（2023）「第1章　都市部の貧困対策としての学習支援――札幌市『札幌まなびのサポート事業（まなべぇ）』の10年から」横井敏郎編著『子ども・若者の居場所と貧困支援――学習支援・学校内カフェ・ユースワーク等での取組』学事出版。

4 本章で取り上げている事例は、筆者が出会った何人かのエピソードを複合して作り上げた架空の人物です。本質を損なわない程度に内容を改変し、個人が特定されないように配慮しています。

5 不登校経験者を受け入れている高校での実践を観察・分析した神崎は、不登校経験者が学校に馴染んでいくために必要な機能として、「場のデザイン」「『居ること』を支える」「『向きあうこと』を支える」という3点を指摘しています（神崎真実（2021）『不登校経験者受け入れ高校のエスノグラフィ』ナカニシヤ出版）。

6 ２０１６年12月に制定された「義務教育の段階における普通教育に相当する教育の機会の確保等に関する法律」において、いわゆる夜間中学の設置・拡充が謳われました。さらに、「第3期教育振興基本計画」（２０１８年6月）において、各都道府県に最低1校夜間中学の開設をめざすことが明記されました。

7 ２０１７年3月に教育機会確保法の基本指針に、「不登校児童生徒の多様な教育機会を確保する観点から、不登校となっている学齢生徒を、本人の希望を尊重したうえで夜間中学等で受け入れることも可能である」（文部科学省「義務教育の段階における普通教育に相当する教育の機会の確保等に関する基本指針」２０１７年）と明記されたほか、法制定に先立って文科省初等中等教育局長が発した「不登校児童生徒への支援の在り方について（通知）」（２０１６年9月14日）においても、夜間中学での受け入れが可能であると記載されました。

8 「生徒が居られる場」としての学校空間の創出の重要性について論じている南出吉祥の論稿を参照（南出吉祥（2023）『「居られる場」としての学校の可能性』『高校生活指導』２１５：94－１０１頁）。

第7章 中学校にサードプレイスを
中学校内居場所の実践

谷村綾子
阪上由香

1 中学校内居場所を始めたわけ

（1）高校内居場所カフェから中学校内居場所へ

中学校での校内居場所の実践事例は全国にいくつかありますが、本章で紹介する中学校内居場所は、2018年から公立中学校内でNPO法人FAIR ROADが開設運営してきた事例です。

FAIR ROADは2015年より高校の中退予防及び課題早期発見を目的とした高校内居場所カフェ事業▼1にかかわっており、高校内居場所カフェを訪れる生徒とやりとりを重ねてきました。

高校内居場所カフェで出会う高校生のなかには、すでに課題状況が複合化・深刻化して教育からも福祉からも取り残されているようにみえる人もいて、高校中退や卒業と同時に社会的孤立に直結するケースがあることが気になっていました。高校では就職にしろ進学にしろ社会に出るまでのタイムリミットが迫っていること、また義務教育とは違い生徒の居住地域とのつながりがみえず、学校が「最後の砦」となっていることに焦りを感じ、もっと早い段階で出会うことができれば、という思いを抱いていました▼2。

そんななかで学校、地域の理解と協力をうけてX市立Y中学校で校内居場所を開設することになりました▼3。現在（2023年時点）、市内3中学校で校内居場所を運営しています。

中学校内居場所は毎週1回程度、昼休憩と放課後に開いており、スタッフは基本的に2名以上がスタンバイしています▼4。居場所の部屋にはボードゲームやパズルゲーム、スケッチブックなどを準備し、思い思いに時間を過ごせるようにしており、親や教師以外のいわゆる斜めの関係の大人スタッフと遊びを介してつながれる場になっています。

校内居場所活動のコンセプトは基本的に「安心安全」「ソーシャルワークの提供」「文化の提供」▼5を基本としていますが、高校と違って義務教育であること、先生と生徒の距離が近いこと、退学がないことなど、中学校独特の文化や文脈があります。たとえば高校の先生は生徒を「自己責任」とある程度突き放せても、中学校の先生はまだまだ全方位的に「指導」することが自分の役目と感じているところがあります。そうすると居場所スタッフと教師が生徒を介してお互いに居心地の悪い思いをする場面もでてきます。

❖校長のひとこと「教師以外の人の力を借りる」

校内居場所を始めようとしたとき、ある先生から「反対です。どうして私たちではだめなんですか？生徒のことは私たち教師がみなければいけないと思う」という声があがり、強い思いをもった教員がいることも改めてわかりました。でもだからこそ、今の事態では、一人の力で、一つの集団の力で、つまり一方向の力で子どもたちを育成していくというのは必ず限界があり、教員ではない他の人の力が必要で、そのためにも校内居場所は必要なんだという思いを伝えました。

中学校での居場所開設にこだわったのには理由があります。もともと高校内居場所カフェ事業は、高校生の退学予防および課題早期発見が目的であるため、居場所が開設される高校にはリスクの高い生徒が多くいます。しかし校内居場所カフェのない高校に進学する生徒、高校進学しない生徒のなかにも課題を抱えている人はいるはずです。

「属性に関係なく」集まれるサードプレイスを作っても高校で出会う人たちは限られますが、中学校には学力や個人の属性で進路が分かれるまえの子どもたちが同じ場所にいます。義務教育ですから経済力による振分けも基本的にはまだない段階で、未分化な属性をもった生徒が同じ時空間を共有する中学校にごちゃまぜのサードプレイスがあれば、本当に属性に関係ない居場所が生まれます。中学校内居場所は、この機会を逃したらもう人生で交わることがないかもしれない人たちが交流をもち、同じ社会に生きていると確認しあえる場所にもなると直感しました。未分化な多様性を包摂するのが中学校内居場所です。そこには別室登校をする生徒も、特別な教育的ニーズがある生徒も、外国にルーツのある生徒も含まれます。多様性を区別しない場が1か所でも確保されれば、どんな子どもも、もう少し楽に学校生活を過ごせるのではと思いました▼6。本来的に多種多様な人生の根っこの部分が自由に邂逅するような場所は、中学校内居場所だからこそ創出できるものだと思います。

（2）セカンドプレイスにサードプレイスを

中学校でも、学校というセカンドプレイス内のサードプレイス空間を生み出すことが校内居場所の役割であると考えています。中学生にサードプレイスが本当に必要なのか、自分の教室が居場所なのではと疑問に思う人もいるかもしれません。結論をいえば生活圏も行動範囲も家と学校中心でまだまだ狭い中学生にこそ、学校内のサードプレイスが必要だと思います。また思春期に差し掛かり、心のもやもやが多くなる年代には居場所所で出会う斜めの関係の大人が、高校生とはまた違った意味で大切だと思います。

❖校長のひとこと「校内居場所をはじめたわけ」

近年の不登校の増加は現場にとって大きな課題です。学校に来ない（来られない）生徒について思い悩んでいたときに、近くの高校で高校内居場所カフェが始まったというニュースを耳にしました。新聞記事を読んで、学校に学校の先生じゃない人がいることにすごく意味と魅力を感じたのです。自分の高校時代には部活終りの帰り際に「おなかすいた」というと余ったパンを差し出して「もっていき」といってくれる食堂のおばちゃんのように、他愛のない会話の相手をしてくれる大人がいました。中学校にもそういう大人がいれば、もう少し居心地がよくなるのではと感じました。

画一性の高まる中学校という空間のなかで、自分の個性をもてあます生徒や▼7、小学校よりいっそう学業的評価のプレッシャーが強まるなかで自己肯定感が下がる生徒も多くいます。同じことができて当たり前、という雰囲気のなかで、教員から「やる気がない」という叱責を受け、自己肯定感がさらに下がっている生徒にとって居場所の大人はちょっと距離を保ちつつもいまのままの自分に関心をむけてくれて、多様な文化や価値をみせてくれる斜めの関係にいる人です。居場所はそのおかげで、学校的評価（端的にいえば期末テストの点数など）[8]からいったん離れ、自分自身を取り戻せる場所として機能します。居場所でアニメや漫画、ゲーム、音楽など趣味の話をしてちょっと一息いれ、ときどきしんどさを吐き出して、一度肩の荷を下ろしてから「まあそんなこともあるよね」と仕切り直すことができる場所なのだと思います。

サードプレイスには、それ以外の場所での役割を問わず「人を平等にする」機能があると『サードプレイス』の著者オルデンバーグは指摘しています[9]。役割や序列に縛られた社会だけで生きていくことは大人にとってもしんどいことです。「そこで飲むものが各種あるように、仲間たちもごたまぜだ。……地位や身分に関係なく好き勝手な席についている」[10]、そんなふうに差異を差異のまま包摂する場所が学校内にある、それが校内居場所のイメージです。

中学校内居場所を始める際にちょっと困ったのは、サードプレイスらしさである「本人の個性や、他者とともにいること固有の喜び」[11]を演出できる飲み物等の提供が難しかったことでしたが、今は遊びがその役割を担っているといえます。遊びを介したコミュニケーションは、居場所に来室する中学生にとって重要なもので、たまたま来合わせた人や友達同士、ときには異学年の生徒やスタッフが混じり合いゲームや会話に興じています[12]。遊びが目的となることで、それ以外の「目的や義務や役割という背景」を忘れて、「個性と関わりあう」「楽しみ、快活さ、気晴らし」[13]の場となりうるのです。またいろいろな個性がごたまぜの場所という意味では、たくさんの本が並んでいる学校図書館で居場所を開設できたことも、視覚的にも多様な個性を包み込むような雰囲気の醸成に一役買っています[14]。

居場所がサードプレイスになるためには、そこに居る誰にとっても安心安全で、誰も排除しない包摂的な場、つまりインクルーシブな場所である必要があります。「正式な会員資格や入場拒否の基準がない」場所でこそ人は平等になれるからです[15]。ルールを作って誰かを排除するのではなく、お互いがリラックスすることでうまれる安心感によるその場の均衡状態がケア的な空間である居場所の特徴といえるでしょう。

そのような場所では、コミュニケーション（会話）が普段より大事にされます。「教室にはリアルな対話がほとんどない」と指摘するノディングズは「すべての子どもの一日のなかに、大人との会話が維持され、相互に探求するための時間がなければならない」と学校へのケアの視点の導入には会話が重要であることを訴えています[16]。居場所での会話は、教室でのような正解を即答する会話ではなく、お互いの平等性のもと営まれる「なごやかな」「のんびりしていて、軽い」「膨大な無駄話」[17]とオルデンバーグが表現する、いわばゆっくりのコミュニケーションです。居場所では、差異を差異のまま尊重するコミュニケーションを探る必要があります。ゆっくりのコミュニケーションは、社会に出ても人間関係のある限り一生涯続くもので、中学校内居場所は対等な関係性を築くためのコミュニケーションが大切にされる場所だと感じます。

❖校長のひとこと「自由度を高める」

学校内でも自由度を高めることで、いろんな人間が集える居場所になります。幅広い人格形成には教員だけでなく、もっと多くの大人がかかわれるはず。「チーム学校」の良さは、多様なメンバーによる多様な考え方を提供できることで、教員の労働時間を減らすことだけが目的のようになると意味がないのです。中学生という感受性の高まる時期に、いろんな人間に出会うことの意味は大きいのですが、今の学校ではもう一度仕掛けとして「自由度」を高める必要があります。それくらい環境のほうが画一的・不自由になっている面があると思います。

2 つながり、重なり、ケアする居場所の日々

つぎに、校内居場所でつながり、重なりを生んできた生徒のエピソードを紹介します。ここでは支援の特徴的なケースを取り上げましたが、むしろこれらのようには可視化されない部分こそが「未然予防」の役割の本領かもしれません。なおそれぞれのケースについては適宜改変しています。

(1)「日本語指導が必要な子どもの教育センター校」でつながる……エピソード①

N氏はI中学校の日本語教室に通級している他校在籍の生徒でした▼18。中学校3年生の1学期にネパールから来日して、日本語の読み書きはできず、英語も中1程度の基礎的なレベルだったので、在籍校の英語の授業にもついていけませんでした。また生活面では宗教上の理由で学校給食が食べられず、家から昼食を持参することはできるものの、学校で一切ものを口にしませんでした。

同級生とのコミュニケーションがとれない、授業も理解できない、給食の時間も居場所がない日が続き、はじめは興味本位で話しかけていた生徒たちも、積極的に交流しようとしないN氏から次第に離れていき、孤立するまでそう時間はかからなかったようです。

そのうち「スパイスのにおいがする」「目つきが怖い」、など、言葉がわからないN氏でも気づくような雰囲気がクラスに蓄積され、本人の不安と寂しさがいら立ちに変わってからは教科書を破いたり、ものを壊したりして、教室に居ることができなくなりました。

そんなN氏でしたが、週2回通級しているI中学校の日本語教室ではいろんな国の生徒たちと一緒に2時間程度の日本語指導を受けることができていたのです。日本語教室担当のA先生は、教室設置当初からのベテラン講師で物静かな人です。教室の書棚や壁にはいろんな国のポスター、雑誌、遊び道具などがあり、国に関係なくそれぞれが「居場所」だと感じられる工夫があり、N氏も居心地が良かったようです。

A先生は「両親ともに外国籍の生徒さんは、日本語を声に出して言ってみようと思えるまですごく時間がかかるんです。日本語の習得はその先の話。家を一歩出ればうまくいかないことしかない日常生活なのでそれが普通でしょう。ジェスチャーや絵で思いを伝えあいながら、信頼関係を作っています。」と、言葉がなかなか出ない生徒を気長に見守っていました。

言葉が通じない環境での不安は普段の何倍にも感じるものです。著者自身、海外で体調を崩した経験があり、そのときは不安の波が押し寄せてきました。未成年のN氏が見知らぬ環境で感じる不安や焦り、いら立ちは想像に余るものがあります。

学校に適応して当たり前、という目で眺めると、N氏の在籍校での行動は不適応甚だしいものに映ったことでしょう。消極的な態度も、本人の努力不足と周りは感じたと思いますが、蓄積された多くの「ままならなさ」は本人の処理能力を超えており、不適応として行動化するしかなかったものです。

FAIR ROADとしても、在籍校で孤立していたN氏のことが気になっていたので、外国から来た人たちのサポートをしている団体へこの件を相談しに行きました。そのとき「友達づくりの手伝いをしてあげて」とアドバイスを受けたのです。「学習以外の部活動や遊びのある時間を共有すれば、自然と話せるようになる。私は日々いろんな外国人たちの相談に乗っているが、人はきっかけがあればなんでもできる」という力強い言葉に勇気づけられ、校内居場所は「友達づくり」の場になれると確信し、そのことをすぐにA先生に相談しました。

後日、A先生は放課後、N氏を校内居場所に連れてきました。はじめは不思議そうな表情をしていましたが、最初にオセロを指さして椅子に座り、会話は英単語を並べながらしばらくスタッフと遊びが続いたのち、ドミノに興味がうつり別のテーブルへ移動しました。ドミノを20個程度並べたところでN氏の手が当たり、ガラガラと音を立てて崩れたとき、N氏が頭をかかえて声を出して笑ったのです。「One more time!」と声をかけながら、A先生たちもドミノを並べはじめました。言葉の交流こそなかったものの、たくさんの笑い声が響いた居場所でした。

N氏がこのとき必要としていたのは、「今の自分そのまま」で時間と楽しみを共有できる日本語教室以外の人たちだったのだと思います。帰り際に「open tomorrow?」と話しかけてくれました。

校内居場所をきっかけに、休み時間をともに過ごす友達も数人でき、はじめは行きたくないと言っていた高校へ進学することを決めました。FAIR ROADが出入りしている高校は外国人生徒特別定員枠がないため、入学後のサポート体制が保障されていないのですが、N氏から「あなたがいる高校に行きたい」と相談がありました。A先生はN氏の日本語レベルなどから、背中を押しきれない様子でした。しかし、本人の意思は固く、結局私たちが校内居場所カフェを運営している高校に願書を提出することになり、その後無事入学が決まりました▼19。

入学してすぐ、「ここでもよろしくおねがいします」とN氏は校内居場所カフェにあいさつにやってきました。I中学校の日本語教室のA先生や中学校内居場所は高校生になったN氏の居場所であり続けました。2年生になってからは生徒会の朝の挨拶運動にも参加し、部活には入らなくとも小さな所属先をたくさんもつことができ、高校側のサポートもあり無事高校も卒業することができたのです。

サードプレイスはいろいろな意味で人を平等にします。N氏がそうであったように、遊びに多くの言葉は必要ありません。遊びは「何か大切なものを分かち合っているような、というか、互いに外の世界から離脱し、日常の規範を拒絶しているような感覚」の魔力となって人々をひきつけ続けますし、「遊びに加わったことがある人は、その遊びが行われるところにひきよせられる」ようにして、また来たい、再現したいという衝動がおこるとオルデンバーグは指摘しています[20]。サードプレイスでの遊びが生む楽しさは生活に余白をつくり、今抱えている問題は変わらなくても、明日も何とかなると思え、それが学びの意欲を喚起することにつながります[21]。N氏が高校進学に意欲を示すことができたのも遊びが生んだ精神的余白やそれによって生まれた友人とのつながりのお陰だと思います。そういった意味では大人も子どもも遊びのもつポテンシャルに日々助けられていることに違いはないといえます。

このケースでは、孤立する若者が友人関係含め社会関係資本を手に入れるために校内居場所が機能したといえます。校内居場所で得た人間関係はその後も人生を支え続けます。相談した際に受けたアドバイス、「友達を作るのが一番。友達ができたら何とか生きていける。」という言葉を居場所で日々反芻しています。

また入学時点で高校の先生が心配したのは、N氏を「誰がケアするのか」でした。教員は個別ニーズの高い生徒をたくさん支えており、一人ひとりをケアする十分な時間がないのは明らかで、その教員の不安を受け止める誰かが必要でした。自己責任や家庭の責任になってしまうと、もともとケアが不足している生徒は卒業も、就職も、学びもあきらめざるをえません。ケアがあればできるのに。では、もう一度聞きますが、誰がケアするのか？

そのニーズに応えたのが今回は校内居場所カフェでした。生徒のケアを買って出たことによって、教員の不安もケアされたといえるでしょう。あってもなくてもいいと思われがちな居場所カフェに人と人をつなぐ大切なケアの部分があったのです。

（2）別室登校の生徒とつながる（不登校と教師へのトラウマ）……エピソード②

Y中学校でも不登校気味の生徒が教室の代わりに登校できるよう、別室が設置されています。別室には、心のケアが必要な生徒も多く集っているため、来室している生徒たちとも機をうかがって交流を重ねてきました。

別室登校をしていた生徒のS氏は、小学校で不登校を経験しています。小学5年生のときにクラスメイト全員の前で担任から理不尽な叱責を受け、翌日教室に入れないで廊下に立っていたところ、担任に無理やり教室に入れられ、そこから学校に行けなくなりました。またちょうどそのころ、私生活では両親が不仲になり、母と二人で過ごす日々が始まっていました。

中学校に入学後しばらくして通常学級で授業についていけない感覚が強くなり1学期の終わりごろには別室の利用を申し込みました。

別室を利用し始めたころは、クラス担任が顔をみせて話しかけると、途端に緘黙になってしまうような状態でした。担任は非常に熱心で真面目な教員ですが、声量のある指導的な言動はS氏の過去のトラウマを刺激するものでした。「課題は自分で職員室までもってこい。おまえのためにゆうてるんやからな！いつでも待ってるからな！」。担任が別室にきて伝える熱い思いは、S氏にはなかなか届いておらず、すれ違いの日々でした。

校内居場所がある日は、居場所スタッフと一緒に別室から校内居場所の部屋へと移動して、他の生徒たちと自然と会話を交わし、カードゲームやアニメの話で盛り上がっていました。「みんなのことは嫌いじゃないねん。なかには合わへん人もおるけど、別に誰とも会いたくないってわけじゃない。違う学年とかクラスの人たちもおるし、ここはあんまり人の目が気にならへん」と話していました。

S氏は、小学校5年生の「あの日の記憶」がオーバーラップする教室という場所に近づけないだけで、学校のすべてを受け入れられないわけではないのです。今のS氏にとって校内居場所は、勉強を最優先におかず、まずは学校に来ることを尊重してくれているように感じられて、とても居心地が良いと話します。校内居場所で過ごす時間はS氏にとっては学校とつながっている確認の時間でもあります。教室での集団生活にはしんどさを感じても、別室と校内居場所を行き来することで、心が波打ちながらも今でも学校に通い続けることができています。

クラス担任も次第にS氏が居場所に通うことにも理解を示してくれるようになり、言葉使いや声量に変化がみられました。あるときS氏が自分から担任に話しかけたらしく、担任は興奮気味に、そのことを校内居場所のわたしたちのところへ報告に来てくれました。そんな嬉しいことが起こるのも居場所のもつ人をつなぐ力であると感じます。それ以降S氏は担任の前で緘黙になることはなく、自分の意見を伝えられる関係になっていきました。

サードプレイスはいったん肩の荷をおろして、日頃のしんどさを括弧のなかにおいておける場所であると同時に、形式ばった帰属意識や役割の負担なしに「誰とも会いたくないわけじゃない」という漠然とした他者への欲求が叶う場所です▼22。S氏はこうして「人の目が気にならない」（＝自他への過大な期待のない）ゆるい帰属先を手に入れることで孤立から抜け出し、つぎの関係性にむかうことができたのではないでしょうか。

周りの人にヘルプをだしても相手にされなかった経験から傷つき、帰属することに踏み出せないでいる人もいます。学校は、その人のタイミングでいつでもやり直せる場所、という安心感があれば、教師も子どもも過度の緊張から解き放たれるのではないでしょうか。その仕切り直しの場所としてゆるくつながるサードプレイスは重要な位置を占めていると思います。

❖校長のひとこと「いろんな大人が周りにいること」

教師ではなく子どもを軸としていろんな立場からみることの大切さは、日々感じます。社会が多様化しているなか、一人の先生の答えが正解であり続けることはなく、子どもたちは「自分で考える」ことを覚える必要があります。自分で考えるためには、多様な考え方に触れるしかありません。だからいろんな考え方を提示できる大人が周りにいる必要があると思います。教師は自分の意見を押し付けるのではなく、生徒が自分で自分の答えを作り上げていくサポートをしていくべきなのだと思います。

（3）地域でつながる（不登校、いじめ、ケアの欠落）……エピソード③

つぎに紹介するO氏は中学校2年生の1学期頃から学校に行く日がだんだんと少なくなり、3年になって親が他界してからはほとんど学校へ行かず、地域の居場所（フリースクールではないが、子どもが日中でも自由に出入りできる場所として開設されている）で過ごす日が続いていました。O氏とは、地域コーディネーターという役割でNPOスタッフがその居場所に通うようになったときに出会いました。「何がきっかけかわからんけど、無視されたり悪口を言われたりして教室に行くのがだるくなった」というO氏は、歌やダンスが好きで毎日この居場所で動画サイトをみて過ごしていると話していました。この時点ではまだI中学校に別室はなく、教室に入れないO氏には、学校に居場所はありませんでした▼23。

O氏は勉強については前向きでした。家庭教師のようにして1対1で課題に取り組む時間を作ると、0・3ミリのシャープペンシルを使い規則正しい小さな文字でメモを取り、自分のなかで手ごたえを感じだしてからは、「なんか問題出して」とつぎへと進む心の変化がみられていました。

地域の居場所で地域コーディネーターとしてO氏と3か月ほど過ごしたころ、放課後に自由に過ごせる場所が中学校の図書館にあるので来ないかと誘うと、特にためらう様子もなく学校に足をむけるようになりました。校内居場所では同級生たちと会話を交わし、スタッフとカードゲームで遊び、心を許せる教員も数人いて、図書館に顔をのぞかせてくれたときはとても嬉しそうにしていました。

学校図書館が別室として運用され始めてからは、別室担当の非常勤スタッフにも支えられながら、1時間目から学校に通う日が増えていきました。授業がある時間帯は「別室」となる図書館で授業の課題に取り組み、校内居場所がある日はそのまま図書館に集う気の合う人たちと交流を重ねていきました。

過重なストレスを感じるとO氏は自傷行為がおこります。「おかしいと思ったことをそのままにしとくことができなくてイライラして…」といいます。しかし居場所での時間は心地よいものらしく、「ここ（校内居場所）は自分のこと知らん、まったく喋った事の無い人と話せて気が楽やから好き。クラスにおるだけやったら絶対に出会わん人と話せる。連絡先も名前もしらんのにいつもあの子と推しのことで盛り上がる」と話していました。

別室と居場所の往復をしているうちに、O氏は安心して学びに取り組めるようになり、通信制高校へ進学しました。中学校卒業後も、校内居場所に月に2～3回は遊びにきています。

O氏のように、家庭の事情で幼少期から一人で過ごす時間がだんだん多くなって、生活からケアの要素が抜け落ち、学校から離れていくケースもあります。不安で集中力がおち、勉強が手につかなくなっても、学校で先生から求められるのはつねに「もっと」です。つぎはもっとできる、成長しないのは怠けだとステップアップを求められます。ひいてはそれが「あなたのため」という叱責になることもあります。自身の困難さを言語で表現できない生徒には反論する力もなく、「だるい」などの諦めとも無気力ともとれる言葉を吐露するしかなくなります。そんなふうにして学校にも家にも居場所をなくしていたO氏はたまたま地域で私たちとつながり、学校にふたたび居場所を得ました。もし出会っていなければ、中学校に来ることなく義務教育期間を終え、高校に進学することもなく社会的に「みえない存在」になっていたのでは、と思います。

サードプレイスには特定の友人関係に依存しない、「名前も知らずにつきあえる」匿名性の気楽さがあります[▼24]。そこでは、日々のしんどさ、ときにはみじめさや苦痛もいったん置いて前面にださず、対等な人間同士として過ごす時間があり、だからこそO氏も安心して「気楽に」いることができたのでしょう。

❖校長のひとこと「卒業生も出入りOKな校内居場所」

中学校内居場所には卒業生も（ニーズがある場合）出入りしています。でも高校生ですからこちらがびっくりするような髪型で来ることもあります。悩ましいところですが、これからは自己主張ができないほうが辛い世の中になっていくと思います。ルールに従えというやり方もありますが、一つひとつ「あなたはどう判断するのか」と問いかければ、一律のルールで縛る必要はないと思っています。それは骨の折れることですが、でもそのルールは誰のため？とつねに問い返してみることが大切なのではないでしょうか。

（4）特別支援学級とつながる……エピソード④

支援学級▼25との距離が近いことも中学校内居場所の特徴といえます。「先生が自分だけを追い詰めるようなことを言ってきた」、「みんなの前で点数をばらされて、悪口を言われた」、支援学級在籍のU氏が校内居場所に来て口にした言葉です。

U氏は聴覚過敏や神経発達症（発達障がい）があり、先生や周りの人の言葉一つひとつが心に深く刺さって、いつもそのことで頭がいっぱいになります。周りの人たちはU氏のあふれる感情を受け止めきれず、気が付けば一人で居ることが多くなっていた生徒です。

ある日居場所の前の廊下に立っているスタッフに、自分から「ここって誰でも来ていいんですか？」と声をかけてきました。「もちろん、おいでや。」とスタッフは居場所へ誘い、その日からU氏は居場所に通い始めました。

居場所に入るとひとしきりその場にある色んなゲームなどに触れて回りますが、そのあとは閉室時間まで、今ハマっていることや学校と家での生活について話し続けるのが日常です。「今日の夜テレビで好きなゲームの特集があんねん！」など、ありふれた日常生活の話のこともあれば、「こんな風に言われても、わからへん。もう消えたい」と泣きながら訴えることもあります。そのどちらにも、スタッフは耳を傾けます。「忙しいからあとで」とはいいません。居場所では本人がしたいと思う話を聞いて受け止めます。学校内でのさまざまな場面で「中学生らしい行動」を求められることは、U氏にとってはつねに無理をしていなくてはならないことを意味しますが、校内居場所にいるときは、U氏は成績のことを気にしないで話をすることができます。居場所で過ごすことに「能力」は関係なく、誰でもいること（＝being）ができる場所だからです。

支援学級の先生もときどき居場所をのぞいてくれます。居場所で楽しそうに過ごす姿をみつつ、それだけで良いと言いたい気持ちと、この先社会で生きていける最低限のスキル（能力）を身につけないと、と焦る気持ちの葛藤に、複雑な表情を浮かべている支援学級の先生をみつけたU氏は「先生！　これみて！　さっきあの子が教えてくれてん！　あげる！」と折り紙のキャラクターを手に無邪気に駆け寄っていきました。そのキャラクターが先生のお気に入りであることをU氏は知っていたのです。折り紙を教えてくれたのはひとつ下の学年でとても手先が器用な生徒で、校内居場所ではいつもU氏に色々なことを話したり教えたりしてくれています。

支援学級の先生の焦る気持ちも十分理解できるのですが、そのときは「自分の関心あることを誰かに話したり、お互いに興味をもって助け合うのも人生を生きていく大事なスキルですよね」と居場所なりの視点で話を交わしました。先生はしばらく入り口に立って居場所の風景を眺めていました。

校内居場所には高校生になった卒業生がいつも2〜3名遊びに来ています。その卒業生たちに触発され、U氏は「ゲームの授業がある高校に行きたい」と話すようになり、通信制高校に進学しました。そして現在は高校のレポートを中学校内居場所にもって来たりしています。

卒業後、U氏のお母さんと出会ったとき「これから先どうしたらいいのか心配だったけど、なんとかなりそうだと今は思えています。中学の進路懇談の日の朝、高校では青春っぽいことをしてほしいと思っているというと、中学校でも青春してたわ！と怒られました。」と話してくれました。U氏の青春の一ページに中学校内居場所があることは確かなようです。

サードプレイスは「能力」という意味でも人を平等にします。「してもらう、してあげる」関係が発生しても、それは義務的ではなく、評価のためでもありません。サードプレイスは普段の学力差や学年の別も超えお互いをケアし合える場所です▼26。「将来困る」というメッセージで自立にむけて子どもを促す役割も大切ですが、今困っている生徒にとってその言葉はあまり意味をなしませんし、人は大人になっても「お互い様」の関係性のなかに生きているという共存の側面をみせないままでは孤立と不安へつながるようにも感じます▼27。学校教育の枠組みのなかでは自立へむけた目標設定はクローズアップされる一方、私たちの生活を成り立たせる他者との対等な関係性（共存の関係性）を成立させる契機は陰に隠れがちです▼28。「親密な他者との関係を道徳生活の中心とみなすならば、すべての子どもたちにケアリングの練習をさせなければならない」▼29とノディングズはいいます。勝ち負けや点数による差異化ではない他者への関心と気遣いを育むことも教育の目標として外せないもののはずです。

「中学生らしい行動」には正解があるかもしれませんが、人と人との対等な関係構築に定式や正解はありません。なにが起こるかわからない無限の可能性に開かれた文脈のなかに実際に身を置くことによってしかその場の道徳的応答は生まれません。「先生が好きなキャラクターの情報を入手し、折り紙の折り方を教えてもらって渡しにいった」というU氏の一連の行動は教室では丸をもらえないかもしれませんが、そこに居る人たちの関係性に埋め込まれた関心と気遣いの応答として十分に意味をなすものであると思います。

3 おわりに
——教育と福祉の枠を超えてケアの関係性のなかへ

ケアの奥深さ幅広さは、この限られた紙片で語り切れるものではありません。しかし学校にサードプレイスを創る事は学校にケアを取り戻すことでもある、と提起しておきたいと思います。中学校内居場所というサードプレイスの創出は学校におけるケアの挑戦の一つに他なりません[30]。

ケアの場としての校内居場所を展開していくなかでは、学校や地域との関係性への対応も必要となります。日々生徒とかかわるだけでなく、学校関係者、地域関係者との調整や連絡、連携は欠かせません。学校も地域も、つねに中立的とはいかず、ケアしようと思えばこそお互いの領分への干渉が発生することもあります。特に校内居場所では、聞こえにくく潜在化している微弱なSOSを顕在化させたとき、誰につなぐかという連携の問題が発生します。運営のしやすさでいえば役割を明確に分けて「ここから先は気にしない」(気にしない、取るに足らない、は英語では反語的に"Who cares?"[31]と表現されます)としたほうが楽なのでしょう。しかし、一度出したヘルプサインを見過ごされた生徒は、もう二度とつぎのチャンスに手を伸ばそうとはしないかもしれません。おとなが多少居心地の悪い思いをしても子どもの最善の利益のために教育と福祉の狭間にケアの手を伸ばして「気にして」(＝I care)、つながり、重なり続けようとすることが私たちにとっての「ケアの挑戦」なのではないかと思います。

†「校長のひとこと」は以前、市岡中学校校長の西川孝浩先生にインタビューさせていただいたもので、事例とは直接関係ありません。西川先生、ご協力、ありがとうございました。

注

1 大阪府教育庁の予算で、高校中退予防や課題の早期発見を事業目的として校内にだれでも出入り自由なカフェスペースを設置しています。

2 逆に、辻田は「義務教育を終えてしまった」という壁(「不登校」から「ひきこもり」への移行)により潜在化するニーズがあるから高校にこだわったとしています。辻田梨沙(2019)「『高校』で『カフェ』はじめました」『校内居場所カフェをつくろう』（居場所カフェ立ち上げプロジェクト、明石書店：20-25頁。）

3 中学校内居場所の財源は学校外部人材の活用を推進する補助金等を組み合わせて活用しています。

4 2名以上と決めているのは、その日せっかく居場所に来ても話を聞いてもらえずに教室に帰る生徒が出ることを避けるためです。

5 田中俊英の整理を参照（居場所カフェ立ち上げプロジェクト、前掲書：15-19頁）。家庭も教室も安心できない場所になっていることから安心安全の確保、喫食の状況から察するソーシャルワーク、貧困状態であるがゆえの多様性のなさに対しての多様な文化と価値の獲得を居場所（サードプレイス）の力の3本柱としています。

6 公立中学には中退がないため、学校に居辛くなるとそのまま不登校状態になって卒業を迎えてしまう生徒もいます。

7 中学校内居場所には発達の凸凹やLGBTQなど人と違うことの悩みや不安を抱える生徒もやってきます。教室ではなかなか個性を出せず、居場所に来て初めて「ほっと一息」つけるような生徒もいるようです。

8 居場所では、「自分の成績にしか関心をもってもらえない」「テストが20点だと私の点数が20点てことなん？」というつぶやきがきこえることもあります。

9 オルデンバーグのいう平等とは「水平派（レヴェラー）」という、階級や身分の差を撤廃する運動から派生した呼び方に由来します。レイ・オルデンバーグ／忠平美幸訳（2013）『サードプレイス』みすず書房：69頁。

10 オルデンバーグ前掲書：70頁。

11 オルデンバーグ前掲書：71頁。高校内居場所カフェでは自分の好みの飲み物を選ぶこと、注文を聞いてもらったり受け渡しをすることで人とかかわる時間を創るという意味でも飲み物の提供は大切なツールになっています。

12 遊びやあそびの意義については西川正（2023）『あそびの生まれる時――「お客様」時代の地域活動コーディネーション』（ころから）が参考になります。

13 オルデンバーグ前掲書：71頁。

14 学校図書館利用に関しては学校司書との連携が不可欠でした。

15 オルデンバーグ前掲書：69頁。

16 ネル・ノディングズ／佐藤学監訳（2007）『学校におけるケアの挑戦――もう一つの教育を求めて』ゆみる出版：108頁。

17 オルデンバーグ前掲書：74頁。

18 X市内には令和5年度時点で小中学校16校の日本語指導が必要な子どもの教育センター校があり、I中学校はそのひとつです。

19 このときは、高校からＦＡＩＲ ＲＯＡＤに相談があり、Ａ先生の見立ても含めて、一緒に頑張りたいという思いでいることを伝えました。

20 オルデンバーグ前掲書：91頁。

21 ノディングズは娯楽について「私たちを活性化し、一つのまとまった存在として感じさせてくれるような活動の期間」と表現しています。ノディングズ前掲書：１７０頁。

22 サードプレイスには「そこに集まって新味を生み出す人々の集団」があり、その目新しさは「ごく少数の人間にあまりにも多くのことを期待するようになる」ことから私たちを救ってくれます。オルデンバーグ前掲書：１０１-１０２頁。

23 後日このことについて学校と情報共有し、別室が開室したという経緯があります。

24 サードプレイスは「特定の友人に依存しない」集団で、「必要なのは、個々の人々が出入りするとき、この帰属の場にいくつかの見慣れた顔があることだけ」で、「個人間の交友にありがちな負担や幻滅を感じることがない」とオルデンバーグは説明しています。オルデンバーグ前掲書：１２８頁。

25 X市では特別支援学級のことを「支援学級」と呼ぶことが通例となっています。

26 ノディングズ前掲書：52頁。

27 ミルトン・メイヤロフは私たちが世界で心を安んじていられるのは、「支配したり、説明したり、評価したりしているからではなくて、ケアし、かつケアされているから」だといいます。ミルトン・メイヤロフ／田村真他訳(1987)『ケアの本質――生きることの意味』ゆみる出版。

28 ノディングズはこれを「ケアと拮抗する」学校教育の枠組みとして指摘し、ケアを取り戻すことを促しました。

29 ノディングズ前掲書：52頁。

30 日本の学校とケアの関係について主にカリキュラムの側面からの詳細な考察には柏木智子（2020）『子どもの貧困と「ケアする学校」づくり――カリキュラム・学習環境・地域との連携から考える』（明石書店）があります。

31 トロントが書名に使った言葉です。トロントはケアの配分をめぐる議論を政治的過程と結び付け、そもそもの民主主義について再考を促しています。ジョアン・C・トロント／岡野八代（2020）『ケアするのは誰か？――新しい民主主義の形へ』白澤社（原題は“Who Cares?：How to Reshape a Democratic Politics”）。

第8章

不登校支援の考え方

子どもを中心に考える

前北海

1 学校に行かない子どもを支える

僕は元不登校児で、千葉県を基盤としたNPO法人ネモちば不登校・ひきこもりネットワークを20年以上やっていてフリースクールネモを運営しています▼1。また、ネットワークづくりとして、フリースクール全国ネットワークの理事や千葉県内のフリースクールを中心とした学校外で子どもたちが学んでいくネットワークを作る千葉県フリースクール等ネットワークに携わっています。フリースクールネモが大事にしていることは「子どもが中心である」、何かを教えるというよりも「ありのままを受け止める」「居場所のチカラを信じる」ということで、まず居場所としてありたいということでつくりました。そこでは学年の違う子たちの「異齢交流」をしていて、教えるではなくて子ども同士のやりとりで自分を取り戻していってほしいというところと、やることは自分たちで決めていき、それを応援しながら一つずつプログラムを作って行っています。

まず学校に行かないことをどう考えるかということからスタートしたいと思います。文部科学省の「児童生徒の問題行動・不登校等生徒指導上の諸課題に関する調査」によると、小中学校の長期欠席児童生徒の人数はここ20数年で10万人を超え続けてきました▼2。そのうち、90日以上の欠席者は16万人を超えています。小学生で40％以上、中学生で50％以上が前年度から継続しています。このようななかで学校に行きたくないと思っている子どもたちもいるんじゃないかということが僕の頭のなかにべったりと染みついています。そしてそこには支援のあり方と当事者のギャップがあるんじゃないかと考えています。

僕は自分の体験やフリースクールをやってきて、学校に行かない理由をざっくりとつぎのように考えています。一つめは人間関係。子ども同士、いじめもあるかもしれないし、先生との対応、もしくは先生からいじめられるということも今もあるのかもしれません。二つめはシステム、ブラック校則やそもそも学校の勉強が合わないといったイメージです。三つめは、なんだか明確にはよくわからない。ただ、フリースクールを訪ねて来る子は、僕自身も含めてですが、登校ゼロ日で小学校1年生の4月何日から来るというケースはほぼないです。不登校になってからフリースクールにつながってきます。やっぱりなんらかの被害を受けて不登校になっているということはしっかりととらえるべきだと思います。

こうしたなかで、僕が不登校支援をどのように考えているかについてお話しします。まず、どんなに学校が良いものだったとしても、学校に行きたくないという人が一定程度います。ここが大前提です。これは企業のような組織でも同じで、１００％の人が満足する組織というのはありません。文部科学省のフリースクールのフォーラムをやったときも、「二割の妙」という話がされていたりします。もちろん、学校を今よりも良いものにすることに異論はありません。たとえば、校内居場所カフェなんていい活動だと思います。

こういうものが広がってくることで学校のなかにもいろんな居場所が出てくることにまったく異論はないですし、進めていくべきだと思いますが、いかんせん圧倒的に数が足りない。それに目の前の子どもはすぐ変化成長してしまいます。さっき小学生だった子が中学生高校生それ以上になってきてしまうので、大きな組織が変化するまで僕は待てない。このように考えていくと、学校復帰を前提としない支援の必要性がみえてきます。

フリースクールでの実感として、学校に行かなくなるイコール学びが止まるとか、育ちが止まるということはないんです。フリースクールにいる子どもたち、小学生が多いんですけども、子どもたちの話を聞いても、「もうしんどいよ」と言ってから幸い学校の外にすぐ出て来られているので、まだ傷が深くなりすぎていないともいえます。僕自身は、自分が不登校だったときのダメージがすごくあって、何もできない時間がありましたから。でも、すぐ元気になって、すぐ何かしたい、だけど学校には行きたくないよもう、という子どもたちがいるんですね。そう考えると、そういう子どもたちが学校以外で学んでいく、育っていく場所が必要だと思います。でも、学校以外の場はなかなか整備されていません。そういう場所は子どもたちを支えるために独立性をもてばいいということもあるかもしれないけれども、既存のシステムが学校しかない以上、学校とどういうふうに連携を取っていくのかということがどうしても必要になります。

千葉県ではたとえば、学校の代わりにフリースクールに行くことで出席扱いみたいなことがほぼ認められるけども、これがもうちょっと地方の都市になるとどうかっていうと、フリースクール全国ネットワークでとらえている範囲だと、まだできませんとか、出席扱いはOKになったけども、通学定期は駄目ですみたいなことになってくるわけですね。しかも、評定だってべつに学校外でつけようと思えばつけれるはずなんだけども、そこまでは来ていない。でも、いきなりそこはできないので、もうちょっと手前でできることを一歩一歩進めていくということが必要なのかなと思っています。

僕はフリースクールをやっていますが、学校以外の場というのはフリースクールしかないわけではありません。では、どんな場所ならばよいのか。僕は、子どものニーズがあって、子どもの人権という部分がきちんと保たれていれば、そこを必要としている人がいる限り、良いと考えています。

2 フリースクールを伝える――質問と回答

質問1：フリースクールのネモが今小学生が多いというお話でしたけども、これは以前からそうなんですか？

前北：ここ数年です。それまで中学生から上をむしろターゲットにしてやっていたので、最初は小学生が増えてどうやってやればいいんだろうみたいな感じで戸惑いながらやっていました。小学生が増えた要因は2、3個あるとは思うんですけども、まず一つは、今子育てをしている世代の30代40代のお父さんお母さんたちが自分の友達に不登校児がいたよねっていう世代になっているんじゃないかなと思います。だから、自分の子が不登校になっても、「あ、いたよね」っていうところからスタートできるのかな、と。あともう一個は、働き方が変わりつつあるというのがあります。自宅勤務やフリーランスでという形が増えているので、学校に行かなくなるよっていうのを対応すぐできるっていうことで、フリースクールに相談しに来るというのもあるのかなと思います。それから、社会の変化もあるでしょうね。やっぱり、死ぬくらいだったら学校行かなくていいよというのが報道されてきているので、そうだね、と。ただし、その反面学校は休んでもいいけどっていうような声が増えてきているのも事実かなと思います。

質問2：一割の妙のお話、大変その通りだなと思いながら聞いていたんですが、そうするとフリースクールに行ってる子も行ってみたら合わないという子も一割ぐらいいるかもしれなくて、こうした合わない子をどういうふうにフリースクールネモでは考えているのかとか、合わないときにどうされているか、あるいはどうみているか教えてください。

前北：うちのフリースクールの初回面談、親子で来てくれたところも、親だけ来た方にも、「フリースクールに来なくていいですよ」って言います。学校に行くかフリースクールに行くかではなくて、そういう考え方、また不登校という考え方ではなくて、おうちで学んでいく、ホームスクーリングやホームエデュケーションというのが基本なんだよ、その学びもいろんな学び方があるよっていうことを最初に言っています。実際にフリースクールに合わない子も正直います。そのときに、「そうだよね、合わなかったよね」と。「だけどそれは、まず選択としてそのときに来てみたかったからまずいいんじゃない」と。やめたあとまた入ることもよし。やめたからといって君が駄目になったわけでもないから、「家で」を基本にして、育ち、学んでいってねということを言っています。もちろん横のつながりもこの会ではやっているので、たとえば地域が違うとかね、紹介し合いながらやっていますね。子どもに無理においでっていうのは口が裂けても言わないです。

気を付けないといけないのが、フリースクールが先行してメディアに乗っている部分があるので、子どもが不登校になったときの解決策がフリースクールだっていうような誤解はしないでほしいです。やっぱり基本というのは家で育つ、家に相当する部分のところで育つというのが大事ですので、そこが最重要だと思います。あとは、露出の部分を考えると、不登校は不幸じゃないということについては、もちろんそこに注目して、関心をもってもらうきっかけになるというのはいいと思うんだけども、やっぱり、すごくしんどい子もいるわけですよね。不登校について聞かれても、それは今の自分をみて不登校の経験がどうだったかに左右されると思うんですね。今が辛い子に「不登校どうだったか」って聞けばそれは「嫌だった」とか、「意味のないことだった」っていうことになってきます。でも、メディアで露出をする人たちっていうのはキラキラした不登校の子どもたちにならざるをえないので、そこでステレオタイプに不登校の経験がとてもよくて、あれがあったから今があるみたいな感じで、一辺倒で行くというのは、しんどい子たちに寄り添えていないんじゃないかなとは思います。もちろん、しっかりメディアに出していく、社会にアピールしていくということは大事かもしれないけども、それだけで見落としてしまう大事な部分が何であるかを外さずにやっていきたいなとは思ってます。僕の活動が政治の部分にも入ってきてしまうので、数が大事になってきてしまうので、そこで「みんながいいねって思ってるよ」っていうなかに、でも外せない部分、狡猾にたまには二枚舌にみえてしまうかもしれないけども、それでも外せないことがあるんだっていうことを忘れないようにはやっていきます。

質問3：千葉県内でフリースクールのネットワークも作りつつ、議連をつくって議会を通じて行政にも働きかけていこうということで動かれてきたというお話でしたが、その経緯や、難しかったところ、あるいはそれによって得られた成果を課題も含めて、教えていただけないでしょうか。

前北：議連をつくった経緯は、フリースクール全国ネットワークでやった教育機会確保法のイベントで、千葉県で活動している人たちに声を掛けて「今度こういう法律ができたんですけど、まず県議会議員の方に話をしてみよう」ということで、これについてどういうようなアクションを考えているのかを聞きに行きました。その方が文教族の中心の人だったんですけども、そのときはまだ知らなかったんですよ。その時点で、ちょっと優位に立てるんですよね。ここで重要なのは相手の知ってることの一歩だけ前に居れば十分ということを学びました。「これはどういうことなの」とか、「これはどうしてできたの」とか、背景だとか、「なんでつくったの」ということを説明ができれば、そこで納得していただいて、じゃあそういう意図で作った法律ならばということで、千葉県のなかでフリースクールを担当する部署を作ったんですよね。県の教育委員会のなかの調整役の人に連絡を取っていただいて、こういうような扱いはどこがやるべきだろうねっていう話をつけて、そこで担当してくれる人をつけてもらって、つぎに、じゃあ一緒に話をしてみようかというところからスタートしました。そのあと、一番重要だったと思うのは政治家の話をいっぱい聞くということですね。こっちが話したいことをいっぱい話したいところを飲み込んで、お互いに話したなかで共通点をみつけて、「こうじゃないですか」と少しいう。政治家の人たちと付き合ううえでうまくいくコツだったんだなと思いました。それが政治家の皆さんは考えていることがあるので、それを聞いて引き出して、合いそうな部分に入れていく。ここは揺らぐだろうなと思うところに入れていくということをし続けた結果、ある程度の信頼関係ができ、そのあと議連の動きにつながるんです。議連も僕が考えたシステムではなくて、僕が独自性をもって考えた仕事ってないんですよ、正直言って今までも。その代わり、感度よくいろんな情報を知っているというのはいいのかなと思ってます。議連を作ったときも国で作っていたので、国で作っています、と。幹事長が馳さんですとか、そういう相手が納得するような情報を流していくということの繰り返しをしていたような気がしますね。

質問4：実際に学校と何か連携したりするっていったときに、教育委員会は県教委よりは市教委のほうが影響力が実際のところは強くなると思うんですね。校長先生に直接いろいろ指導するのは市教委のほうだと思うので。なかなか県教委に働きかけても実際の学校に直には伝わりにくいということがあるんじゃないでしょうか。

前北：おっしゃる通りで、自治体の教育委員会に働きかけたほうがいいんです。できない事情があったんですね。うちは習志野市でフリースクールをやってるんですけども、習志野市はうちしかないんです。そうするとフリースクールの代表という形での交渉にはならなくて、個別にうちと市教委の話し合いになってしまって、それは受け入れてくれないんですね。ある程度のグルーピングをするにはどうしたらいいかっていうと、県でやるしかないだろうと。ある程度の方向性をもってくれるだとか、ある程度の顔を売ってから基礎自治体のほうにアタックしていくんだろうなというところでしょうかね。実際に船橋市さんなんかは、僕が僕であるということを向こうが知ってくれると、たとえば市で開催の講演会に呼ばれたりだとか、ある学校の研修に来てくれたりだとか、逆に、学校内研修に呼ばれたりだとかっていうのができています。それから、県の職員さんて基本的に校長先生で戻られるんです。そこでたとえば、つぎに校長会とかに行くと、その先生を通じて、あそこは安心できるんだというのが広がってくるので、チャンスは広がってくるのかなと思いました。

質問5：千葉は管理教育がそこそこ強い地域として有名で、千葉県の風土みたいなものをどんなふうに受け止められていたのか補足いただけるとありがたいです。

前北：やっぱり、学校のなかを変えましょうという話はとても嫌がります。なので、違う地図を描きませんかということを言っています。登校復帰ももちろん大事、学校が良くなるのも大事だと、ただし……、今日話していた順番通りの話をするんですね。じゃあこの子たちもやっぱ大事ですよね、と。断りにくくしていくっていうような感じでご理解をいただいていると。そのなかで、全部変えるんじゃなくて、できることから連携していこう、知り合いましょうというところをまず今は探っているということですね。そのなかで、たとえば今年はかなりフリースクールにご理解のある県の職員さんがいるので、今年はチャンスなのかななんて、時期を狙いながら。どうしても学校一本というところで行政の職員さんが動かそうとしますし、そういうときは動かないので。攻撃するつもりはないよということをやり続けるしかないですよね。知ってください、こういう事実がありますよ、でもその子どもたちに会ってみてください元気に過ごしてますよ、元気じゃなくてもいいと思ってるんだけど元気に過ごしてますよっていうような感じで進めているという感じですかね。

あと、実は僕若い頃から市民活動をしているんですね。それこそ母親がダウン症を抱えている子どもたちが普通学級に入って学びたいというような活動をしていたので、そういうところでみていて、これじゃあ市民活動駄目だなって思ってた部分もあって。なので、どの政治家の方にも職員さんにも、今の世代はあの市民活動じゃないんですよということを伝えてます。良いのかよくないのかわからないですけども、かつて学校とフリースクールは敵同士だったけども、「その時代は終わりました」って言いながらやっていく。いきなりすぐ動かないは動かないんですけども、着々と下地を固めてやっているというようなイメージですかね。

質問6：先ほどの窓口を作ってくれるように働きかけたところですが、既存のどこかに割り当てられたのか、単に独立してできたのか、連携が効いてるのか効いてないのか教えてください。

前北：既存の部署に入りました。最初は指導課だったんですけれども、千葉県の教育委員会のセクションが分かれて、今は現場に近い児童生徒安全課になったので。いじめとかのセクションをもっていたりだとかっていうところかな。文部科学省では児童生徒課がフリースクールとかもっているので、そこに合わせて千葉県でも同じにしたのかなと思います。そこと連携できたので千葉県内のスクールソーシャルワーカーさんと不登校相談員の方の連携会議みたいなもののなかにフリースクールの話をさせろということで入れてもらったりとかしています。ダイレクトに今どういうふうに連携をしたらいいんだろうかとか、どういうふうなものにつないだらいいんだろうかって思ってるスクールソーシャルワーカーさんも結構困っているので、それは良かったかなと。

ただ、行政の方の宿命で、1年ぐらいで大体居なくなっちゃうんです。1年で居なくなっちゃうのを、「戻ったら校長先生だ」って良いようにとらえるのか、「またやり直しだよ」って思うのかの差は大きいですね。替わるごとに僕のほうが偉くなってくるんですよ。連携をしないといけないですよっていう相手が僕、あとから入ってきたほうが先生たちという構図なんです。この人とはどうも連携をしないといけないんだっていうふうになると、最初は話が通じないんですけども、でもそれを無下に、「わからない」とか「そんなことない」ってならないので。

質問7：行政的なやり方と、独立したNPOとしてやる意味とか立ち位置についてですが、連携をすることでどうしてもそういうやり方が教育委員会のやり方に近くなってしまうようなことはないんでしょうか。

前北：これは全然心配してないですね。なぜなら、それで間に合うなら学校行くでしょっていうことを口を酸っぱく言っているからです。子ども観というのを、たとえば不登校ということをしっかりとらえてくださいということを言っています。学校復帰する子に対して、僕は教育支援センターや適応指導教室でいいと思っているんですね。でもそこにもやっぱ行きづらいよと、学校の外で登校復帰によらない支援という部分を受けたいっていう子たちがいるよね、と。その子たちにどういうふうなアクションをしていくかはいろいろです。

もちろん進路のなかで進学をする子たちもすごく多いので、たとえば、勉強を教えてほしいだとか、この説明を受けたいだとかっていう部分に関しては学校と内申書などの書類作らないといけないから、そのときにやっぱり学校とフリースクールが仲良くしておけば書きようがあるわけですよね。なので、その子の応援の一つの方法として、今は学校と仲良くする。フリースクールが独立性をもってやるっていうのは大事だと思うし、それは絶対必要なんだけども、今の生徒だと、それを大っぴらにやっても僕は損するのは子どもかなと思ってるんですね。ひよったやり方かもしれないけども、できるところはやっていくというようなそんなスタンスなんです。

ただ、中身に関してこれはこうだとかって言われたことないですね。ネモさんは勉強しないから駄目ですよねなんて言われたことがないですね。状況を知ってるのは僕らなので、最初に入ってきたときの表情と、中間の表情と、今の表情というのは写真で全部残っているので、ほらこんな違うよっていうのは一目瞭然ですよね。さらに、そのあと10年しかやってないけども、たとえばシューレのＯＢ、ＯＧ、１００人インタビューなどをもっていくわけですよ。そうすると、フリースクールって今は休んでるかもしれないし、今はゲームしてるだけかもしれないけども、それにはその段階があって、既存のものに進めとは言わないんだけども、いろんな時期があって、それだけではないんだということをわかってもらう、そういう言葉が、独立性というならばフリースクールはもっていかないといけないのかなとも思います。

質問8：学校とフリースクールを対立的にとらえるといつも袋小路に入るなというのは僕も感じるところで。たとえば今回の教育機会確保法で不登校特例校のような形の学校類型ということが法的な根拠づけがあったと思うんですけども、ご意見聞いてみたいです。

前北：実は、議連に県立の不登校特例校をつくってくださいってお願いしてました。サテライトみたいにして、フリースクールと連携すれば、そこに在籍はするけども、行くのはフリースクールみたいなことはできないかっていうお願いをして。検討するっていう話をしてましたね。これはいいかもしれないということを議連の人は結構話してますね。そういうふうにして間接的にお金を回せば、公に属するうんぬん[3]というのが外れて支援ができるんじゃないかなというようなイメージ。

通信制は認められてなくて、通いにはなるけども県内全域に、県立なら子どもを呼べるので。それだとサテライトみたいにしてできないかなという話をしているんですけどね。実現性があるかどうかを今関係部署と話してるみたいな話をしてました。それは進めたいなと思っています。

僕もすごく思ってるのは、非行系の子たちとの付き合いもあるし、貧困やもう家にも居たくないよっていう子たち。そういう子どもたちに関してはセーフティネットとしての役割というのは必ずないといけないし、フリースクールで支えられない……、支えられないんですよね、どうやったとしても。ただ違う支援の在り方みたいなことで誰でも行けるような形っていうのもやらないといけないですよ。

これのいいところだと僕が思っているのは、フリースクールに来ている子どもたちを学校が評価するんですよ。それを学校が、フリースクールで何をしているかっていうのを学校がしっかり評価して評価の点数を付けるっていう、ここまでやることが僕は一番いいんだと。今は分断していて、フリースクールと学校で、学校のほうでは評価、もしくはフリースクールで受け取って、フリースクールでテストして、3ね4ねとかっていうことしかできないんですけども、これを学校が、フリースクールのその活動いいよね、こういう活動してるんだねっていうことをみれる。でも学校のなかには全部入っていないからある程度の独立性を担保しながら子どもがどこに行くかっていうのを選ぶというのが面白そうだなと思ってます。むしろそっちの、学校がその活動いいよね、たとえば、お昼起きてでもなんか頑張って40分かけてネモに来るのいいよねっていうのを、学校に行ってないっていって切るんじゃなくて、その今やっている地に足がついた活動を応援してくれるシステムが欲しいなっていうのがこの発想のきっかけです。

質問9：学校が合わないタイプでフリースクール、オルタナティブスクールを選んでるという話もあるんですけれども、高校以降はもう一回学校に行きたいとか、たとえば高卒資格がないといろんな面で不利になるから取りたいとか、プロセスは多様で、子どものニーズに合わせた学びができればいいんだけど、最終的な着地点が学校と接続する動きがあるような気もするんですね。このあたりはどうでしょうか？

前北：学校に戻る子はやっぱり多いですね。確かに、僕よりもうちょっと上ぐらいの世代かな、40代ぐらいの元不登校経験者の人たちは、逆にこう行く場所がなくて自分でどういう人生をつくっていくかというなかで、起業したり、フリーでやっていたりという人たちが多くて、僕がそれの最後ぐらいで、僕より下になってくると先ほど言ってたとおり、広域通信制のサポート校みたいな感じでやってる子たちが多いですね。これが結構続いたと思います。それこそそれの弊害もやっぱり多くありましたよね。行けるからこそ、行けちゃうから、入れちゃうから、しんどさにケリをつけずにずっとしんどいみたいな子たちをずっとみてきていました。
でも兆しが明るいのかなと思うのは、それがだんだん飽きられ始めている。大体10年ぐらい経って、「あ、行けない子は行けないぞ」みたいなのがようやく伝わってきて、うちのフリースクールのなかでも結構、高校進学率が高かったんだけども、ここにきて「いや、行かんでいいわ」っていう子たちが増えてきてはいると思いました。ただし、出口の問題で、仰るとおり戻る先のことですよね。だから、僕が求めたいのは企業に、たとえば多様な学び枠みたいな感じであるとそのまま行けるんじゃないかなと思うんだけども、これはかなり先の遠い話なのかなと思います。

質問10：今この教育機会確保法ができた局面でフリースクールがどういう問題を抱えているかとか、どう変わりつつあるのかとかそういったことですね、前北さんが感じられていることやお気づきのことを教えてほしいなと思います。

前北：まず大前提として、僕はたとえばホップ・ステップ・ジャンプがあればホップを作るという役割を担っているんだろうと思っているんですね。おそらくジャンプまでは僕の力では届かないだろうと思っているんです。そこが公教育を変えるべきか、今ある目の前を変えるべきかっていうスタンスの一つなんですね。
フリースクールは何が変わるべきか、のらりくらりとやらないとはいけないけど、何を変えちゃいけないかっていったら、評価されることにおいて学校の評価で縛られるというところでは大いに反発しないといけないはずなんですね。子どもを変えるんではなくて、子どもの見方を変えてくれというところは絶対外せない。僕の外せないところの一つだと思うんですね。そうすると結局何が起きているかっていうと、自分たちのしていることが結局わかってないんですよ、僕も含め。フリースクールが何であるかとか、フリースクールが何しているかっていうのが実はフリースクールをやってるけどわかってないんですね。わかってなければやっぱりその波に飲み込まれちゃうし、フリースクール自体の中身が揺らいできてしまうと思うんですね。だから、自分たちが何をしているのかとか、自分たちがしたい活動というのはなんなのか、自分たちが支えてる子どもの場所とか、どういう層の子どもたちを支えているかをしっかりとらえていく。「誰でも来れる場所」というのは、僕は違うと思っていて、それは全然具体的でもないし、もう少し作戦を練って、自分たちがしていることっていうのをきっちりはっきり、どういう子たちに来てほしいと言えるようになることをしていかないといけないんだろうなとは思います。「どういう活動をしていますか？」って学校のほうに言われたときに、「いや、遊んでますけど」とかではなくて、その遊んでるということをどういうふうにとらえていくか、どういうふうに表現するかということを、肝に銘じながら。子ども中心というところに、子どもの変化を望むんじゃなくて、変化した子どもをどういうふうにその変化をとらえていくか、その変化を学校的評価に落とす言葉にするかということを、ちょっとずつ話していければいいなと。プラス僕は、細かいところは全然わからないので、逆にたとえばこの評価の問題だとか学習指導要領だとかって部分はもう皆さんのお力を借りながらやれたらいいなと思っております。

質問11：学校の先生が何のために子どもに教育してるかっていうのは、案外説明できないというか、学力で評価するというのはわかりやすいんだけど、それ以外の評価軸が難しい。ここで一度おうかがいしたいのは、写真に撮ったらわかるっていうところに、言葉を与えるとすればどのような言葉になるのかっていうところです。質問の角度を変えると、フリースクールに来た子どもを包括的に表現できる言葉があるか、そもそも個人個人が違っててそんなの表現できないというふうな感覚をもってるかということもあわせて、何か聞かせていただけると。

前北：一つのことを話しても「えっ、それを評価するの」みたいなこと、それが実はポイントだと僕は思っています。その先生先生で、これは許せるけどこれは許せないなっていうのがあるんですよね。そこに合わせちゃうという、ずるい手を使ってます。不登校はべつに僕はどうでもいいと思ってるけども、その先生が不登校はあんまりよくないと思ってたらそこがスタート地点で僕はいいと思っていて、そこに言葉を合わせちゃうんですね。この子は不登校で家を出れてなかったんですけどフリースクールに来たら家を出ますよねっていうところからスタートするんですよね。その人の絶対的評価はまたべつにあるんだけども、相対的評価としてそのポイントをズラして相手を納得させてしまうというずるいことをよくします。納得してもらったうえで、選べるもののほうが多いので、いちフリースクールの運営者としてはやってしまっているということです。

最初から、すごい元気な子もいれば、あまり活発じゃない子もいるから、でもそれを、活発がいいっていうふうな評価ではないですよね。その子についてすごい僕が「いいよね」って思うことって、なんかいっぱいおしゃべりしてくれるからいいよねってこともあれば、ずっと黙ってるけど一言でミーティングを終わらせる子もいるわけですよ。でも、それも「いいよね」って。だから、基本には「いいよね」っていう評価でいきませんかということを話してます。全部に全部、言葉があるんじゃなくて、でも、ネモのスタッフの人たちには「どんなところでもいいよねっていうほうからスタートしない？」っていうことは言ってます。フリースクールでいじめが起きないとは言わないんだけど少ない要因ってそういうところもあると思って。子どもたちの評価って大人の評価もあるので、「いいよね」っていうところから、スタートをしていく。不登校悪いとは思ってないけど、悪いと思ってる人には悪いところから始めてしまうということをして、なんとか納得してもらう。その評価を下した人が、「あっ、そうなんだな」ということからまずスタートしていく。学校には行ってなかったけどフリースクールに行ってこんな活動をしてましたよということを書いてくれるように、一つずつお願いしていく。出してもいい情報はちょっとずつ出すというような感じですかね。写真を出すのはちょっと恥ずかしいとか、「じゃあ「うみける」が喋るんだったらいい?」とかっていう話をしながらやってますね。だから別々、バラバラですね。

質問12：「いいよね」、「これいいよね」とかっていうのを、フリースクールのスタッフさんとのあいだでもそうですし、学校の先生とどういうタイミングですくい取って、そういう擦り合わせというか、やられているのかというのをちょっとお聞きしたいなと思ってます。

前北：不登校の子どもを抱えている学校の先生の弱い部分って、その子と喋ってないということが大きいんですね。僕が学校の先生に話す話っていうのは、子どもから聞いた話を、常識的に理解可能なものに変換して先生にお伝えしているんですね。そこを話すとすごく納得してくれるんですね。この話は○○君からこういう話を聞いて、その意図はこういう活動をしていたときに、たぶんこういうことを考えていたと思うんです、でもそのときにだるいしか言わないんですけども、このだるいっていうのは、こういう嫌なことがあったんじゃないでしょうか、先生知ってます？とかっていうと、先生も実はそれも知ってるんです。僕は、先生が知ってるその子の話せる話を出させておいて、やっぱりそうですよね、じゃそういうときってこういうふうに思いますかね？みたいな感じで、相手の知りたいことの一歩先だけを知りながらやっていくということをしてますかね。基本は、僕がその子をいいよねとか悪いよねとかじゃなくて、やっぱりこう、子どもが話を、1カ月に1回どんなことしてたかねみたいな話をするんですけれども、そこから引用しながらやっていくというところが重要かなと思います。で、一番先生たちの知りたいのは、その子が何を話していたかというのを一番知りたいので、そこを突きながらやっていくということが、子どもとのズレもないし、先生のわかる言葉になるし、先生が理解しやすくなるのかなと思います。

質問13：ずっと話を聞いてて、すごいなって思うのは、すごく考えて戦略を駆使して公教育とやりあってるわけじゃないですか、なんでそれを強いられるんだろうというのがあって。NPOで、その子どもにかかわる人間はなんでそこまで学校教育とか公教育制度の在り方を考えて、こっちが合わせて、戦略を駆使してなんとかやっていかないといけないのかというところだと思うんですね。フリースクールの側が学校に合わせてるけど学校にそもそもある問題とか、ここと関連する社会の問題が何一つ変わらないじゃないっていうのは、社会の全体の仕組みみたいなシステムみたいなものとしてとらえる視点ってやっぱりもってると思うので、そことじゃあ学校に合わせてNPOが戦略を駆使していくことっていうのが、どう結びつけるというか考えればいいでしょうか。

前北：僕も若い頃、10年前くらいまでは「学校を変えてやろう」みたいな感じでやっていた時期があるんですね、正直言って。それをお酒の席で話をしてたら、「お前にそんな力はない」って言われて「あっ、そうか」と。僕がやろうとしていたところは僕の手の届かない範囲にあるのかもしれないって思ったんですよね。今の学校、どこかしらは変えないといけないよねってみんな思っている。でもそういうふうに思っている人は、かつての僕も含めて、どこを変えていいのかっていうのをあまり認識してないんですよね。「学校を良くしたい」とは思っているけどもわからないんですね。僕がみえる範囲、手の届く範囲でやるならここだなというところ、っていう意味なんですね、これって。

そのとき、「学校を良くしないといけないよね」って言ってる人がフリースクール業者だと言われて、一番むかつくのは、僕らが自分たちでも矛盾を抱えながらやっていることをわかってて、フリースクール業界としてみている子どもたちの一部だけども、やっていこうと思っているところを、あまり理解もせずに批判をされることですよね。お前のポジション、役割、仕事量で、学校というシステム、全部変えられるのかと思っちゃうんですね。誰かがやっていることとかめざしてる先というのを否定するまでの話じゃないですね。

そもそもこの教育機会確保法へのどぎつい反対、なんだろうなぁって思ってました。フリースクールに行ってるのはたった4000人なので、不登校を語るのにフリースクールを語るのはおかしいだろみたいな。でも、発言できるのがフリースクールの関係者しかなかなかいないということもあるんです。当事者団体をつくっても、橋渡しができずにどんどん潰れていってるんですよね。自分の息子娘が不登校を卒業したらはい終わりみたいな、運動体になかなかなってないし。たとえば、あったらいいなと思うのは、不登校の子どもたちの保護者会みたいな、全国保護者会みたいなのなかなかないので、なかなかそこで運動体として止まっているなかではね。そこで理解を閉じてしまって、不登校を語るフリースクール業者が敵だというのは、こう、カチンときましたね。

僕を僕として補完するためにはいろんな人との話し合いや未知なる考え方というのを吸収し続けないと抜け落ちる部分が出てくるんだろうなと思って、話をずっと聞いたり話したりしてました。もちろん言語化されていない部分もかなり存在してて、その言語化されていないということをまず気づくということが大事なんだろうなと思います。わからないことがわからないということが一番最悪で、わからないことがこのへんにありそうだぞということをいろんな人とつながり合いながら、このへんわからないんだけどうしたらいいのかなとか、こういうような考え方で不登校連携校考えてますとかって言っても、「あ、そこはちょっとこういう問題があるかも」、「あっ、そうか、そういう問題があるのか」みたいなことを気づくということが大事なので、いろんな人といっぱい喋りながら、聞きながら話しながら考えていく必要があるんだなと思っています。

†この章は２０２０年5月24日に開催された多様な教育機会を考える会（ＲＥＤ研）第22回研究会での報告とその後のやり取りをＲＥＤ研の事務局が編集したものです。

注

１ この肩書きは２０２０年5月24日時点のものです。２０２１年7月にＮＰＯ法人ネモちば不登校・ひきこもりネットワークからは離れ、現在は、うみけるのフリースクール屋さん代表としてフリースクールのコンサルタントをする一方、ＮＰＯ法人フリースクール全国ネットワーク事務局長、多様な学びプロジェクト副代表、千葉県フリースクール等ネットワーク代表を務めています。

２ その後、コロナ禍で20万人を突破し、２０２２年現在、約29万９０００人と30万人に迫る勢いです。

３ 日本国憲法第89条の規定と補助金をめぐる論点です。

第Ⅲ部　「多様な教育機会」をふり返る
——ジレンマの軌跡

第9章

教育機会確保法理解のためのガイド

高山龍太郎

1 はじめに

２０１６年12月に「義務教育の段階における普通教育に相当する教育の機会の確保等に関する法律」▼1（教育機会確保法と略）ができました。この法律は、義務教育として行われる普通教育を十分に受けられなかった人びとに対して、その機会を保障する国や地方公共団体▼2の責務を定めています。したがって、教育機会確保法は、文部科学省（国）や教育委員会（地方公共団体）がそうした施策を実施する際の根拠となる法律です。

法律名にある普通教育とは、子どもの能力を十分に発達させて、将来の社会の担い手を育てることをめざす教育です▼3。日本国憲法第26条にあるように、子どもは普通教育を受ける権利をもち、保護者は子どもに普通教育を受けさせる義務を負います。ただし、その義務を保護者だけで果たすのは難しいので、学校教育法は、普通教育を実施する小・中学校を設置する義務を市区町村に負わせ（学校教育法第38・49条）、小・中学校へ子どもを通わせる義務を保護者に負わせています（学校教育法第17条）。これを就学義務制度と呼び、保護者は就学義務を負うことになります。

このように普通教育を義務化するのは、社会の担い手がいなくては社会が成り立たないからです。義務化される代わりに、普通教育は無償であることが原則です。そして、社会の担い手を育てる普通教育は、自分のためだけでなく、みんな（社会）のために受けるものでもあるので、公的な教育（公教育）といえます。

年齢・国籍を問わず[4]すべての人が普通教育を受けられるようにする教育機会確保法の対象には、「不登校の子ども」「小・中学校へ通えなかった15歳以上の人」「外国籍の子ども」などが含まれます。しかし、ここでは、不登校の子どもについてのみ取り上げます。

2　教育機会確保法の不登校施策

（1）不登校児童生徒の定義

教育機会確保法は、不登校児童生徒に対して、標準的な学校教育とは異なる特別な施策を行うという形になっています。したがって、対象者を特定する不登校児童生徒の定義がきわめて重要です。それは、教育機会確保法第2条第3号と文部科学省令[5]によって定義されています。

まず、第2条第3号[6]は、

不登校児童生徒　相当の期間学校を欠席する児童生徒であって、学校における集団の生活に関する心理的な負担その他の事由のために就学が困難である状況として文部科学大臣が定める状況にあると認められるものをいう。

というものです[7]。ここで児童生徒とは、義務教育の対象である6歳から15歳までの子どもです（第2条第2号）。この第2条第3号に従って文部科学大臣が「就学が困難である状況」を定めたのが、２０１７年２月14日に施行された文科省令です。この文科省令によると、不登校児童生徒は、

何らかの心理的、情緒的、身体的若しくは社会的要因又は背景によって、児童生徒が出席しない又はすることができない状況（病気又は経済的理由による場合を除く。）

にある児童生徒と定義されます。この不登校の定義は、文科省が毎年公表する不登校の統計で使われてきた定義とほぼ同じです[8]。また、第2条第3号の「相当の期間」は、不登校の統計で用いられる「年間30日以上の欠席」という基準を必ずしも満たす必要はないと文科省は説明しています[9]。

この不登校児童生徒の定義で確認しておきたいことの一つは、不登校をもたらす要因や背景は、心理的なものから社会的なものまで多様だということです。不登校は、身体や心の問題とも限らないし、学校や社会の問題とも限りません。つまり、不登校に至る事情は人それぞれで、多様な要因や背景が複雑にからみ合うこともあるということです[10]。

この文科省令の定義でもう一つ確認しておきたいのは、出席を「することができない状況」といういかにも就学が困難な状況と並んで、「出席しない」状況という切羽詰まっていなさそうな状況も含まれている点です。法律で「就学が困難である状況」と規定しながら、文科省令で「出席しない」状況も含めた理由はわかりません。不登校児童生徒の線引きに曖昧な点を残したのは、あらかじめ法令で厳密な定義をしてしまうと、多様で複雑な不登校に対応する現場の人たちの裁量を奪ってしまうからかもしれません。その一方で、この定義の曖昧さゆえに、学校以外で普通教育を受けることを自ら選ぶ就学困難ではない主体的な不登校も、教育機会確保法の対象となる余地を残しています。

（2）不登校施策を行う際の基本的な考え方

不登校児童生徒と認められると、教育機会確保法が規定する特別な施策の対象となります。それらを実施する際の基本理念は第3条に掲げられていますが、第7条に基づいて文科大臣が２０１７年3月31日に策定した「基本指針」▼11により詳しく述べられています。少し長くなりますが、文科省や教育委員会が具体的な施策を行う際の原則を示す大事な文なので、正確さを期すために、基本指針から直接引用します。

まず、全ての児童生徒にとって、魅力あるより良い学校づくりを目指すとともに、いじめ、暴力行為、体罰等を許さないなど安心して教育を受けられる学校づくりを推進することが重要である。／不登校は、取り巻く環境によっては、どの児童生徒にも起こり得るものとして捉え、不登校というだけで問題行動であると受け取られないよう配慮し、児童生徒の最善の利益を最優先に支援を行うことが重要である。

／不登校児童生徒が行う多様な学習活動の実情を踏まえ、個々の不登校児童生徒の状況に応じた必要な支援が行われることが求められるが、支援に際しては、登校という結果のみを目標にするのではなく、児童生徒が自らの進路を主体的に捉えて、社会的に自立することを目指す必要がある。なお、これらの支援は、不登校児童生徒の意思を十分に尊重しつつ行うこととし、当該児童生徒や保護者を追い詰めることのないよう配慮しなければならない。／あわせて、多様な背景・事情から、就学に課題を抱える外国人の子供に対する配慮が必要である。／また、夜間中学等における就学の機会の提供等については、義務教育未修了者等が義務教育を受けられる機会を得られるよう、夜間中学等の設置の促進に取り組むとともに、夜間中学等における受け入れ対象者の拡充等を図る。／これらの施策については、国、地方公共団体、民間の団体その他の関係者の相互の密接な連携の下で行うことが重要である。（「基本指針」2頁、／は改行）

（3） 教育の機会の確保

不登校児童生徒のための特別な施策は、「不登校児童生徒等に対する教育機会の確保等」と題された教育機会確保法第3章（第8～13条）に挙げられています。また、これらの条文に基づいて行われる具体的な施策は「基本指針」に書かれています。実は、これらの施策は、これからみるように、教育機会確保法成立以前から行われてきたものです。教育機会確保法によって、改めて法的根拠が与えられたといえます。法律は国民の代表である国会議員が決めたものなので、法律が直接規定する施策は、予算の確保を含め、安定した実施の努力が求められます。

不登校児童生徒への教育機会の確保は、（1）既存の学校を改善する（第8条）、（2）特別の教育課程を編成できる新しいタイプの学校を設置する（第10条不登校特例校）、（3）学校と連携しながら学校以外の多様な学びの場を活用する（第11条教育支援センター、第13条フリースクール等民間施設・家庭）という三つに大きく分類できます▼12。

第8条は、不登校児童生徒に限らず「全ての児童生徒が豊かな学校生活を送り、安心して教育を受けられるよう」にすることを国と地方公共団体へ求めています。きわめて当たり前のことですが、学校の諸問題が日々報じられるように、この当たり前の実現が難しいのです。「基本指針」には、①学校内の人間関係を良好に保ち、教職員が児童生徒と向き合う時間を作る、②いじめや体罰などの暴力を許さない、③学力不振を防ぐために学習指導法を工夫する、などが挙げられています。

第10条の不登校特例校は、学校教育法第1条が定める「学校」、いわゆる「一条校」です。公立のものもあれば、私立のものもあります。学校（一条校）は、学校教育法を始めとする各種の法令に従って設置・運営される必要があります。教育内容は学習指導要領に沿う必要がありますし、学校教育法施行規則で定められた授業の時間数も守らねばなりません。これに対して、不登校特例校は、学校（一条校）でありながらも、不登校児童生徒に適した特別の教育課程が認められ、授業時数も2割ほど少なくなっています。つまり、不登校児童生徒のもつ特別な事情に合わせて柔軟に運用される学校（一条校）が不登校特例校です。２０２３年4月現在、不登校特例校は、10都道府県に24校▼13あるに過ぎません。しかし、２０２３年6月16日に閣議決定された「教育振興基本計画」（２０２３～２０２７年度）では、計画の期間内に各都道府県・政令市に1校以上の不登校特例校を作り、将来的には全国で３００校の設置をめざすとうたわれました▼14。こうした不登校特例校は、２００２年成立の構造改革特別区域法によって設置が可能となり、２００５年の学校教育法施行規則の改正によって特区以外でも設置ができるようになりました[15]。文科省は、2023年8月31日、不登校特例校を「学びの多様化学校」へ改称することを決めました[16]。

第11条の教育支援センターは、主に市区町村教育委員会が設置する不登校児童生徒のための公立の学習施設です。教育支援センターは学校（一条校）ではないため、就学義務制度のもとでは、不登校となった地元の学校に在籍したまま教育支援センターへ通うことになります。教育支援センターの活動には、「教科学習」「体験活動」「カウンセリング」などが挙げられ、「居場所機能」「学習機能」「社会への適応支援機能」が期待されています[17]。しかし、学校のように法令の縛りがあるわけではないので、それぞれの教育支援センターの活動内容は、やってくる子どもに合わせてさまざまです。

教育支援センターは、かつては適応指導教室と呼ばれ、学校へ再登校できるように不登校の子どもを指導する場とされていました。適応指導教室の設置は、東京都では1990年度から始まっています[18]。文部省（当時）が1992年の通知[19]で適応指導教室の設置を各地の教育委員会へ求めたことで、全国に広がりました。2021年度の教育支援センターの数は、全国に1634箇所あり、2万5209人の小・中学生が通っています[20]。教育支援センターは「不登校児童生徒の支援の中核」（「基本指針」5頁）とされ、文科省の期待は高いのですが、設置者である各地の教育委員会は予算・人員不足に悩んでいます。

第13条は、学校以外の場における学習活動にかかわる条文です。この第13条は、教育機会確保法の成立過程でもっとも議論を呼んだので、条文を引用します。

> 第十三条　国及び地方公共団体は、不登校児童生徒が学校以外の場において行う多様で適切な学習活動の重要性に鑑み、個々の不登校児童生徒の休養の必要性を踏まえ、当該不登校児童生徒の状況に応じた

学習活動が行われることとなるよう、当該不登校児童生徒及びその保護者（学校教育法第十六条に規定する保護者をいう。）に対する必要な情報の提供、助言その他の支援を行うために必要な措置を講ずるものとする。

学校以外の場には、フリースクールなどの民間施設のほか、家庭も含まれます。第11条の教育支援センターも学校以外の場です。民間施設や家庭は、もちろん学校（一条校）ではありませんので、法令の縛りはありません。その活動内容は、教育支援センター以上にさまざまです▼21。日本は就学義務制度なので、学校以外の場へ毎日通う場合でも、通っていない学校に在籍したままです。

学校以外の場に関する国と地方公共団体の施策は、「状況に応じた学習活動」が行われるように、不登校児童生徒や保護者に対して「必要な情報の提供、助言その他の支援」をすることです。条文の末尾が「必要な措置を講ずるものとする」となっていることから、国と地方公共団体は相当の理由がない限り原則として「必要な措置」をしなければなりません。「必要な措置」には幅広い内容が含まれますが、「情報の提供」という例示から、不登校児童生徒や保護者が利用できる相談機関や学習施設などの情報を国や地方公共団体が集めて伝えることは必須でしょう。

1節で述べたように、憲法や教育基本法は、普通教育を受ける子どもの権利を保障するために、子どもに普通教育を受けさせる義務を保護者に負わせています。そして、その義務を保護者だけで果たすのは難しいので、学校教育法は、普通教育を実施する学校を作る義務（学校設置義務）を市町村に負わせ、保護者に子どもを学校に通わせる義務（就学義務）を負わせています。そして、義務教育は無償とされています。

ここで、就学義務と区別して、子どもに普通教育を受けさせる保護者の義務を「教育義務」と呼びます。

教育義務という考え方では、保護者が子どもに普通教育を受けさせる場は学校に限りません。したがって、教育義務の範囲は、就学義務よりも広くなります。憲法や教育基本法で定められた保護者の教育義務は、学校教育法によって学校での履行が求められるようになり、就学義務へ狭められています。

地方公共団体が設置した無償の学校へ子どもが通えば、保護者は学校で教育義務を簡単に果たすことができます。不登校とは、保護者が教育義務を果たすのに学校を利用できない状態です。教育機会確保法第13条は、そうした保護者が学校以外の場でも教育義務を果たせるように必要な措置をとるよう国や地方公共団体に求めています。このように考えると、第13条の「必要な措置」とは、学校設置義務に相当する国と地方公共団体の新たな責務だといえます。

こうした新しい責務を国と地方公共団体に課す理由づけが、第13条の「不登校児童生徒が学校以外の場において行う多様で適切な学習活動の重要性に鑑み」という文言です。つまり、不登校児童生徒をもつ保護者が教育義務を果たすのに、学校以外の学習活動も重要だと法律が認めているのです。いいかえれば、「学校以外の場において行う多様で適切な学習活動」とは、法律名にもある「普通教育に相当する教育」だということです。

このように、学校以外の学習活動を普通教育に相当する重要な教育だと法律が位置づけるのは初めてのことです。このことについて、教育機会確保法成立にむけて活動してきたフリースクール等の関係者のあいだには、学校以外の場で過ごす不登校児童生徒の引け目を緩和するという期待があります▼22。その一方で、第13条によって学校以外の場が普通教育に相当する教育の場と位置づけられると、そうした教育の実施を家庭などでも求められるようになり、子どもが安心して休めなくなるという不安の声もありました。第13条に、同時に「個々の不登校児童生徒の休養の必要性を踏まえ」と書かれているのは、そうした懸念を払拭させるためといえます。

不登校の子どもが通う民間施設等の数は、文科省や教育委員会の管轄外のため、正確なところはわかりません。民間施設等について文科省が行った唯一の公的な調査（２０１５年３月実施）[23]では、４７４の団体・施設へ調査票が送られ、３１９の団体・施設から回答が得られています。一方、２０２１年度の文科省の生徒指導調査[24]によれば、「民間団体、民間施設」で相談・指導等を受けた不登校児童生徒は９１２９人となっています。また、同じ生徒指導調査では、相談・指導等を受けていない不登校児童生徒は８万８９３１人[25]で、そのほとんどは家庭を中心に過ごしているものと考えられます。両者を合わせると、９万８０６０人となり、不登校児童生徒全体の40％を占めます。第13条の対象となる子どもは、教育支援センターに通う子どもも含めれば、とても多いといえます。最後に、第13条に関連して、第３条第５号は、民間の団体その他の関係者との密接な連携を国と地方公共団体に求めています。

（４）子ども個人への支援

さて、教育機会確保法第３章の見出し「不登校児童生徒等に対する教育機会の確保等」にある「教育機会の確保等」は、第２条第４号[26]に定義があります。それによると、ここまでみてきた「教育の機会の確保」（第８・10・11・13条）だけでなく、「当該教育を十分に受けていない者に対する支援」が、「教育機会の確保等」の「等」のなかに含まれていることがわかります。前者の「教育の機会の確保」は、不登校の子どもがもつ特別な事情に合わせて学校や教育制度を柔軟に調整し、不登校の子どもに普通教育の機会を確保しようとするものでした。つまり、国や地方公共団体が働きかける対象は、学校や教育制度となります。それに対して、後者の「当該教育を十分に受けていない者に対する支援」では、施策の対象は子ども自身になります。教育機会確保法第3章のうち第9条と第12条は、後者の子どもに直接働きかける支援になります。

このような子ども個人への直接的な支援が必要とされるのは、国や地方公共団体がいくら学校や教育制度を整えても、そこから取り残される子どもが必ずいるという認識があるからでしょう。たとえば、第2条第3号の不登校児童生徒の定義には、「学校における集団の生活に関する心理的な負担」[27]と、不登校になる心理的な要因が例示されています。この例示の通り、もし不登校の要因が集団への苦手さにあるならば、いくら学校や教育制度を整えても、そこが複数の人間が集まる集団生活の場である限り、通うことは難しいでしょう。学校や教育制度を整えて子どもが来るのを待つだけでなく、子ども個人にむけた働きかけも同時にやっていこうという発想です。教育機会確保法に基づいて文科大臣が定めた「基本指針」を読むと、むしろ、こちらの子ども個人への支援のほうが主であるように映ります。

第9条と第12条は、教員を含む専門家間の情報共有・連携に基づく、不登校児童生徒個人にむけた継続的・組織的な支援を定めています。不登校は要因・背景が多様・複雑なので、まずは、学校や教育委員会による継続的な状況把握とアセスメントが必要とされます（第12条）。その具体的な方法には、児童虐待（ネグレクトなど）が見過ごされてはいけないということで、家庭訪問も含まれます。ただし、子どもや保護者が家庭訪問を脅威に感じる場合もあるので、子どもや保護者の意思を十分に尊重する必要があります[28]。

このように状況を把握したうえで、継続的・組織的な支援を行うために、校長のリーダーシップの下、学校や教員がスクールカウンセラーやスクールソーシャルワーカー等の専門スタッフ等と連携・分担する「チーム学校」の体制づくりが求められています（第9条、基本指針4頁）。チーム学校とは、文科省に設置された中央教育審議会が2015年12月21日に出した答申[29]に基づくもので、子どもの成長には多様な価値観や経験をもつ大人とのかかわりが大切だという認識から、さまざまな強みをもつ大人を学校のなかに取り入れて、教員と一体となって子どもの生きる力を育むというものです。これは授業に限るものではありません。この中教審答申は、不登校といった学校の抱える課題が複雑化・多様化する一方で、子どもの貧困対策などで学校に求められる役割が拡大▼30しているという認識から、心理や福祉などの専門家を取り込んだチーム学校に期待しています。このような継続的・組織的な支援の基盤を成す情報共有の方法として、基本指針（4頁）では、小学校から高校までの欠席日数、家庭の状況、支援上の留意点などを記した「児童生徒理解・教育支援シート」▼31などの作成が推奨されています。

3　教育機会確保法成立の経緯をふり返る

（1）多様な教育機会確保法案

教育機会確保法が成立する1年余り前、国会へ提出される直前まで行ったものの、２０１５年9月に取り下げられることになった「義務教育の段階に相当する普通教育の多様な機会の確保に関する法律案」▼32（多様な教育機会確保法案もしくは旧法案と略）という法案がありました。この旧法案の名称は、成立した教育機会確保法とてもよく似ていますが、旧法案のほうは名称の真ん中あたりに「多様な」という言葉が入っています。名前はよく似ており、どちらも普通教育を十分に受けていない者に対する国と地方公共団体の責務を定めるものですが、内容は大きく異なります。成立した教育機会確保法のほうは「教育制度と子ども個人の双方に働きかける総合的な不登校施策を定める法律」という内容です。一方、取り下げられた旧法案は「不登校の子どもが学校以外の場で学ぶことを正式に認める手続きを定める法律」といった内容でした。

取り下げられた旧法案の根幹は、第4章の「個別学習計画」（旧法案第12〜18条）でした。個別学習計画とは、学校へ行くのが困難だとみなされる不登校の子どもの保護者のうち希望者が作成するものです（旧法案第12条第1項）。個別学習計画には、学校以外の場で行う学習活動の目標・内容・方法などを記載することになっていました。保護者は、この個別学習計画を市町村教育委員会へ提出します。教育委員会が計画を適当であると認定すると、保護者は不登校の子どもを学校へ通わせているとみなされます（旧法案第17条）。個別学習計画の認定基準は、法律成立後に文部科学省令で定めることになっていたので、詳細は不明です。ただし、旧法案の条文（旧法案第12条第3項第4号）では、義務教育として行われる普通教育の目標を定めた学校教育法第21条を踏まえることと、子どもの発達段階と特性に応じることが規定されていました。そして、個別学習計画に基づいて義務教育が修了した者には、市町村教育委員会が修了証書を授与することになっていました（旧法案第18条）。通常は小・中学校の校長が卒業証書の授与を行う（学校教育法施行規則第58・79条）ので、学校から子どもの学籍を移すことが想定されていたと思われます。

取り下げられた旧法案が議論されていたとき、もちろん、不登校の子どもの多くがすでに学校以外の場で過ごしていました。2015年度の不登校の小・中学生は12万5991人でした。不登校を厳格に考えれば、保護者は就学義務違反を問われかねません（学校教育法第17条）。しかし、「どうしても学校へ行けない」「無理に学校へ行かせようとすると、子どもが追い詰められ、かえって状況が悪化する」ということで、不登校で学校以外の場で過ごすことは「仕方がない」と容認されてきました[33]。これまで「仕方がない」と容認されていた実態を、市町村教育委員会による個別学習計画の認定という手続きで正式に認めようというのが、この旧法案の趣旨です。個別学習計画が認定されれば、保護者は、不登校の子どもを学校へ通わせているとみなされ、就学義務違反の心配なく子どもを学校以外の場で学ばせることができるようになります。

このように、取り下げられた旧法案は、それまで容認されてきた何万人もの不登校の子どもが学校以外で過ごす実態を法律で追認しようとするものでした。追認するだけならば、すんなり法律が成立するかと思いきや、さまざまな懸念や批判が噴出しました。それらの批判は、おおよそ、民営化批判、行政介入批判、権利主体批判、分離別学批判、経済格差批判、実務的批判の6つを指摘できます▼34。民営化批判とは、儲け主義の営利企業が参入して、普通教育の質が低下しかねないという批判です。行政介入批判とは、個別学習計画の認定を通して家庭を含む学校以外の場へ教育委員会が口出しするかもしれないという批判です。権利主体批判とは、特に不登校で親子が対立しているような場合、教育を受ける権利をもつ子どもではなく個別学習計画を作成する保護者の意向が優先されかねないという批判です。分離別学批判とは、学校にとって手間暇のかかる不登校の子どもが、法律の定める手続きによって学校から正式に追い出されかねないという批判です。経済格差批判とは、無償化がなされなければ、学校以外の場で学習できるのは、経済的余裕のある家庭に限られてしまうという批判です。最後の実務的批判とは、教育委員会が大量の個別学習計画の申請を処理しきれない、あるいは、一般的な保護者は個別学習計画を作れないというものです。

これらの批判のほか、旧法案の検討期間が3ヶ月半程度だったこともあり、2015年9月に、旧法案は取り下げられました。その約1年半後の2016年12月に成立したのが、趣を一変させた教育機会確保法です。先に紹介したように、成立した教育機会確保法は、不登校児童生徒の学籍を学校から移すことなく、すでに実施済みの不登校施策に法的根拠を与えて継続性を高めるという内容に落ち着きました。取り下げられた旧法案の根幹だった個別学習計画に関する条文は、すべて削除されました。しかしながら、不登校の子どもが学校以外の場で学ぶことを正式に認めようとした旧法案の趣旨は、成立した教育機会確保法第13条の「不登校児童生徒が学校以外の場において行う多様で適切な学習活動の重要性に鑑み」という文言に引き継がれています。

取り下げられた旧法案を作成し提出しようとしたのは、超党派フリースクール等議員連盟と夜間中学等義務教育拡充議員連盟です▼35。法案の取り下げ後、この同じ2つの議員連盟が、成立した教育機会確保法を2016年5月に衆議院へ提出しています。教育機会確保法は議員立法でできました。

超党派フリースクール等議員連盟の立ち上げには、日本のフリースクールの草分け的存在である東京シューレを作った奥地圭子らの働きかけがありました。奥地によると、2014年2月に、奥地が旧知の小宮山洋子元議員に議員連盟立ち上げについて相談したところ、その場で、小宮山が自民党の馳浩議員（当時、現石川県知事）と民主党の林久美子議員（当時）へ電話をして、議員連盟立ち上げのお願いをしてくれたそうです▼36。それから4ヶ月たらずの2014年6月3日に、超党派フリースクール等議員連盟が立ち上がります。会長には自民党の河村建夫議員（当時）、幹事長に馳浩、事務局長に林久美子が就任しました。所属する議員は、自民党から共産党まで幅広く集まり、総勢50名ほどでした。

（2）フリースクールの誕生

このように教育機会確保法成立のきっかけには、フリースクール関係者の働きかけがありました。日本のフリースクールは、不登校の子どもの居場所づくりから出発しています。これに対して、欧米のフリースクールは、不登校とは関係なく、当初から、文字通り「フリー」という自由な教育を子どもと共に作ることをめざしました。日本のフリースクールも、その後、子どもと共に自由な教育を作ることをめざしますが、そうした自由な教育こそが不登校の子どもに適しているという考えが基盤にあると思われます。

日本のフリースクールの草分けである東京シューレができたのは１９８５年です。東京シューレを設立した奥地圭子は、不登校の子どもをもつ母親でした[37]。また、東京シューレを始めるまで、奥地は、子どもが生き生きと学ぶ授業の実現に熱心な小学校の教師でもありました[38]。

奥地の子どもが不調を訴えるようになったのは、小学校3年生のときでした。例にもれず、奥地も、子どもを複数の病院へ連れて行きますが、原因はよくわかりません。奥地がはっきり不登校だと認識したのは、子どもが小学校5年生のときです。不調ながらも何とか学校へ通っていた子どもは、とうとう拒食症になってしまいました。

そうした絶望的な状況のなか、ようやくたどり着いたのが、国府台病院に勤める精神科医の渡辺位医師でした。戦争神経症の患者を診る機会の多かった渡辺は、不登校について、子どもが危機的な状況から身を守る本能的な回避反応・防衛反応だと考える人でした[39]。つまり、不登校は、子どもにとっては自衛のための正当な行為なのです。しかし、子ども本人も周りの大人も不登校は悪いことだと考えています。そのため、子どもは「学校へ行かねばならないが、行けない」という強い葛藤状態に置かれます。その結果、頭痛・腹痛などの身体症状、家庭内暴力、無気力やうつ状態、強迫神経症、拒食・過食、昼夜逆転などといった生活を困難にする症状が二次的に出ていると、渡辺は考えるのです。こうした考えに基づけば、不登校への正しい対応は、不登校を自衛のための正当な行為だと認め、無理に学校へ行かせないというものになります。

こうした考えをもつ渡辺は、診察に訪れた奥地圭子の子どもが語る学校の納得できないことがらに、2時間近く耳を傾けます[40]。病院から帰った奥地の子どもは、背伸びをして「羽根がはえたように気持ちが軽くなった。こんな気分は、ひさしぶりだ」▼41と言って、おにぎりを二皿たいらげ、拒食症も治まったといいます。奥地の子どもが渡辺の診察を受けたのは、結局、その1回だけでした。

しかし、奥地圭子は、渡辺位の勤める国府台病院内に設けられた不登校の子どもをもつ親の会「希望会」で積極的に活動を続けます▼42。希望会には、周囲の無理解に傷ついた親たちが互いを励ましながら、自分たちの体験から学ぶ姿がありました。しかし、希望会は国府台病院にかかる子どもの親しか参加できなかったため、奥地は、誰でも参加できる親の会「登校拒否を考える会」を1984年に立ち上げます。その月1回の例会に親と一緒に来ていた子どもが退屈して、「いつでも行ける所がほしい」と言い出します。それを聞いた奥地は、「学校外に、子どもの居場所があったらいいのではないか」▼43とひらめきます。これが東京シューレの原点です。奥地が小学校を辞めて、東京シューレを開設したのは1985年6月のことでした。

不登校の子どものために居場所をつくるというフリースクールが社会に受け入れられる素地を作ったのは、1981年に出版された黒柳徹子（テレビ女優、1933年〜）の自伝『窓ぎわのトットちゃん』かもしれません▼44。この本は、これまでに20以上の言語に翻訳され、全世界で2500万部以上を売り上げた大ベストセラーです▼45。2023年12月には、アニメ映画も公開されました。

黒柳は、あまりの落ち着きのなさに最初の小学校を退学させられ、トモエ学園へ転校しました。黒柳が描くのは、1940年代のトモエ学園で過ごした楽しかった日々です。小林宗作（1893年〜1963年）によって1937年に設立されたトモエ学園は、リトミックに代表される自由で芸術的な音楽活動を基盤に置き、大正自由教育運動の流れにありました。黒柳は、小林校長から「君は、本当は、いい子なんだよ！」▼46といつも言ってもらっていたといいます。つまり、『窓ぎわのトットちゃん』は、問題児とみなされて前の学校をいわば放り出された小学1年生の女の子が、自分の良さを認めてくれる新しい先生と学校に出会って幸せになる物語です。黒柳は、「あとがき」で、不登校についてつぎのように書いています。当時、不登校は登校拒否と呼ばれていました。

そして、もし、今でもトモエがあったら、「登校拒否する子なんて、一人もいないだろうな」、と考えます。だって、トモエでは、みんな学校が終っても、放課後、家に帰りたくないぐらいだったんですから。そして、また、次の朝は、早く学校に行きたくて、待ち切れないくらいだったんです。トモエというのは、そういう学校でした▼47。

（3）不登校の学校要因への認識

不登校を正当な自衛行為とみなす渡辺位の前提には、学校が危機的状態にあるという認識があったでしょう。確かに、1980年代は、学校で激しさを増す受験競争や管理教育への反動からか、いじめや校内暴力が頻発して「学校が荒れている」という認識が広まっていました▼48。一教師として学校の改善にむけて尽力しながらその難しさを痛感していた奥地圭子にとって、そうした渡辺の前提とそれに基づく不登校の理論は腑に落ちるものだったでしょう。

奥地は、渡辺位の理論をつぎのように読み替えます。まず、わが子の不登校を受け入れられないのは、学校へ行かないと〝まともな〟大人になれないという「学校信仰」のためであり、不登校への正しい対応は、その内なる学校信仰に早く気づいて、無理に学校へ戻そうする「登校強制」や「登校刺激」を止め、苦しみの源泉である子どもの「学校へ行かねばならないが、行けない」という葛藤を無くすことだというものです▼49。

実際、こうした考えに基づく東京シューレでは、学校へ行けなくて下をむいていた子どもたちが明るい笑顔で活動していました。その姿は、理論の正しさを示す証拠のようです。フリースクールがめざす子どもの居場所づくりとは、不登校の子どもが毎日通える物理的な場を単に開くだけでなく、その場を強制や葛藤のない心理的に安全な場にすることです。

1980年代まで、不登校の原因は「本人の性格や親の養育態度にある」と考えられていました▼50。教師の仕事で多忙だった奥地圭子も、「それはやはり、三歳のころの愛情不足ではないか」と病院で言われ、落ち込んでいます▼51。不登校の原因が子ども本人や家庭にあるならば、不登校の正当性も認められないでしょう。しかし、不登校になった子どもたちがフリースクールで元気に過ごす姿は、不登校の原因が学校にあることを暗に伝えます。なぜなら、その同じ笑顔の子どもが学校では暗い顔をしていたならば、その暗い顔の原因は学校にあると推定できるからです。1980年代半ばのフリースクールの誕生は、不登校の原因を子ども本人や家庭にあるとする従来の考えに一石を投じるものでした。

その波紋が具体的な表れになったのが、文部省（当時）に設置された学校不適応対策調査研究協力者会議の1992年の報告書（1992年報告と略）▼52です。「登校拒否はどの子どもにも起こりうる」（同14頁）と指摘したことで有名なこの1992年報告は、「求められる登校拒否問題の認識の転換」と題して、以下のように述べています。

このような登校拒否問題については、これまでは、一般的に、登校拒否となった児童生徒本人の性格傾向などに何らかの問題があるために登校拒否になるケースが多いと考えられがちであった。しかし、登校拒否となった児童生徒をみてみると必ずしも本人自身の属性的要因が決め手となっているとは言えない事例も多く、ごく普通の子どもであり属性的には特に何ら問題もみられないケースも数多く報告されている。／個々の登校拒否のケースについてその原因・背景を分析すると、学校、家庭、社会のさまざまな要因が複雑に絡み合っていることが多い。具体的には、例えば学校生活に起因するものでは、児童生徒が友人関係や教師との関係で悩んだり、学業不振などにより学習への意欲や興味・関心を失ったり、学校の指導方針や校則等になじめなかったりしている場合などがある。（1頁、／は改行）

さらに、この1992年報告は、不登校になった直接のきっかけを「学校生活での影響」「家庭生活での影響」「本人の問題」の三つに区分して、「学校生活での影響」が37％と最も多いことを示しています（1992年報告、7頁）。

1992年報告を受けた文部省は、「登校拒否問題への対応について」（文初中第330号、1992年9月24日）という通知を教育委員会等へ出します。そこでも、「1登校拒否問題に対応するうえでの基本的な視点」において、「①登校拒否はどの児童生徒にも起こりうるものであるという視点に立ってこの問題をとらえていく必要があること。」「②いじめや学業の不振、教職員に対する不信感など学校生活上の問題が起因して登校拒否になってしまう場合がしばしばみられるので、学校や教職員一人一人の努力が極めて重要であること。」と、1992年報告の認識をそのまま伝えています。つまり、1990年代前半に、当時の文部省は、不登校になる要因の一つとして学校を公式に認めたということです。

（4）フリースクール関係者による法律づくり▼53

不登校への文部省の公式見解が転換した1990年代には、不登校の数が急増します。1991年度に6万6817人だった不登校児童生徒は、10年後の2001年度には13万8722人（年間30日以上欠席）と倍増します▼54。不登校が増えることは、フリースクール関係者にとって悪いことではありません。不登校が増えたのは、学校信仰が弱まって登校強制が少なくなり、「学校へ行かねばならないが、行けない」という葛藤で苦しむ子どもが減ったと解釈できるからです。

2001年1月には、東京シューレを中心に同様の理念をもつ団体が集まって「フリースクール全国ネットワーク」（フリネットと略）が発足します▼55。フリネットは、会員相互の交流のほか、政策提言・調査研究にも力を入れており、国会議員との対話集会（2001年）や『フリースクール白書』の刊行（2004年）などを行ってきました。2008年5月には、フリネットの働きかけにより、超党派の「フリースクール環境整備推進議員連盟」（会長小宮山洋子民主党議員、幹事長馳浩自民党議員、事務局長寺田学民主党議員、肩書きは当時）が発足し、2009年3月、高校に在籍する不登校の子どもがフリースクール等に通うための実習用通学定期乗車券が新たに認められました▼56。

2009年1月、フリネットの主催で、第1回日本フリースクール大会（Japan Democratic Education Conference: JDEC）が開かれます。そこで「フリースクールからの政策提言」▼57が採択されます。そこには「フリースクール等についての新法制定の提言」も含まれていました。この提言が、教育機会確保法成立にむけた出発点の一つです。フリースクール環境整備推進議員連盟の馳浩幹事長（当時）の勧めもあって、フリネットのなかで「（仮称）オルタナティブ教育法」（オルタナ法と略）の骨子案づくりが始まりました。

オルタナ法は、教育基本法の下に学校教育法と並ぶ教育法として位置づけられます。その骨子案では、オルタナティブ教育は「学校教育法の規定によらない独自の学習課程を有する普通教育」と定義され、フリースクールも含まれます。そして、学校教育法の定める学校（一条校）と同様に、オルタナティブ教育でも、9年間の普通教育を子どもに受けさせる義務を保護者が果たせることになっていました。その意味するところは、不登校にならなくても、学校教育法に拠る普通教育とオルタナ法に拠る普通教育のいずれかを自由に選択できるということです。それは就学義務ではなく教育義務を基盤とする義務教育制度へ作りかえることを意味します。さらに、オルタナ法骨子案では、義務教育として行われるオルタナティブ教育の費用の一部が、税金から支出される仕組みになっていました。

フリネットは、オルタナ法の成立にむけて、2012年2月、フリースクール以外の多様なオルタナティブ教育を実践する団体や個人、一般の市民、研究者や識者、議員などとつながり、運動を広げていくことを決めました。それを受けて、2012年7月、「（仮称）オルタナティブ教育法を実現する会」が発足し、シュタイナー教育、サドベリー教育、フレネ教育、インターナショナルスクール、ブラジル学校、ホームエデュケーションなどの関係者が、オルタナ法の制定にむけた市民運動に加わりました。共同代表には、奥地圭子のほか、汐見稔幸（白梅学園大学学長）、喜多明人（早稲田大学教授・子どもの権利条約ネットワーク代表）が就きました（肩書きは当時）。

そのわずか3ヶ月後の2012年10月、（仮称）オルタナティブ教育法を実現する会は、「多様な学び保障法を実現する会」（実現する会と略）へ改称します。それにあわせて実現をめざす法律も、「子どもの多様な学びの機会を保障する法律」（多様な学び保障法と略）▼58へ改称されました。オルタナ法からの大きな変更点は、学校以外の教育にむけた税金による経済的支援の仕組みに、教育機関に対する補助金（学習支援補助金）に加えて、家庭に対する直接の補助金（学習支援金）が追加されたことです。この家庭むけの学習支援金は、高校の授業料無償化ですでに実施済みだった就学支援金の仕組みによく似たものでした。

フリースクール関係者による新しい法律づくりでは、フリースクールの出発点であった「不登校の子どものための居場所づくり」は背景に退いたように映ります。代わって前面に出てきたのが、「学校以外の場で自分に合った普通教育を受けられる権利の公的な保障」という考え方です▼59。こうした権利を保障するには、市民が自由に普通教育の場を作り、子どもがそれらを自由に選べることが必要になります。そして、実際に選べるようにするには、学校以外で学ぶことに伴う家庭の経済的負担を無くすことが重要です。

もし多様な学び保障法が実現すれば、自分に合わない学校へ行く必要もなくなります。そうなれば、不登校の苦しみの元である「学校へ行かねばならないが、行けない」という葛藤も生じません。このように考えると、実現する会がめざした「学校以外の場で自分に合った普通教育を受ける権利の公的な保障」は、不登校の究極的な解決ともいえます。

もっとも、実現する会の関係者は、教育を自由に選ぶことについて、不登校とは関係なく、そもそも生まれながらにして誰もがもっている権利（基本的人権）だと主張します▼60。フリースクール関係者による法律づくりの出発点となったフリネットの「フリースクールからの政策提言」▼61では、１９４８年採択の世界人権宣言第26条第３項の「親は、子に与える教育の種類を選択する優先的権利を有する」▼62に拠りながら、「子どもが教育義務対象年齢に達したとき、学校教育またはオルタナティブ教育いずれかに基づく教育義務を課し、多様な教育選択を可能にする制度にする」（同９頁）ことを求めていました。そして、教育を選ぶだけでなく、「フリースクール等やホームエデュケーションのネットワークなど、市民による教育機関づくりをしやすい環境を国は整備する必要がある」（同10頁）と主張しました。これらの主張を具体化したのが、オルタナ教育法骨子案や多様な学び保障法骨子案といえます。

さて、多くの関係者が加わって盛り上がっていった多様な学び保障法を実現する会の動きですが、しばらく停滞します。2012年12月の衆議院選挙で民主党から自民党へ政権が交代し、フリースクール環境整備推進議員連盟の議員も多数落選したためです。それが再び動き出すのは、先に紹介した通り、2014年2月に、多様な学び保障法を実現する会の共同代表でもあった奥地圭子が旧知の小宮山元議員に議員連盟の立ち上げを相談したときです。それ以降、実現する会は、多様な教育機会確保法案、および、教育機会確保法に賛同する主要な団体として、法律の成立にむけて積極的に活動を展開していきました。

4 教育機会確保法をめぐる論点

(1) 普通教育の自由選択

フリースクール関係者が実現をめざした多様な学び保障法骨子案は、不登校にならなくても、学校教育とオルタナティブ教育（=学校以外の普通教育）のいずれかを子どもが自由に選べるようにするものでした。そして、誰もが実際にオルタナティブ教育で学べるように、税金による経済的支援を通してオルタナティブ教育の無償化をめざしていました。それは、不登校とは関係なく多様な普通教育を自由に選択できる制度へ作りかえることを意味します▼63。もしそれが実現すれば、日本の就学義務制度は大きく変わる可能性がありました。

就学義務制度は、日本全国にあまねく普通教育を行う無償の小・中学校を市町村に設置させ、なおかつ、就学義務を保護者に課すことによって、すべての子どもが質の保証された共通の普通教育を平等に受けられるようにするものです▼64。つまり、就学義務制度は、教育の機会均等、公平な配分、格差の是正などを実現しようとする制度です。こうした就学義務制度を規定するのが学校教育法です。

学校教育法と同格の多様な学び保障法がもし成立していれば、それまで学校教育しかなかった普通教育の世界は、学校教育とオルタナティブ教育という並列した二つの世界に分かれたはずです。学校教育は共通性が高いのに対して、オルタナティブ教育は多様です。もし学校教育とオルタナティブ教育のどちらも自由に選んでよいということになれば、おそらく、オルタナティブ教育を選んで学校へ行かない子どもが増えたことでしょう。なぜなら、学校が合わないと感じつつも学校に通う小・中学生が1割程度いると考えられるからです▼65。そうした不登校傾向の子どもでも、多様なオルタナティブ教育ならば、自分の興味関心に沿った教育をみつけられるかもしれません。このことは、従来の「不登校になったから、学校以外で学ぶ」に加えて、「学校以外で学びたいから、不登校になる」が増えるということです▼66。

こうした事態は、当然、学校の存続を危うくし、就学義務制度を揺るがしかねません。その過程は、自家用車に乗る人が増えると、バスを利用する人が減って、バスが廃止されてしまう様子に似ているかもしれません。確かに、自家用車を運転すれば、いつでも好きなところへ行けます。しかし、バスという公共交通の廃止で困るのは、自家用車をもたない人たちです。同様に、学校へ通う子どもが減って地元の学校が廃校になれば、オルタナティブ教育を利用できない子どもたちは転校せざるをえません。そして、こうした事態が生じやすいのは、人口の少ない地方だと考えられます。

多様な学び保障法を実現する会共同代表だった奥地圭子は、2015年4月、超党派フリースクール等議員連盟の馳浩幹事長（当時）に、多様な学び保障法骨子案について相談しました。その際、馳は「ハードルが高いね」と難色を示したといいます▼67。そのとき、馳は「親子が自由に選ぶ、という形はまず抵抗を感じる人が多いだろう」などと述べ、「普通教育が十分でなかった人への保障として、夜間中学も含めてフリースクールへの支援を考えたい」と奥地へ伝えたそうです▼68。就学義務制度が果たしてきた普通教育の平等という意義を考えると、「ハードルが高いね」という馳の返事も理解できます。あるいは、就学義務制度の堅持を主張する議員の説得は難しいという意味かもしれません▼69。

馳浩ら議連が国会提出をめざしながら2015年9月に取り下げられることになった多様な教育機会確保法案は、結局、誰もが自由に学校以外の普通教育を選べるものにはなりませんでした。学校以外の普通教育を受けるために個別学習計画を提出できるのは就学困難な子どもをもつ保護者に限られたからです。つまり、多様な教育機会確保法案は、「不登校になったから、学校以外で学ぶ」については法の定める手続きを通して正式に認めることにしていましたが、「学校以外で学びたいから、不登校になる」という主体的な不登校は認めなかったということです。この点は、成立した教育機会確保法でも同じです。不登校児童生徒を「就学が困難である」（第2条第3号）と定義したことで、学校以外で学べるのは、就学困難な不登校児童生徒に限られています。

ただし、すでに述べた通り、この第2条第3号に基づいて文科省令が定めた不登校児童生徒の定義には、出席「することができない」だけでなく、出席「しない」という状況も含まれます。ここに、自らの意思で学校以外の普通教育を選択する主体的な不登校も、教育機会確保法の対象となる余地が残されています。

（2）民間施設への経済的支援

誰もが普通教育を受けられるように、日本国憲法第26条は「義務教育は、これを無償とする」と定めています。その実現のために、義務教育として行われる普通教育には多大な税金が投入されています。文科省の調査▼70によれば、2020年度に地方公共団体が投入した公立学校の在学生一人あたりの年間の教育費（税金）は、おおよそ、小学校104万円、中学校120万円でした。また、私立学校へも、人件費など経常費の半額程度の税金が、私学助成というかたちで投入されています▼71。

学校教育と比べると、フリースクール等の民間施設へ投入される税金はわずかです。地方公共団体が独自に助成制度を設けることが増えていますが、その方法や金額はまちまちです▼72。そのような民間施設へむけられた助成金も、多くの地方公共団体では受けられません。

教育機会確保法は、第13条で「不登校児童生徒が学校以外の場において行う多様で適切な学習活動の重要性に鑑み」と述べ、第6条で国と地方公共団体の「財政上の措置」等の努力義務を定め、附則第2項で「政府は、速やかに、教育機会の確保等のために必要な経済的支援の在り方について検討を加え、その結果に基づいて必要な措置を講ずるものとする。」と定めています。しかし、憲法第26条が求める義務教育の無償にはほど遠いと言わざるをえません。

もちろん、国も、不登校児童生徒のための教育機会の確保に手をこまねいているわけではありません。先に述べたとおり、不登校特例校（学びの多様化学校）をすべての都道府県・政令市に設置し、計画期間中に全国で300校以上設置すると、国は決めました。こうした国の動向を踏まえると、不登校児童生徒の教育機会の確保にむけた今後の税金の投入先は、学校以外の民間施設ではなく、不登校児童生徒に適した特別の教育課程を行う「学校」（一条校）が中心ということかもしれません。

フリースクール等の学校以外の民間施設にむけた税金の投入を難しくしている一因は、公の支配に属しない教育事業への公金支出を禁じた日本国憲法第89条[73]の存在です。すなわち、教育事業を行う団体が税金の助成を受ける際には、公の支配に属している必要があります。公の支配の解釈にはいろいろありますが、おそらく、私学助成を受ける私立学校が、学校以外の民間施設へ税金を投入する際の手本の一つになるでしょう。

しかし、学校以外の民間施設は、通う子どもが20名以下ということも珍しくありません[74]。運営団体の財政規模も、年間1000万円以下であることも多いです[75]。私立学校を運営する学校法人と比べて、はるかに小規模です。こうした零細な運営団体が税金の助成を受けるために、私立学校と同等の手続きを行わねばならないとすれば、それは大きな負担です。また、私立学校と同様に、学習指導要領に沿った教育内容を求められるかもしれません。

憲法第89条の問題を避ける一つの方法は、民間施設を運営する「団体」へ税金を投入するのではなく、民間施設へ子どもを通わせる「家庭」へ税金を投入する方法です。そのうえで、家庭が受け取った税金を、民間施設の授業料として家庭から運営団体へ納めるのです。こうすれば、民間施設を運営する団体が公の支配に属しているかは問われなくてすみます。フリースクール関係者が当初のオルタナ法骨子案から多様な学び保障法骨子案へ変えた理由の一つは、こうした憲法第89条問題の回避でした[76]。

教育に費やされる税金を運営団体ではなく家庭へ投入するやり方は、教育バウチャーとして古くから議論されてきたものです。バウチャーとは金券やクーポンのことで、教育バウチャーとは教育目的にのみ使える金券のことです。教育バウチャー制度では、政府は、学校へ税金を投入する代わりに、その学校へ投入される予定だった税金の総額を生徒一人当たりの金額へ換算して、その金額の金券[77]を各家庭へ配布します。金券を受け取った各家庭は、いくつかの学校から自分の子どもが通う学校を選び、その選んだ学校へ授業料として金券を渡します。こうして授業料が無償化されます。金券を受け取った学校は、金券を政府にもち込んで換金し、学校を運営する費用にあてます。

教育バウチャーは、１９８０年代後半の臨時教育審議会[78]をとおして、経済学者ミルトン・フリードマンの名前とともに日本で知られるようになりました。フリードマンが主張したのは、教育バウチャーを通して市場の自由競争の仕組みを学校教育へ導入しようというものでした[79]。教育バウチャーを受け取った家庭が、子どもの通う学校を選ぶようになれば、各々の学校は多くの生徒を集めようと、教育の質向上に努めるだろうというアイデアです。もちろん、自分の選んだ学校へ通えるようになれば、子どもや親の満足感も向上します。

フリードマンのいう教育バウチャーのアイデアを大々的に導入した国に、南米のチリがあります[80]。しかしながら、教育バウチャー導入による期待された教育の質の向上については、チリ全体を通した確証はなかったといいます[81]。むしろ、学校間や家庭間の教育格差が拡がったと言われます。

教育バウチャー制度では、政府は、直接に学校を供給・運営するのを止めて、その役割を民間団体へ任せます。その代わりに、政府の役割を、そうした民間団体への資金提供と規制に限定するのです。チリで教育格差が拡がったのは、バウチャーという資金提供によって教育の自由は拡大したものの、教育の平等を保障するための政府の規制が不十分だったからだといえるでしょう。

オルタナ法骨子案から教育機会確保法の成立へ至るまで、この「規制」の議論が欠けていたように感じます。法律の成立をめざしたフリースクール関係者は、規制によって小規模なフリースクールの運営が困難にならないように、できるだけ規制を少なくしようとしていた印象があります。

フリースクール等の学校以外の民間施設が、教育機会確保法によって不登校児童生徒が学ぶ重要な場の一つとして位置づけられた以上、無償化の実現は重要です。フリースクールはどこも経営で苦労しています▼82。お金がなければ、優秀なスタッフを継続して雇うこともできず、教育の質の向上もままなりません。そのしわ寄せは、結局、子どもへむかうでしょう。教育機会確保法付則第2項が求めるように、教育の自由と平等を両立させる公的な資金投入と規制のあり方は、早急の検討課題です。

（3）適切な普通教育

規制のあり方を考えることは、「どのような普通教育をめざすか」について考えることです。そのためには、「適切な普通教育とは何か」という問いに答える必要があります。教育機会確保法第13条も、「学校以外の場において行う多様で適切な学習活動の重要性」というように、「適切」であることを求めています。適切な普通教育を考える際に鍵の一つとなるのは、前節でみた「教育の自由と平等の両立」です。しかし、これはかなりの難問です。最低限求められる適切さには、「不正の防止」と「子どもの安全」があるでしょう。

「不正」では、２０１５年12月、三重県伊賀市にあった株式会社立のウィッツ青山学園高等学校の通信制課程で、就学支援金の詐取事件が発覚しました。これは義務教育での事件ではありませんが、前節でみた民間施設への経済的支援を考える際の教訓となります。就学支援金制度は、高校の授業料を無償にするために授業料に相当する金額を税金から家庭へ支出するもので、教育バウチャーの一種といえます。詐取事件が発覚した２０１５年の場合、年収約９１０万円未満の家庭には、生徒一人当たり年間約12万円の就学支援金が支給されました。家庭の経済的負担の大きい私立学校の場合は、さらに年収に応じて金額が加算され、年収250万円未満の家庭では約30万円支給されました。

ウィッツ青山学園高校の就学支援金詐取の手口は、比較的単純でした。高校をすでに卒業して受給資格のない生徒▼83について、学歴を偽るなど虚偽の申請書を作成したというものです。高校を監督する立場にあった伊賀市教育委員会によると、ウィッツ青山学園高校の通信制生徒の就学支援金申請は、全国各地にあるいわゆるサポート校▼84が取りまとめて高校へ送ってくる仕組みになっていました▼85。虚偽の申請書を作成したのは、あるサポート校▼86でした。申請を受け取った高校は、入学志願時の願書と照らし合わせ、問題が無ければ三重県私学課へ提出します。申請を受け付けた三重県も、学校が不正を行うはずがないと考えていたためチェック体制が甘く、虚偽の申請を見破ることができませんでした▼87。文科省の担当者も、都道府県からの申請について「国に届いた時点では確認しようもない」と話していました▼88。

就学支援金詐取の他にも、ウィッツ青山学園高校は、ずさんな学校運営を行っていました。ウィッツ青山学園高校通信制では、生徒は年2回程度伊賀市を訪れて、本校の教員による対面での指導を受ける必要がありました。詐取事件発覚後、そのスクーリングの際に、大阪の遊園地に立ち寄って買物の釣銭計算を数学の授業としたり、神戸の美しい夜景の観賞を芸術の授業、レストランでの食事を家庭科の授業、最寄駅から本校まで2キロ歩いて体育の授業としたりしたことが問題視されました▼89。

ウィッツ青山学園高校の事件を重くみた文科省は、有識者による検討委員会を設け、2016年9月に「高等学校通信教育の質の確保・向上のためのガイドライン」（最新版は2023年2月改訂）を策定しています▼90。一方、ウィッツ青山学園高校は廃校となりますが、生徒10名と教員を引き継いだ私立神村学園高等部伊賀分校が2017年度に開校されています▼91。

つぎに、「安全」については、教育機会確保法の成立にむけて主導的な役割を果たしてきた東京シューレで20年ほど前に起きた性暴力加害事件が暗い影を落としています。

２０２０年2月３日の朝日新聞▼92によると、不登校になった当時10代の女性が、東京シューレが募集した3ヶ月間の宿泊型フリースクールに参加（２０００～０1年）したところ、男性の成人スタッフから繰り返し性暴力を受けました。当時、被害女性は家族や周囲に打ち明けられず、被害のことは心の奥に押し込めたと言います。それから10年以上経って、今度は知人男性から性暴力を受けます。気力・表情・言葉を失った被害女性が病院を受診したところ、複雑性の心的外傷後ストレス障害（ＰＴＳＤ）と診断され、フリースクールで受けた性暴力が発症の要因になっていると言われたそうです。２０１６年になってようやく、被害女性は、成人スタッフと東京シューレを相手取り、損害賠償を求めて提訴します。２０１９年7月に和解が成立しましたが、被害女性のＰＴＳＤは治っておらず、「生きているのがしんどすぎて、『消えてしまいたい』という思いが頭から離れません」▼93と、記者に語っています。被害女性は、学校になじめずフリースクールに通う子どもたちが唯一の居場所を失いたくないという気持ちになりがちなことをこれまで以上に理解して運営して欲しいと望み、東京シューレには、加害を隠さず、事実と向き合うことから始めて欲しいと、願っています。

この報道から間もない２０２０年2月10日、東京シューレは、理事長奥地圭子の名前で「東京シューレにおける性被害について」▼94という文書を出します。そこには、第三者を含む人権委員会の設置、相談窓口の開設、計画的・継続的な職員研修の実施、職員の倫理綱領と行動規範の策定など、さまざまな再発防止策を講じたことが書かれています。その一方で、「本件については、訴訟が和解によって終了したとの事実を除き守秘義務があることからご説明することができません」とも書かれ、事件の詳細を明らかにできないことを釈明しています。

事件について責任を問われた奥地圭子は、２０２０年９月、フリースクール全国ネットワーク（フリネット）の代表理事および理事を辞任しました[95]。２０２１年６月には、ＮＰＯ法人東京シューレの理事長を退任します[96]。奥地は、２０２１年７月には、多様な学び保障法を実現する会（実現する会）の共同代表も退任することになります[97]。実現する会は、２０２２年７月、事件の影響から解散しました[98]。

フリネットでは、事件をめぐる対応に不信感を抱いた複数の団体が退会しました[99]。フリースクールを運営するＮＰＯ法人東京シューレは、フリネットの加盟団体であり続けましたが、２つの不登校特例校を運営する学校法人東京シューレ学園は、フリネットを２０２１年度に退会します。学校法人東京シューレ学園の学園長は、奥地のままです。２０２３年２月に開催予定だった文部科学省主催の「不登校特例校全国の集い」が中止になります[100]。その理由は、チラシ[101]に記載された問い合わせ先が学校法人東京シューレ学園だったことに、抗議の声が寄せられたためだと言います。

先にみた通り、フリースクールの原点は、身を守るために学校から避難してきた不登校の子どものために安心できる安全な居場所を提供することでした。東京シューレの性暴力加害事件は、フリースクールが安全な場ではなかったことを意味します。つまり、フリースクールの存在意義を否定するような事件だったのです。信頼回復には時間がかかりそうです。

5 おわりに

２０１６年12月に成立した教育機会確保法は、教育制度と子ども個人の双方に働きかける総合的な不登校施策を定めた法律といえます。この章では、そのなかで第13条を中心にみてきました。それは、第13条が日本の就学義務制度を揺るがす可能性があったからです。

教育機会確保法第13条は、不登校児童生徒が学校以外の場で行う多様で適切な学習活動の重要性を認めました。それは、多くの不登校児童生徒が実際に学校以外の場で学んでいる現実を「普通教育に相当する教育」であると追認したと解釈できます。しかし、学校以外の場での学びが認められているのは、就学困難な不登校児童生徒に限られています。教育機会確保法成立に主導的な役割を果たしたフリースクール関係者は、不登校とは関係なく誰でも自由に学校以外の場で学べる法律の実現をめざしました。しかし、それはかないませんでした。就学義務は、日本の義務教育制度の原則であり続けています。

学校以外の場における学習活動は、今後、どうなるでしょうか。これまでみてきた通り、経済的支援を行って誰でも普通教育を自由に選択できるようにすれば、うまく規制を行わない限り、教育の平等を損なうおそれがあります。また、不正や事件を防ぐための仕組みが整わなければ、不幸な事態を招きます。不登校児童生徒が学校以外の場で学ぶことを「普通教育に相当する教育」と位置づけても、具体的な規制のあり方をはっきりさせない限り、就学義務の例外として限られた範囲で認めるしかないというのが現状です。しかし、学校以外の場への規制は、フリースクールを始め小規模な民間施設の運営を難しくさせ、目の前にいる子どもに合わせて活動を組み立てる柔軟性を失わせてしまう可能性があります。

こう考えると、公的な資金投入と規制がすでに制度化されている学校教育を不登校児童生徒に合わせて弾力的に運用したほうが無難だという判断もやむをえません。不登校児童生徒に合わせた特別の教育課程を行う学校（一条校）である不登校特例校（学びの多様化学校）を全都道府県・政令市に設置するという政府の方針は、こうした判断の表れのように思います。また、不登校の子どもの居場所づくりも、学校以外の場ではなく、校内居場所カフェ▼102や校内フリースクール▼103といった名前で学校内に作られる例も増えています。

学校教育制度を弾力化することに比べると、学校以外の場に関する公的な資金投入と規制の制度を一から作り上げることは確かに困難です。しかし、学校以外の場の学習を「普通教育に相当する教育」と法律で位置づけて不登校児童生徒が通うことを公認した以上、保護者の経済的負担は軽減される必要があります。東京シューレの性暴力加害事件で失われた社会的な信頼を取り戻すためにも、フリースクール全国ネットワークのような中間支援組織が、多くの人が納得できる規制の制度化に取り組んでほしいと思います▼104。

†本研究はJSPS科研費 JP19K02071の助成を受けたものです。

注

1 平成28年法律第105号。2016年12月14日に公布され、2017年2月14日に施行された（ただし、夜間中学にかかわる第4章は公布日に施行）。

2 都道府県や市区町村などのこと。

3 教育基本法第5条第2項「義務教育として行われる普通教育は、各個人の有する能力を伸ばしつつ社会において自立的に生きる基礎を培い、また、国家及び社会の形成者として必要とされる基本的な資質を養うことを目的として行われるものとする。」

4 教育機会確保法第3条第4号。

5 文部科学省令第2号（2017年2月14日公布・施行）「義務教育の段階における普通教育に相当する教育の機会の確保等に関する法律（以下「法」という。）第二条第三号の学校における集団の生活に関する心理的な負担その他の事由のために就学が困難である状況として文部科学大臣が定める状況は、何らかの心理的、情緒的、身体的若しくは社会的要因又は背景によって、児童生徒が出席しない又はすることができない状況（病気又は経済的理由による場合を除く。）とする。」

6 特に断りのない条番号や項番号は教育機会確保法のものである。

7 「児童生徒」については、教育機会確保法第２条第２号で「学校教育法第十八条に規定する学齢児童又は学齢生徒をいう。」と定義される。すなわち、６歳から15歳の義務教育の対象となる子どもである。一般的に「生徒」という言葉には高校生も含まれるが、教育機会確保法の定義する不登校児童生徒には高校生は含まれない。

8 不登校に関する専門家委員会として文部省（当時）に初めて設置された学校不適応対策調査研究協力者会議の１９９２年の報告書は、「登校拒否とは、何らかの心理的、情緒的、身体的、あるいは社会的要因・背景により、児童生徒が登校しないあるいはしたくともできない状況にあること（ただし、病気や経済的な理由によるものを除く）をいう」（「登校拒否（不登校）問題について――児童生徒の「心の居場所」づくりを目指して」（１９９２年３月13日）、４頁）と定義している。当時、不登校は登校拒否と呼ばれていた。

9 「法第２条第３号においては、不登校児童生徒について「相当の期間学校を欠席する児童生徒」と規定されていることから、年度間の欠席日数が30日未満であっても、省令に規定する状況にある児童生徒については、個々の児童生徒の状況に応じ適切に支援いただきますようよろしくお願いします。」（文部科学省初等中等教育局長「義務教育の段階における普通教育に相当する教育の機会の確保等に関する法律第二条第三号の就学が困難である状況を定める省令について（通知）」（28文科初第１５０２号、２０１７年２月16日））

10 たとえば、文科省の認識は「不登校の要因・背景が多様・複雑化している」（「不登校児童生徒への支援の在り方について（通知）」（元文科初第６９８号、２０１９年10月25日）（http://www.mext.go.jp/a_menu/shotou/seitoshidou/1422155.htm、２０１９年10月28日取得）というものである。

11 「義務教育の段階における普通教育に相当する教育の機会の確保等に関する基本指針」（２０１７年３月31日、文部科学省）（https://www.mext.go.jp/a_menu/shotou/seitoshidou/__icsFiles/afieldfile/2017/04/17/1384371_1.pdf、２０２１年10月28日取得）

12 高山龍太郎（2019）「教育機会確保法の成立過程とその論点――ニーズ対応型教育課程という観点から」永田佳之編『変容する世界と日本のオルタナティブ教育――生を優先する多様性の方へ』世織書房：１３５-１７１頁。

13 「不登校特例校の設置者一覧」（２０２３年度、文部科学省）（https://www.mext.go.jp/a_menu/shotou/seitoshidou/1387004.htm、２０２３年８月10日取得）

14 「教育振興基本計画」（２０２３年６月16日閣議決定、https://www.mext.go.jp/content/20230615-mxt_soseisk02-100000597_01.pdf、２０２３年６月20日取得）、56頁。

15 「不登校特例校の設置に向けて【手引き】」（2020年1月、文部科学省）（https://www.mext.go.jp/content/20200130-mxt_jidou02_000004552-1.pdf　2021年7月17日取得）、2頁。

16 文部科学省「「不登校特例校」の新たな名称について（通知）」（5初児生第17号、2023年8月31日）

17 「教育支援センター（適応指導教室）等充実方策検討委員会報告書」（2017年2月、東京都教育委員会）（https://www.kyoiku.metro.tokyo.lg.jp/school/content/support_center.html　2021年9月23日取得）、1頁、20頁。

18 「教育支援センター（適応指導教室）等充実方策検討委員会報告書」（2017年2月、東京都教育委員会）（https://www.kyoiku.metro.tokyo.lg.jp/school/content/support_center.html　2021年9月23日取得）、1頁。

19 「登校拒否問題への対応について」（文初中第330号、1992年9月24日）では、「教育委員会における取組の充実」として、以下のように求められている。「学校以外の場所に登校拒否の児童生徒を集め、その学校生活への復帰を支援するため様々な指導・援助を行う「適応指導教室」について、その設置を推進するとともに、指導員や施設設備等の充実に努めること。」

20 「令和3年度児童生徒の問題行動・不登校等生徒指導上の諸課題に関する調査結果について」（2022年10月27日公開、文部科学省初等中等教育局児童生徒課、https://www.mext.go.jp/content/20221021-mxt_jidou02-100002753_1.pdf　2022年10月31日取得）、88頁、91頁。

21 たとえば、フリースクールなど学校以外の学び場の運営形態や活動については、フリースクール全国ネットワーク編（2023）『フリースクール白書2022』学びリンク、を参照のこと。この書籍には、2022年7月～9月に行われた「フリースクール全国調査」（調査主体：フリースクール全国調査実行委員会）の結果が記載されている。調査対象は、NPO法人フリースクール全国ネットワークの加盟団体、および、NPO法人eboardと学びリンク株式会社が把握するフリースクール等の民間施設である。調査方法は、郵送およびメールにて調査の依頼状を送付し、添付のURLおよびQRコードから回答者がネットに接続して回答するかたちである。郵送783通・メール440通（ただし重複あり）の依頼を行い、代表者からの有効回答は184あった。回答者には、代表者のほか、スタッフ、子ども、保護者が含まれている。

22 たとえば、教育機会確保法の成立にむけて活動していた多様な学び保障法を実現する会共同代表で早稲田大学教授の喜多明人は、「十三条では、不登校の子どもに対して、「学校以外の場において行う多様で適切な学習活動の重要性」を指摘して、不登校の子どもの「状況に応じた」、学校外の普通教育の機会確保、多様な学びの促進のために、「必要な情報提供、助言その他の支援」を行うとし、学校外の多様な学びの場が、普通教育の機会の確保につながるものとして、歴史的にも初めて公的な承認を受けることになりました。（引用者中略）このように法律で公認を受けたことは、これまで学校に行けない、行かないだけで社会的なプレッシャーを受けて苦しんできた不登校の子どもやその保護者にとって「大いなる救い」となると思われます。」（喜多明人（2017）「不登校の子どものための教育機会確保法――その読み方」フリースクール全国ネットワーク・多様な学び保障法を実現する会編『教育機会確保法の誕生――子どもが安心して学び育つ』東京シューレ出版：１６４‐１６５頁）と書いている。

23　文部科学省「小・中学校に通っていない義務教育段階の子供が通う民間の団体・施設に関する調査」（http://www.mext.go.jp/a_menu/shotou/tyousa/1360614.htm、２０１５年10月22日取得）

24　「令和３年度児童生徒の問題行動・不登校等生徒指導上の諸課題に関する調査結果について」（２０２２年10月27日公開、文部科学省初等中等教育局児童生徒課、https://www.mext.go.jp/content/20221021-mxt_jidou02-100002753_1.pdf、２０２２年10月31日取得）、88頁。

25　２０２３年６月16日に閣議決定された「教育振興基本計画」（２０２３～２０２７年度）は、「学校内外で専門機関等の相談・指導等を受けていない不登校児童生徒数の割合の減少」（61頁）という指標を掲げている。

26　教育機会確保法第２条第４号「教育機会の確保等　不登校児童生徒に対する教育の機会の確保、夜間その他特別な時間において授業を行う学校における就学の機会の提供その他の義務教育の段階における普通教育に相当する教育の機会の確保及び当該教育を十分に受けていない者に対する支援をいう。」

27　この例示は、不登校は心理的な問題であるという印象を強めて、学校側の原因を曖昧にしかねないという批判があり、教育機会確保法に対する国会の付帯決議では「不登校は学校生活その他の様々な要因によって生じる」と、逆に「学校生活」が原因として例示されている。

28　「義務教育の段階における普通教育に相当する教育の機会の確保等に関する法律案に対する附帯決議（２０１６年11月18日　衆議院文部科学委員会）」（https://www.mext.go.jp/a_menu/shotou/seitoshidou/1380961.htm、２０２３年８月23日取得）

29　「チームとしての学校の在り方と今後の改善方策について（答申）」（２０１５年12月21日、中教審第１８５号、中央教育審議会）（https://www.mext.go.jp/b_menu/shingi/chukyo/chukyo0/toushin/__icsFiles/afieldfile/2016/02/05/1365657_00.pdf、２０２３年10月３日取得）

30　「子供の貧困対策に関する大綱」（２０１４年８月29日閣議決定）では、学校を子供の貧困対策のプラットフォームと位置づけて総合的に対策を推進することになっており、学校には福祉関連機関との連携の窓口という役割が想定されている。
31 「児童生徒理解・教育支援シート」は、2016年7月29日に出された「不登校に関する調査研究協力者会議」最終報告に試案が示されている。
32 「④義務教育の段階に相当する普通教育の多様な機会の確保に関する法律案」全国登校拒否・不登校問題研究会編・前島康男・馬場久志・山田哲也責任編集（2016）『登校拒否・不登校問題資料集』創風社：138-144頁。もしくは、フリースクール全国ネットワーク「「教育機会確保法」旧条文案（2015年9月15日公開）」（https://freeschoolnetwork.jp/wptest/wp-content/uploads/2016/01/20150915joubun.pdf　2023年11月21日取得）
33 学校教育法施行令第20・21条では、正当な事由がなく7日間欠席した児童生徒の保護者へ教育委員会は出席の催促をすることになっている。しかし、不登校は、一般的に、正当な事由と認められている。
34 高山龍太郎（2019）「教育機会確保法の成立過程とその論点――ニーズ対応型教育課程という観点から」永田佳之編『変容する世界と日本のオルタナティブ教育――生を優先する多様性の方へ』世織書房：143頁。
35 高山龍太郎（2019）「学校外で義務教育を可能にする法律とは何か――不登校の子どもの学習権保障をめざす市民運動と教育多様機会確保法案を検証する」永田佳之編『変容する世界と日本のオルタナティブ教育――生を優先する多様性の方へ』世織書房：115頁。
36 奥地圭子（2017）「教育機会確保法はどのように誕生したのか」フリースクール全国ネットワーク・多様な学び保障法を実現する会編『教育機会確保法の誕生――子どもが安心して学び育つ』東京シューレ出版：27-28頁。
37 奥地圭子（1989）『登校拒否は病気じゃない――私の体験的登校拒否論』教育史料出版会。
38 奥地圭子（1982）『女先生のシンフォニー――「いのち」を生み、育てる』太郎次郎社。
39 渡辺位（1983）「病める社会に悩む子どもたち」渡辺位編著『登校拒否――学校に行かないで生きる』太郎次郎社：10-31頁。
40 奥地圭子（1989）『登校拒否は病気じゃない――私の体験的登校拒否論』教育史料出版会：第1章。
41 奥地圭子（1989）『登校拒否は病気じゃない――私の体験的登校拒否論』教育史料出版会：45頁。
42 奥地圭子（1983）「学校とはなにか、子育てとはなにかを問われて」渡辺位編著『登校拒否――学校に行かないで生きる』太郎次郎社：78-115頁。
43 奥地圭子（2005）『東京シューレ――子どもとつくる20年の物語』東京シューレ出版：21頁。
44 『窓ぎわのトットちゃん』が出版された1981年には、欧米のフリースクール事情が日本で知られるきっかけの一つとなった大沼安史による記事「教育の新しい風」（1981年6月16日から同年7月3日、全17回）が北海道新聞で連載されている。この連載記事は、1982年に『教育に強制はいらない』（一光社）という書籍として公刊されるが、その表紙カバーには「トットちゃんの「トモエ学園」再興を願って」という文字が記載され、「トモエ学園とは、フリースクールであった、と――。」（88頁）と紹介されている。1983年には、フリースクール研究会が、大沼の著作などフリースクール関連書籍を出版していた一光社を拠点に東京で結成された。この研究会には、奥地圭子も数回参加している。ただし、東京シューレの出自は不登校であり、フリースクール研究会の流れとは少し異なる（東京シューレ編（2000）『フリースクールとはなにか――子どもが創る・子どもと創る』教育史料出版会：21-23頁）。

45 「映画『窓ぎわのトットちゃん』公式サイト（https://tottochan-movie.jp/、2023年8月19日取得）

46 黒柳徹子（1984）『窓ぎわのトットちゃん』講談社（講談社文庫）：214頁。

47 黒柳徹子（1984）『窓ぎわのトットちゃん』講談社（講談社文庫）：296頁。

48 たとえば、各年の教育に関する主要事項をまとめた日本児童教育振興財団編（2016）『学校教育の戦後70年史――1945（昭和20）～2015年（平成27）』小学館では、「1983年（昭和58）――校内暴力の嵐と「管理教育」への過剰期待」（88頁）、「1985年（昭和60）――多発する子どもの問題行動と管理教育」（92頁）、「1986年（昭和61）――深刻化するいじめ問題への対応」（94頁）という見出しで、それぞれの年のできごとがまとめられている。同書によると、1983年、文部省（当時）は「校内暴力等児童生徒の問題行動に対する指導の徹底について」という通知を出し、初めて校内暴力に関する調査を行った（88頁）。1985年には、生徒の暴力によって教員が亡くなったり、教員の暴力によって生徒が亡くなったり、生徒指導を苦にして生徒が自殺したりしている（92-93頁）。こうした状況のなか、いじめ・体罰・校則について国会や地方議会で質問が相次いだほか、1985年10月には、日本弁護士連合会が第28回人権擁護大会において「学校生活と人権に関する宣言」を採択している（93頁）。1986年2月には、中学2年の男子生徒が「このままじゃ『生きジゴク』になっちゃうよ」と書き残して自殺し、社会に衝撃を与えた（94頁）。文部省（当時）は、1985年に「児童生徒のいじめ問題に関する指導の充実について」「いじめの問題に関する指導の徹底について」を相次いで通知したが、間に合わなかった格好である（95頁）。1986年に発表された1985年度の「児童・生徒の問題行動の実態調査」では、いじめと登校拒否（不登校）が初めて調査項目に加わった（93頁）。ちなみに、進路や家族の問題や性や非行といった中学校の日常と非日常を描いた武田鉄矢主演のテレビドラマ「3年B組金八先生」の放映がはじまったのは1979年10月である（81頁）。

49 奥地圭子（1989）『登校拒否は病気じゃない――私の体験的登校拒否論』教育史料出版会：第4章。

50 山岸竜治（2018）『不登校論の研究――本人・家庭原因説と専門家の社会的責任』批評社：127頁。

51 奥地圭子（1989）『登校拒否は病気じゃない――私の体験的登校拒否論』教育史料出版会：41-42頁。

52 学校不適応対策調査研究協力者会議報告「登校拒否（不登校）問題について――児童生徒の「心の居場所」づくりを目指して」（1992年3月13日、文部省初等中等教育局）

53 この項の記述の多くは、高山龍太郎（2019）「学校外で義務教育を可能にする法律とは何か――不登校の子どもの学習権保障をめざす市民運動と教育多様機会確保法案を検証する」永田佳之編『変容する世界と日本のオルタナティブ教育――生を優先する多様性の方へ』世織書房：108-134頁、に拠っている。

54 国立教育政策研究所生徒指導研究センター（2009）『生徒指導上の諸問題の推移とこれからの生徒指導――データに見る生徒指導の課題と展望』：28-31頁（https://www.nier.go.jp/shido/centerhp/1syu-kaitei/1syu-kaitei090330/1syu-kaitei.zembun.pdf　2015年12月6日取得）

55 奥地圭子（2005）『東京シューレ――子どもとつくる20年の物語』東京シューレ出版：186頁。

56 不登校の小・中学生が学校以外の場へ通う場合の実習用通学定期券は、すでに1993年3月に認められていた（「登校拒否児童生徒が学校外の公的機関等に通所する場合の通学定期乗車券制度の適用について」（文部省初等中等教育局中学校課長通知、1993年3月19日、5初中30）。

57 「フリースクールからの政策提言」（2009年1月12日第1回JDEC日本フリースクール大会採択、フリースクール全国ネットワーク）

58 フリースクール全国ネットワーク「多様な学び保障法案（2014年7月6日多様な学び保障法を実現する会作成）」（https://aejapan.org/wp/wp-content/uploads/kossianVer.3_140706.pdf　2023年11月21日取得）。

59 たとえば、オルタナ法骨子案には、以下のように記されている。「しかし、いじめ、いじめ自殺、不登校、別室登校や部分登校、子どもをめぐる事件、学習意欲の低下、学級崩壊、校内暴力の増加、発達障害への無理解、外国人学校への無権利状況等、種々の問題を抱え込んでいます。これらの状況は、子どもたちの教育を受ける権利が充分満たされておらず、自分にあった学びや成長ができずに苦しんでいる姿だと、私たちは感じています。（引用者中略）日本の教育は、学習指導要領に基づく内容を実施することになっており、全国的に単一な教育内容を行っているとも言えます。そのため、豊かな個性・感性を持つ子どもたちが、自らを発揮しにくく、また、自己を押し殺して、学校教育の枠に合わせようとすることも生じ、強いストレスを受けています。その上、国連子どもの権利委員会でも指摘された競争教育の弊害にさらされ、苦しんでいる子は多いのです。多様な教育が存在し、それが社会的に位置づくことにより、教育は豊かになり、幸せな子どもたちは増えると言えます。その根幹に、自ら求める学びが保障されるしくみが必要と言えましょう。（引用者中略）以上のことを考えあわせるとき、多様な個性と学習ニーズを持つ子ども、若者が存在する現代日本において、学校教育以外の様々なオルタナティブ教育が子どもの学ぶ権利、教育を受ける権利を保障する場として、公的保障のもとで国民が活用できる教育制度として位置づけることが、教育の機会均等を実現するうえでも必要です。」（オルタナ法骨子案、2-4頁）。

60 古山昭男（2017）「教育機会確保法と保護者の教育権」フリースクール全国ネットワーク・多様な学び保障法を実現する会編『教育機会確保法の誕生——子どもが安心して学び育つ』東京シューレ出版：187-193頁。

61 2009年1月12日第1回JDEC日本フリースクール大会採択。

62 日本も1994年に批准した「児童の権利に関する条約」第18条でも、「父母又は場合により法定保護者は、児童の養育及び発達についての第一義的な責任を有する。」（外務省訳）と規定している。批准された国際条約の法的効力は、国内法よりも強いと考えられている。また、成立した教育機会確保法の第1条には、「この法律は、教育基本法（平成十八年法律第百二十号）及び児童の権利に関する条約等の教育に関する条約の趣旨にのっとり」と書かれている。

63 これらの法案づくりを行ってきた実現する会とフリネットは、2021年の書籍で「不登校という言葉は、「多様な学び」に置き換えるべき時代を迎えています」（多様な学び保障法を実現する会・フリースクール全国ネットワーク・喜多明人・中村国生編（2021）『多様な学びを創る——不登校支援から多様な学び支援へ』東京シューレ出版：2頁）と述べている。

64 たとえば、教育社会学者の苅谷剛彦は、義務教育費国庫負担法（1952年）、学習指導要領改訂・告示化（1958年）、義務教育標準法（1958年）が形づくった等量等質な義務教育の有り様を「標準法の世界」と呼び、学級・学校・地域といった空間を単位に平等を図る「面の平等」によって、個人の差異的処遇を目立たせずに全国的な教育格差の縮小が可能になったと述べている（苅谷剛彦（2009）『教育と平等——大衆教育社会はいかに生成したか』中公新書）。

65 2018年に日本財団が行った調査では、年間30日以上欠席という文科省の不登校の基準には当てはまらないが、不登校傾向（授業参加型仮面登校、授業不参加型仮面登校、部分登校、教室外登校、一定期間学校に行っていないが年間欠席30日未満の不登校）にある中学生が全国で約33万人（全中学生の10・2％）いると推計している（日本財団「不登校傾向にある子どもの実態調査」（２０１８年12月12日、メディア向け説明会資料、３-５頁）（https://www.nippon-foundation.or.jp/news/articles/2018/img/94/1.pdf、２０１８年12月13日取得）。

66 もっとも、「学校以外で学びたいから、不登校になる」は、公式には認められていないものの、不登校の一種としてこれまでも黙認されてきたといえる。たとえば、ＮＰＯ法人立の京田辺シュタイナー学校へ二人の子どもを通わせる母親は、２００５年頃に開かれた保護者の座談会で、つぎのように語っている。「帰国後に生まれた娘は、公立の小学校に行かせていたのですが、中学生になるときにこの学校ができると聞いて、「シュタイナー教育を受けさせられるんだったら、それに越したことはない」と思いました。法的に承認されない学校に、公立の学校をやめてまで子どもを通わせる価値があるのかとは考えましたが、勉強や学歴は大事だけれども、その前に一人の人として地に足をつけて、自分のやりたいことを自分で見つけていって欲しい。立派といわれる職業につかなくてもいいから、一つひとつを大事に、ていねいに、心を込めてできる人間になってほしいという思いがありました。それで、決めました。子どもはなんだかおもしろそうと思ったようでした。」（京田辺シュタイナー学校編著（2006）『小学生と思春期のためのシュタイナー教育――7歳から18歳、12年間一貫教育』学習研究社：１７６-１７７頁）。

67 奥地圭子（2017）「教育機会確保法はどのように誕生したのか」フリースクール全国ネットワーク・多様な学び保障法を実現する会編『教育機会確保法の誕生――子どもが安心して学び育つ』東京シューレ出版：34頁。

68 奥地圭子（2017）「教育機会確保法はどのように誕生したのか」フリースクール全国ネットワーク・多様な学び保障法を実現する会編『教育機会確保法の誕生――子どもが安心して学び育つ』東京シューレ出版：34頁。

69 実際、学校以外の普通教育を認めることに対して、議員から反対意見が出ていた。中村国生（多様な学び保障法を実現する会・ＮＰＯ法人東京シューレ、当時）は、「私も文部科学部会で東京シューレの実践を報告する機会をいただいたが、一部ではあるが「立法は不登校を助長する」、「子どもは学校で義務教育を受けるべき」といった学校教育守旧派の声が大きく、時間をかけざるをえない状況を実感させられた。」（中村国生（2016）「「多様な教育機会確保法」（仮称）の立法の動向と今後――市民によるアドボカシー活動と政策形成の観点から」子どもの権利条約総合研究所編『子どもの権利研究――子どもの権利が拓く――18歳選挙権・多様な学び・格差貧困問題』（日本評論社）27：１０９-１１４、１１１頁）と記している。

70 文部科学省「地方教育費調査」年次統計（e-Stat、https://www.e-stat.go.jp/stat-search/files?page=1&layout=dataset&toukei=00400202&bunya_l=12&stat_infid=000032260564、２０２３年７月３日取得）

71 『東京都の私学行政――令和５（2023）年』（https://www.seikatubunka.metro.tokyo.lg.jp/shigaku/sonota/files/0000000077

/03shigaku_gyosei_2syo_R5.pdf、２０２３年12月３日取得）、23頁。

72　吉田みずえ作成・古山明男監修「多様な学びへの経済的支援について――自治体と民間教育施設の連携による実施事例から[第４版]」（２０２３年２月28日公開、https://www.toiro.blog/wp-content/uploads/2023/03/9a80b9e00eb056402cab5a7138bf2ea3.pdf、２０２３年３月９日取得）

73　日本国憲法第89条「公金その他の公の財産は、宗教上の組織若しくは団体の使用、便益若しくは維持のため、又は公の支配に属しない慈善、教育若しくは博愛の事業に対し、これを支出し、又はその利用に供してはならない。」

74　たとえば、文科省の調査によると、１民間団体・施設あたりの子どもの在籍者数の平均は約13・２人となっている（文部科学省「小・中学校に通っていない義務教育段階の子供が通う民間の団体・施設に関する調査」（http://www.mext.go.jp/a_menu/shotou/tyousa/1360614.htm、２０１５年10月22日取得））。

75　たとえば、フリネットが２０２２年に行った調査では、財政規模が年間１０００万円以下の団体は、回答のあった１２０団体のうち73・３％を占めた（フリースクール全国ネットワーク編（2023）『フリースクール白書２０２２』学びリンク：２０２頁）。

76　中村国生（2016）「「多様な教育機会確保法」（仮称）の立法の動向と今後――市民によるアドボカシー活動と政策形成の観点から」子どもの権利条約総合研究所編『子どもの権利研究――子どもの権利が拓く――18歳選挙権・多様な学び・格差貧困問題』（日本評論社）27：１０９-１１４、１１０頁。

77　実際に物理的な金券が発行されることは稀で、ほとんどは帳簿上のバーチャルな金券である。

78　臨時教育審議会（臨教審）は、教育改革を掲げた中曾根康弘内閣が、１９８４年に設置した総理大臣直属の諮問機関である。１９８５年から１９８７年にかけて４次にわたる答申を出し、「個性の重視」「生涯学習体系への移行」「国際化・情報化時代等の変化への対応」などを教育改革の理念に据えるべきとした（「教育行政」日本大百科全書ニッポニカ）。

79　ミルトン・フリードマン、ローズ・フリードマン／西山千明訳（2012）「学校教育制度の退廃」『選択の自由――自立社会への挑戦〔新装版〕』日本経済新聞出版社：２３９-３００頁。

80　斉藤泰雄（2019）「教育バウチャーの効果と限界――バウチャー制度を最初に導入した南米チリの経験から学ぶ」永田佳之編『変容する世界と日本のオルタナティブ教育――生を優先する多様性の方へ』世織書房：４６１-４７６頁。

81　斉藤泰雄（2019）「教育バウチャーの効果と限界――バウチャー制度を最初に導入した南米チリの経験から学ぶ」

永田佳之編『変容する世界と日本のオルタナティブ教育――生を優先する多様性の方へ』世織書房：461―476、469頁。

82 武井哲郎・矢野良晃・橋本あかね編著・今川将征・櫻木晴日・三科元明・竹中烈・宋美蘭（2022）『不登校の子どもとフリースクール――持続可能な居場所づくりのために』晃洋書房。

83 高等学校等就学支援金の支給に関する法律第3条。

84 三つの都道府県以上から生徒を集める通信制高校を広域通信制高校といい、ウィッツ青山学園高校も該当する。広域通信制高校の生徒は全国各地に散らばるため、普段は近くのサポート校へ通い、生活面を含めた学習支援を受けることが多くなっている。サポート校は、高校を運営する学校法人や株式会社とは別の団体が運営することが多く、フリースクールがサポート校になる場合もある。文科省が2021年3月に改正した「高等学校通信教育規程」では、サポート校は、学習等支援施設と位置づけられた。

85 「伊賀市教委、高校訪れ事情聴く　ウィッツ青山支援金不正受給容疑／三重県」（朝日新聞、2015年12月10日）

86 報道によると、不正が行われたのは「四谷LETSキャンパス」（東京都千代田区）である。運営会社の親会社社長は、12月9日の記者会見で、不正受給を認めたうえで、「『キャンパス』は独立採算で、学校の経営とは関係がない。無責任かもしれないが、運営も現場に任せており、不正受給は寝耳に水の話。ご迷惑をかけたという認識はあり、今後はこういうことがないようにしたい」と話した」（「就学支援90万円受給　伊賀の高校、資格ない生徒3人分」（朝日新聞、2015年12月10日））という。

87 「三重の私立高など、就学支援金の詐取容疑で捜索――資格ない卒業生分を申請、国や県、確認の仕組みなく」（日本経済新聞、2015年12月9日）、「ウィッツ青山学園高の不正受給－生徒にも広がる動揺　県、市調査　副校長ら対応追われ　／三重」（毎日新聞web版、2015年12月10日）。

88 「就学支援金詐欺－運営会社社長が不正関与を否定」（毎日新聞web版、2015年12月9日）。

89 「USJ行きお釣り計算「数学」　三重の高校、不適切教育」（朝日新聞web版、2016年3月1日）。

90 文部科学省「高等学校通信教育の質の確保・向上」(https://www.mext.go.jp/a_menu/shotou/kaikaku/1403642.htm、2023年11月23日取得)。

91 「（聞こに）ウィッツの生徒ら引き継ぎ1年、現状は？　吉永輝彦さん／三重県」（朝日新聞三重版、2018年5月27日）

92 「フリースクールの子、性暴力から守れ　10代でスタッフによる被害、今も苦しむ30代女性」（朝日新聞、2020

年２月３日）

93 「フリースクールの子、性暴力から守れ　10代でスタッフによる被害、今も苦しむ30代女性」（朝日新聞、２０２０年２月３日）

94 「東京シューレにおける性被害について、及び、子ども等の人権、安心・安全を守るための取り組み東京シューレにおける性被害について」（２０２０年２月10日特定非営利活動法人東京シューレ理事長奥地圭子）（https://shure.or.jp/dcms_media/other/tokyoshure-pdf01.pdf、２０２３年11月21日取得）。

95 フリースクール全国ネットワーク「奥地圭子さんの代表理事及び理事辞任と中村尊新代表理事選任のお知らせ」（２０２０年９月23日、https://freeschoolnetwork.jp/%e6%9c%aa%e5%88%86%e9%a1%9e/3923、２０２０年12月25日取得）。ただし、ＮＰＯ法人東京シューレは、フリネットの参加団体に留まっている。

96 「東京シューレ理事長が退任　性暴力問題巡り　フリースクール草分け」（朝日新聞、２０２１年６月25日）。

97 多様な学び保障法を実現する会「奥地圭子の共同代表退任について」（２０２１年７月31日公開、https://aejapan.org/wp/officialinfo/info20210801/、２０２３年11月29日取得）

98 多様な学び保障法を実現する会「【重要なお知らせ】多様な学び保障法を実現する会解散について」（２０２２年７月25日公開、https://aejapan.org/wp/officialinfo/kaisan/、２０２２年８月23日取得）。

99 フリースクール全国ネットワーク「２０２１年度活動報告書」（２０２１年４月１日～２０２２年３月31日）（https://freeschoolnetwork.jp/wptest/wp-content/uploads/2022/06/a2213065a9cc0426b32e668b71f03b8f.pdf、２０２３年11月21日取得）、１頁、３頁。

100 「不登校特例校の「集い」中止」（朝日新聞、２０２３年１月26日）

101 文部科学省「【不登校特例校「全国の集い」を開催します】」（２０２３年１月10日発信、https://twitter.com/mextjapan/status/1612728540189036544、２０２３年12月１日取得）

102 居場所カフェ立ち上げプロジェクト編著（2019）『学校に居場所カフェをつくろう！――生きづらさを抱える高校生への寄り添い型支援』明石書店、柳下換・高橋寛人編著・鈴木健・尾崎万里奈・西野博之・石井淳一著（2019）『居場所づくりにいま必要なこと――子ども・若者の生きづらさに寄りそう』明石書店。

103 おおたとしまさ（2022）『不登校でも学べる――学校に行きたくないと言えたとき』集英社（集英社新書）

104 そのようなフリースクール関係者の試みの一つとして、フリースクール等の自己評価・相互評価・第三者評価のあり方についての研究がある。加瀬進研究班代表（2020）「フリースクール等の支援の在り方に関する調査研究――

自己評価と相互評価／第三者評価」(https://www.mext.go.jp/content/20200428-mxt_jidou02-000006888_3.pdf、2023年12月4日取得)。

第10章

「多様な教育機会を考える会」の歩みをふり返る

座談会：阪南大学あべのハルカスキャンパス

森　直人
金子良事
澤田　稔
聞き手　江口　怜

森：多様な教育機会を考える会（RED研）は他にあまりない研究会じゃないかと我々自身、思ってきました。いろんな領域の研究者が学際的に集まっているだけでなく、実践家の方や運動家の方も含めてネットワーキングしてきて、そういう研究会を運営するにあたってはそれなりにいろいろ工夫してきました。これまでにあった他の研究会のあり方をみながら、その進め方、作り方をつねに議論しながらやってきて、準備会も含め最初から数えると8年経って、それなりに蓄積もできてきたので、もし今後同じような問題関心をもち、こうした集まりを作ろうと思う方が出て来たとき、我々がどう考えながらやってきたのか伝えるために記録を残しておこうと思い、この企画を用意させていただきました。

聞き役として摂南大学の江口怜さんをお招きしたのは、著書企画にあたっての打ち合わせのやりとりのなかでそういえば我々がこの研究会を始めたのはこう考えてたからだなと記憶を呼び覚ますさまざまな問いの投げかけをいただき、これは江口さんに聞き役に回っていただいたら、我々にとっても有益な時間になるなと考えまして、お越しいただいた次第です。江口さん、よろしくお願いします。

江口：はい、よろしくお願いします。RED研はですね、実はほとんどこれまで参加ができていなかったため、このような展開になって自分自身も驚いています。多様な教育機会確保法案問題というのは自分の研究歴のなかで大事なテーマのため、ありがたい思いで受けさせていただきました。

このRED研に私は2018年から参加させていただいてるんですけれども、なかなかそれぞれの文脈で語られていることを交差させて語り合う、しかも実践家の方も研究者の方も語り合うというような空間というのは私がみている限りでは他になかったということで、すごく素敵な場だなと思っていました。ただ、子育ての関係なんかでずっと参加ができずにいて、今日はこういう機会をいただきましたので、広い視野から多様な教育機会問題を考え直す機会にできればと思っています。

まず私からは、2015年にこの研究会が始まっていくにあたって、それぞれの方がなぜそこにかかわらなきゃいけないという風に感じられたのかをお伺いしてもよろしいでしょうか。

RED研がはじまったきっかけ

金子：最初はショーン（Donald Schön）の『省察的実践とは何か』▼1の読書会の打ち上げだったと思います。

澤田：私自身はとにかくその頃、多様な教育機会確保法案の一つの焦点だった「個別学習計画」▼2について、それが特別支援というところを越えて、一般的なカリキュラムの在り方として提示されようとしているようにみえて危機感をもっていました。アメリカの文脈でいうと、ホームスクーリングの流れとすごく合致しているようにみえたんです。批判的教育学▼3の分野ではマイケル・アップル▼4はホームスクーリングに関してかなり批判的でした。結局ホームスクーリングがキリスト教原理主義▼5とすごく結びついて展開していき、それが公的に正当化されることをどうみたらいいのかというので、政治哲学の分野なんかでも議論されたところがあったので、無視できない問題じゃないかと。一部ではなくて全体にかかわる問題かもしれないと投げかけました。

森：あのとき、少し分野は違うのですが、教育に関心のある研究者の方が同席していて、「ああいう報道出てますけど、あれいいんですか？」みたいなそういうノリで切り出され、「やっぱり、そうだよね」っていう感じで話題に上がったんですね。というのは、2015年5月ぐらいから骨子案が出るとか出ないとかの報道が出始めていたはずですが、打ち上げが8月26日なので、ほぼ4カ月間、報道は出るんだけど変に無風っていうか、誰も何も声を上げていないようにみえて、こういう運動から離れてる人間からすると、識者のコメントが新聞とかメディアに出そうな段階で、まだ誰も何も言ってないみたいという感じでした。法案推進のなかにいる人じゃないところでの教育関係の識者のコメントがなかなか出てこなくて、「あれ？」みたいな。他の人とこの法案について喋ったのはたぶんその場が初めてだったような気がします。それくらい我々はその運動からみるとすごく遠いところにいました。

澤田さんはご専門の立場で、私なんかは教育社会学的な素朴な感覚で「あれ格差を広げますよね。誰も言わないんだったら、反対の声を挙げる人がいないとやばくないですか？」みたいなことを話しました。後から知ったのは、推進運動のなかでさんざん反対の声が挙がってたんですけど、我々はまだそれを知らないので、声を挙げなきゃいけないよねみたいな感じが初動でした。私はたぶん、最初に話題が出たときはそれ以上の認識は何ももっていなくて、とにかくあの法案がそのまま本当に形になったらとんでもないからっていう感じで関心をもったんです。

あとでわかったのは、教育学者であればあるほどって言ったらあれですけど、なかなか端的な見解を表明しにくい。反対だとか賛成だとかってい う……。特に反対の立場でも、でもなんかちょっと言いにくい、そんなことがあるというのがあとでわかりました。だからこういう研究会を立ち上げることになるんですけど、最初はそこまで全然わかってないので、まあとにかく、「あかんやろ」みたいな、私はそういうノリでした。

江口：金子先生はいかがですか？

金子：私もその場に同席していました。その後、ツイッター上、森さんと澤田さんがやりとりしてるはずです。私は、教育そのものが専門では全然なかったから、お二人の議論を聞いてて、内容というより、そのやり方だったら止められないなと思ったのでダメ出し的な話をしてたら、「そんじゃやってくれ」という話になって、一緒に始めました。

江口：反対しなきゃっていう思いでは一致というか。

金子：学校は全国津々浦々に広がるユニバーサルサービスであるけれども、福祉はそういう状態に今もなっていません。学校というプラットフォームと同じレベルで、全国津々浦々に一気に変えることができる基盤がない状態でそれやっていいのかっていう疑問はものすごくありました。森さんが格差拡大をおっしゃったけど、私は地域間の違いを意識していました。そもそも明治時代に小学校を揃えたこと自体がすごいことで、それと同じぐらいの改革的にもやらなきゃいけないことだけど、そういうなんか土台のないところで走り出すというものに対する危機感はもってました。

江口：教育学のなかにいるとかえってみえにくいんですけど、学校が普遍的なものとしてあることがやっぱりすごいことだっていう、ご感覚をもたれていたということですか？

金子：そうですね。学校は全国津々浦々にあるし、それぞれ地域の拠点になっています。廃校になっても地域の拠点で利用されるじゃないですか。公立の学校は行政なんだけど、もともと行政だけともいえない地域の力で立ち上がったという成り立ちをもってるので、学校という制度は特別という感じがありました。

その後、我々はお世話になっている先生からの紹介で、ある方にインタビューをして、この法案をめぐる状況のレクチャーを受けました。初期はまず情報を収集することを意識していました。

森：そこから路線を変えなきゃいけないな、と。レクチャーを受ける前は、まだ反対シンポジウムを開催しなきゃいけないという考えだったので、私の大学・大学院時代の指導教員だった先生に「反対運動のシンポジウムをやるときには名前を貸してください」とお願いに行ったんです。

そのときの先生のリアクションは印象的でした。「これ問題だと思うので反対しようと思ってるんですよ」って言ったら、その先生は「いや、それはいい。そういうのには反対したほうがいい」というんですよ。「そもそもね、教育機会が多様だと、それはありえないからね」みたいな、いわゆる教育社会学者にありがちな、教育機会に多様が付くと大体みんな不平等で格差拡大っていう反応に聞こえました。「じゃあそういうことがもしありましたらよろしくお願いします」と言って別れたんです。終わったあと、「あれはあれでちょっと違うよね」って3人で喋った記憶がある。そのあとレクチャーを受けて、何も知らずに恥ずかしいってなって、そのレクチャーしてくれた人にも「すいません、じゃあちょっと考え直します」って言って。そこからRED研に実質的につながりました。

事務局3人の出会いと広田理論科研との関係

澤田：研究会として立ち上げようという時期にはかなりブレインストーミングをしました。その頃は、私もカリキュラムや教育方法とか、既存の学校教育の枠のなかをどうするかに関する問題意識が強かったので、その意味でその枠の外に拡大する方向に対して警戒感があって、外の意味みたいなものを理解できてなかったというところがあります。ただ、3人で議論しているうちに、この法案が提起しているものは射程が大きいという話になりました。ちょうど森さんと金子さんが、この前に「広田理論科研」▼6のなかで、公教育の枠組み全体を再考する議論をすでにされていて、それのさらに難しい応用問題ではないかと。そういう認識と、ちょっとこのままでは危ないんじゃないっていう警戒感。その当時の我々の誤解も含めて、この二つがあったように思います。単にフリースクール、あるいは夜間中学校ということに収まらない問題だと。今後の公教育どうする?っていう話につながるだろうということは、わりと早めに議論はしていましたね。

森：澤田さんは世織書房から出てる『教育システムと社会』を念頭に置かれていると思うんですね。事務局のメーリングリストでは、かなり早い時期にこの法案の問題、RED研で考えていくべき問題は、あの本というかあの科研の応用問題だとはっきり私もメールの文面で書いているので、その意識はたぶんすごくあったんだと思うんですね。広田理論科研が2010年からで、私と金子さんが初めて会ったのはそこです。私と澤田さんが初めて会ったのは別の機会で同じ2010年。その広田理論科研のアプローチはかなり原理的な問いを立てて、アカデミックな志向が強かった。それの応用問題が来たなと。こんなに早く、しかもこんなに強烈にというか。アカデミックに考えていたことが現実に、そのスピードを追い越すぐらいの速さで進み始めているので、これにキャッチアップしていかないといけないなというのは始めた当初には考えてたみたいです。

澤田：3人が知り合ったのはツイッターなんです。ブログとツイッターを行き来する形で議論しながらも、あの当時の空気感としてはありました。我々の年齢も若かったのとSNSが今とまったく違う使われ方だったので、不登校問題を議論してる方もブログ、それかツイッターで発信されていて、それをつねにフォローしながら、確認するということも含めてやっていました。

森：私は、論文にする前のアイデアみたいなのものを書くじゃないですか、そのうちの一部をブログのエントリーで割とまとまった形で投稿していました。それがツイッターでリンクされて拡散されて、それを読んだ人が今度はツイッター上でコメントしあう。それをトゥギャッターでまとめて、誰と誰がどのエントリーをめぐって何を議論したかがログとして読めるみたいなつながりがあったので、比較的各自のまとまった見解がわかりつつ、個別の会話というかチャットでのやりとりもするみたいな感じで、それぞれの考えの共通してる部分と違う部分を理解できていたように感じます。

金子：その頃のほうがお互いをよくわかってたかもしれません。森さんがおっしゃるように書いた物ベースでやりとりを最初してたのは大きかった。

澤田：そのあたりのメディアの問題も我々の議論のなかでは、他の人とつながりながらやっていって、そこから研究会が立ち上がっていったというところはあります。結果的に、その当時、ちょっとした時代の区切りと重なってたというところはあると思いますね。

江口：パラフレーズすると、『教育システムと社会』に結実する広田理論科研で議論されていたのはどういうことだったんですか？

森：その科研で現代社会班と、規範理論班と歴史班という三つの班が立てられたんですね、これは研究代表の広田照幸先生がそういうふうに立てた。現代社会班のリーダーというかそのとりまとめ役が帝京大学の山口毅さんという人だった。中心は山口さんと仁平典宏さん（本シリーズ2巻3章担当）。社会学系の人ですね。規範理論班の中心は小玉重夫先生と宮寺晃夫先生で、教育哲学や教育思想といった教育学系の人が集まっていました。歴史班の取りまとめ役に指名されたのがなぜか僕だったんですね。既存の今までの人間関係のなかだけでやるんだったら面白くないから私が呼びたい人を勝手に呼んでいいんだったらやりますっていうふうに言って、ブログで「公募」したんです。ブログ読んでる人間にしか読めない公募なんですけど、でもそれは事実上金子さんと、あともうお一方いらっしゃったんですけど、このお二人へのメッセージでした。金子さんは社会政策論とか労働史の人なのに教育のことについて書いていたことがすごく面白くて、労働史の歴史研究の方だとわかってたので、面識もなかったんですけど、ブログ上で一緒にやる人いませんかって言って、それでお呼びして一緒にやることになったんです。

現代社会班というのは社会理論の話、社会学的な社会理論から考え、規範理論班は、いわゆる教育哲学的な、教育の規範理論を考える。それを現実の歴史的な文脈のなかで考えて、この社会理論・規範理論・歴史の三つを組み合わせると、教育システムと社会の関係について今後を展望するような何かが生み出せるはずだという、基本的にはそんな構成の科研でした。広田先生の当時の問題意識は、一方で社会学的な研究は、たとえばそれこそこういう法案を通すと格差が広がるぞということはいえるけど、じゃあ将来の社会構想をどう考えて、それに即した教育システムをどう設計するんだという話には全然ならない。出てきたものに対するダメ出しの学問としては結構機能してるけれども、じゃあどういう社会を構想してそれにむけてどう教育を設計していくのという議論は全然できない。他方で規範理論の方は現実の社会がどうかっていうことと切り離されたところで、将来の、教育の在り方だけを構想するっていう議論の立て方になってるから、宙に浮くと。その三つの班がそれぞれ小さい研究会として活動して、一定の期間で大きな全体研究会でそういう内容を誰かが報告して、三つの班を超えて議論する、そういう建付けで進めていた感じですね。

その研究会の最初のほうで、「教育的」と「福祉的」みたいな区別を研究会全体の分析上の一つの主要な軸にしていったのも、そのときの中心は現代社会班だったんですね。この人たちがものすごく「教育的」を攻撃する論陣を張っていたんですね。山口さんはその後『教育社会学研究』の第106集に「生存保障への教育社会学的アプローチの失敗」という論文を書かれてますけど、当時からとにかく「教育的」はけしからんみたいな話をしてて。私のなかでは「それ言ってることわかるんだけど、それだけだと駄目だよね」みたいな考えでした。たぶん、仁平さんもその頃は「教育的」を攻撃する側にいたような印象です。その「教育的」を攻撃するロジックの延長で、のちに「無為の論理」っていう、我々がこの研究会で初期にかなりこだわった話を、仁平さんがしていたわけです。この「無為の論理」からみると、「教育的」なもの、「教育の論理」はもうつねに悪玉なんですけど、でも単純に悪玉にしても駄目だよねというところが最初のRED研の一つのスタンスになったので、それもだから広田理論科研のときの現代社会班のロジックへの違和感というか、それにどう対抗しながら、でもそのロジックも組み込まなきゃいけない視点だし、そこをじゃあどういうふうな道筋を作って考えていったらいいでしょうかねっていうのがRED研の最初の頃です。それに先だつ広田理論科研は、そんな感じの議論の構図でした。

RED研のスタート

金子：事務局は最初から我々3人だけでは限界があると思っていたので、私が福祉に理解がある教育周りの人を紹介してくださいって言ったらお二人一致して山田哲也さん（本シリーズ2巻5章担当）、それから、仁平さんをあげられた。当時、仁平さんとは法政の多摩キャンパスでよくお会いすることもあって、東日本大震災の支援とかで一緒に議論していました。もうお一方、森さんが紹介してくださった筑波出身の加藤梨乃さんに事務作業を手伝ってもらいました。立ち上げの時期は、どう声を掛けてくるかっていうのは考えましたよね。あとは自然に学会でやって、だんだん周知したりして、そこはもうそんなに作為的にはしてなかったんですけど。初期は、失敗したけど、福祉の人にもうちょっと入ってもらって、なんかバランスよくやる、専門的にもやれるような研究会というのを私は構想してたけど全然それは無理でした。

森：最初は知ってる人を入れていく、少しずつ広げていくっていう感じだったんです。ところが、2017年8月に日本教育学会でラウンドテーブルを最初にやって、結構人が集まったんですね、教室がパンパンになるぐらい関心をもってもらって、そこでメーリングリストの登録者数がグッと増え始めるんですよ。そうするともう前のように知ってる人だから入れるとかっていうのじゃない感じになって、福祉の人とのバランスを考えましょうといっても、教育系の人の増え方がすごいスピードになっているので、同じペースで福祉の人は増やせないということもあります。我々がいくら「福祉と教育の狭間で」とか、「その境界を」と言っても、福祉の人にとっては関係ない話なので、「これの何がどう福祉と関係するんですか？」ってこともあったかもしれません。もちろんスクールソーシャルワーカーの方とかにはわかってくださる人もいて、でもそれはやっぱり「スクール」が付いたソーシャルワーカーの人であって、ソーシャルワーク一般と教育のこの問題がどこまで接点をもち得るのか、やっぱりそこは難しい問題なので、そもそも無理があったかもしれません。教育学会のラウンドテーブルで初めて対外発信をしようとしたときは、メンバーを増やすことも一方では目的だったんですけど、でもちょっと予想を超えるというか、あまりコントロールできないスピードで増えていった、我々の感覚としてはそういうところだったので、そこでもう福祉と教育のメンバーのバランスをとろうみたいなことはこの時点で潰えていた。

金子：たまたま声を掛けた福祉の人たちにとっても心理的ハードルが高かった。やっぱり、教育だからというよりは、我々がある程度顔見知りだったというところはあるので、そういう意味では完全にアウェーなところで割と大きいテーマをやるって、なかなか学際的にといっても、そこに突っ込んでくるのは難しかっただろうなという気はしますね。

とはいえ、我々の方も、最初は誰に声を掛けるか結構、気を遣っていました。研究会としてスタートする前の時期は3人が、ものすごい密度で議論してました。まだみんな東京で近くにいたので、しょっちゅう会ったり、SNS上でもやってました。これと同じ負荷を他人にかけるのは申し訳ないっていう気持ちがずっとあったんですよ。だから、たとえば初期に広瀬裕子先生にお声を掛けたいねっていう話をしてたけど、ずっと遠慮してて、数年間声を掛けてないんです。一番最初から、広瀬先生に声掛けたいねという話はしてた。広瀬先生が学会でお話しされるのを澤田さんと私で聞きに行って、挨拶はするけど、それでも先生には研究会の話はできませんでした。

森：あっ、そうだ。実は卯月由佳さんも、いちばん最初のメモで卯月さんは入っていただきたい人の一人です、って私書いてます。

金子：でもまだ卯月さんのところにも行けない▼7。

森：申し訳ない。

金子：だからその意味ではなんか選んでたっていうよりは、なんか気安いところで行けたところっていうのは、まあ最初は結構あったかもしれないですね。広瀬先生からはあとで逆に言われました、なんでもっと早く声掛けてくれないのか、って。

そういえば、澤田さんと広瀬先生の話を聞きに行ったときに、今度こういう話をするからといってある学会を紹介されたんで、行ってみたんですが、そこで初めて当時まだ名古屋の大学院生だった小長井晶子さん（本シリーズ2巻9章担当）と知り合いました。そのとき研究会のことを話したら、コロナ禍の前でオンラインではなく、東京でやっていたので、ハードルは高かったんですが、小長井さんはこういうことを議論することを大事にしてくれて、結果的に広瀬先生より先に参加するようになってくれました。

初期研究会の楽しみ

金子：コロナ前の研究会をやるときに澤田さんがめちゃくちゃご飯を大事にしてくれたのは、後から振り返ると、大事だったなと思ってます。朝から読書会をやって、ランチして、研究会が終わって、最後夜飲みに行くっていうところまでセットでやってたっていうのが、初期には大事でした。だから、そのなんかメリハリじゃないけど、テーマ的には結構、我々が大事だと思ってた試みと、実はそこでやってたことが期せずして合ったかな。単純に澤田さんめちゃくちゃ料理のお店をみつけてくる、おいしいところをみつけてくるのがすごいので、それはもう最初の頃楽しみにしてました。

森：そうですね、研究会、何が楽しみってご飯を楽しみにされていた方は多かったと思います。基本知り合いの知り合いで初期は進めてたって申し上げましたけど、それでも、それまで接したことがなかった、あまりよく知らない人がいて、その知らない人が別のトピックだということでやってきたことを、いや同じものとして議論しましょうみたいなそういう研究会だったので、ご飯を食べながら喋ることは親睦を深めるという意味では重要でした。

ただ、ちょっと微妙なのは1日潰れるわけです。午前中に読書会、お昼を一緒に食べて、午後は4時間研究会、そのあと打ち上げ。じゃあなんでそれにフルで参加するようなかかわり方を事務局の3人ができたかっていうと、たぶん家事育児責任をそんなに負わなくていい属性があったからだと思うんです。江口さんがなかなか参加できなかったことの裏返しで。それは、研究会の在り方の評価としては微妙ですね。途中、他の方法を模索したこともあります。短くするとか開催時間を平日の夜とかいろいろやっても結局出れない人は出れないとか、1回アンケートのような形で聞いても、参加人数はあんまり変わらないみたいなところがあって。

それに、RED研が途中から確立してきたモヤモヤをゆっくり話し合うスタイルだと、やっぱり2時間では難しい。それを報告する時点でその話が報告者のなかである程度まとまってると2時間のディスカッションでいいんだけど、全然、そういう状況じゃないっていうものをみんなでシェアしながら言語化していこうっていうスタイルでやろうとすると、やっぱり時間というコストはかけないとリターンがないっていうことがあって。だから、このスタイルが手放しでいいとは思わない。ただフル参加で関与できない人は関与できないなりのやり方で、あるいは部分的には関与できる、それがあった。

「立ち上げの経緯」

森：今のRED研のウェブサイトで「立ち上げの経緯」になってる文章が、最初は「本会の趣旨」だったんです。「立ち上げの経緯」の作文は、2017年の8月に日本教育学会のラウンドテーブルを初めてやったときで、最初の対外的活動だったので自分のブログで「こういう企画をやります」みたいなことをいうために書いた文章だったんですけど、「RED研のウェブサイト自体があったほうがいいよね」みたいな話になって、私のブログエントリをそのままこっちに移したのがその文章なんです。だからこれは単純にラウンドテーブルの宣伝文として書いたんですね。最初のラウンドテーブルの趣旨文と、ここに書いてある文章ってかなりダブりがある。

最初のラウンドテーブルまでは、要するに知り合いの知り合いみたいな、なるべく専門の分野とかスタンスのバランスを考えながらコントロールしている感じだったんですね。それは事務局がコントロールするという感じでした。事務局は、当時は3人が大体いろいろ相談して決めて、同じメーリングリストに仁平さんと山田哲也さんが入っていて、この2人には「議論に参加しなくてもいいので、みていてください」っていう言い方をしていたんです。我々の議論をみていてもらって、変だと思ったり、なにか言いたいことができたりしたときに入ってくださいみたいな、そういう感じでお願いしていたんです。そうやって、コントロールする。

そうして交わしてきた議論の内容がちょっと溜まってきた、対外的にも言えることができてきた感じがするから発信の機会をもちましょう、それを機にちょっとメンバー拡大もあるかもねって言って、そのやり方でやったのが2017年の日本教育学会でやった最初のラウンドテーブルです。そこでメンバー急増、そうするとそれまで人で選ぶっていうのは結局、この人どういう考え方をするだろうというのを我々がある程度わかっていて、わかるからこそその配置をコントロールできたわけですけど、まったく知らない人も入ってくるようになったので、まずどうやって新しい人に入ってもらうかっていう入会のルール自体がこの時期にすごく重要な話題になります。

翌2018年の日本教育学会で私と奥地圭子さん[8]がたまたま同じ課題研究の部会に登壇することになって、東京シューレ[9]の関係者との面識もできました。この教育学会でもラウンドテーブルを開催して、ここでもまたすごく登録者が増えて……。このへんでもう最初のRED研と全然違う研究会になってきました。

金子：奥地先生が入ってくるときは、当事者というか運動のど真ん中にいた方ですし、それによって会のバランスが崩れるんじゃないかっていうことは懸念されたし、議論したことあります、正直。でも我々は拒むという選択肢はもう全然……。

森：選ばない。

金子：そういうことははっきり議論して決めました。

もう一つのRED研、文字を通じての交流

森：もう一つ、僕が意識したのは開催される研究会だけが研究会じゃないということです。メーリングリストには登録してるけど研究会には来ないという人がある時期から大半になるんです。メーリングリストを解除したい人は解除してくださいって言っても、まあ、メーリングリストサービスの移行のときに10人抜けられたんですが、でも「これぐらいの人数で止まるんだ」と思ったんです。もっと登録解除する人が出ると思っていたので。逆の言い方で、やめたい人は言ってくださいじゃなくて、あらためて登録し直す人は言ってくださいという言い方だと、また変わっていたとは思うんですけど。

自分自身が院生のときに参加していてメーリングリストにも入ってた「比較教育社会史研究会」っていう研究会、これが私のRED研運営の手法としてモデルにしているすべてです。私がこのRED研をどういう研究会にしたいかって考えたときに、比較教育社会史研究会の「実践家の入ってる版」にしたいと思ったんですよ。

比較教育社会史研究会は橋本伸也さん▼10が、望田幸男先生▼11の定年退職を機に、教育史研究を他の歴史学や、社会学、人類学、政治学など諸学の歴史研究と同水準の問題設定を共有できるものに開いていこうと、そういう諸学の、歴史研究の専門家を集めて、何らかの形で教育に関心がある人たちに声を掛けて呼んで議論を交わす研究会をネットワークしていました。それは純粋にアカデミックな、学際的な研究会だったんですけど、その中心を彼は一人で担っていたんです。昭和堂

から何冊も比較教育社会史研究会の本が出ています。論文集ですけど、そこに論考を載せた人、とくに当時の院生には陰で「あれは査読誌だ」とも言われてて。査読者は橋本さんです。全部読んで、先行研究もとにかく専門外であっても最低限日本語で読めるものは全部読んでやってるというすごい運営をしていたと思うんです。それも学際的に。ただそうすると何が起こるかっていうと、RED研でも似たところはあるんですが、最初は学際的に重要だよねってみんな言うんだけど、だんだん自分の専門に近い報告のときには出るけどそうじゃないときには出ないみたいになっていくんです。それで橋本さんが何をやっていたかっていうと、研究会がある度に、その研究会がどういう研究会だったかっていう長文のメールを書くんですよ。かつ、『比較教育社会史研究会通信』という冊子を年に何回か発行して、そこで自分以外の人間にその部会がどうだったかというのを報告させる文章を書かせるんです。私はその橋本さんが書く長文の研究会報告のメールをそれこそ熟読してたんです。私も初期はかなり参加してたほうでした。それでも出れないときがあるんだけど、そのときは後で橋本さんが言わばなんていうか書評してるものを読むみたいな感じなんですよ。だから、それはあくまで橋本さんの見解なんだけど、でも橋本さんがどういう見解かっていうのはそれまでの橋本さんの書いたものとか研究会での発言とかを知ってると推し量ることはできて、そこからその場がどういう議論をしたのかっていうのを推測しながら、何が論点であったんだろうっていうのを毎回熟読してたんですね。なので、ああいうものを書いたらメーリングリストにいる人の、まあそこそこの割合で熟読するだろうっていう私のなかの信頼があったというか、その感じはあって。そういうものを書くと、分野が違う、あるいは問題関心が違う人が集まるときに、ああいうのも一種の「学級通信」ですね、今うちのクラスはこうなってますよっていうのを。

来れないけど、関心をもってるっていう人をいかにつなぐかっていうことでいうと、ああいうものを書いたら、自分にとって全然関係ないと思ってた回にどういうことが議論されてたのかに関心をもってくれる。わざと全然違うトピックのときに同じ概念を使って書くとか、「あのときの回と私にとっては同じ問題として聞きました」というふうに書くと、全部は伝わらないにしても、でも「全然違うのに、同じだとみる見方があるんだ」ということは伝わるっていうか、それは意識して書きました。それは橋本さんをモデルとして意識していました。

同時に、橋本さんはやっぱり私はスーパーマンなんだと思ってて、あれを一人ではできない。企画も立てて、人を呼ぶ手配もして、長文のメールを書いて、著書の編集作業もやって、論文へのダメ出しも全部自分でやるというか、ちょっとありえないので私は複数人で事務局をやる……。でも毎回、なるべく丁寧な研究会報告を書くのを欠かさなかったのはつねに来てない人が参加しているようになる条件を作るために書いた。それが書けなくなってくるのがちょうど、２０２１年1月の公開シンポジウムが最後です。そこで書けなくなりました。いちばん力を入れて書いたのは阪上由香さんの回、第23回です。これはいちばん力を入れて書きました。だけど、この頃はもう結構限界になってて。由香さんがたぶん待ってるだろうなって思いながら、なかなか書けない日が続いたんですけど書きました。

金子：由香さんも楽しみにしてました。

森：うーん。そうなんですよ。たまにそういうふうに言ってくださる方もいたので。まあでも自分の経験から、そういうものを書いてたら、関心がある人は必ず読むんだっていう変な確信があった。なるべく書くようにしてきましたけど、書けなくなって、そこからは参加者の投稿方式にしました。でも一人で書いていたころはもう橋本モデルを真似することを意識してやりました。特に実践家の方も入ると余計そういう機能がないと、研究会としてのテンションは維持できないなと思ったのでそれは書いて。

転換点——外国ルーツの子ども問題の回

森：研究会が始まる前、2015年の終わりから2016年3月までの時期に、かなり網羅的に論点の洗い出しはやった自覚はあるんです。そのときにこれは果てしないなと思いながらやってました。つまり、教育って人が育つことを、ほぼ普遍的にカバーするような論点の地図を作らなきゃいけない感じがして、なんかすべてをやらなきゃいけないっていうような感覚になってました。だから、ブレインストーミングをほんと一日中ぐらいの勢いでやってたんですね。これは研究会が始まってからもね。我々は基本的にそれらの論点全部に素人なんです、我々というか、特に私は。だから全部勉強しなきゃいけない。すべてのトピックにかかわってそれぞれの歴史がある。金子さんはもちろん歴史の専門家だし、私もどっちかっていうと歴史的に考えたいほうだから、すべてのトピックを同一平面に並べてみて、かつそれが時間軸で三次元、国際比較も入れれば四次元のなかで考えなきゃっていうふうな感覚はもっていました。でも、とてもじゃないけどそのすべては研究会で、ここまで7年半やってますけど、やっぱりできないんです。

むしろ、まず論点がどこにあって、そのそれぞれの論点がどういうウェブ状になってるかっていうのを切り出していくっていうこと。そのウェブのなかの結節点みたいなところにそれぞれの事例報告というのがあるわけですね。その話題提供がどういうものが交差している事例なのか、結節点なのかということを一回ごとにじっくり考えないとみえてこない。それをさらに歴史化するっていうのはちょっと、とてもじゃないけどそこまで考えが及ばなかったというのがたぶん実情なんですね。でもそこは絶対に必要な作業だと思うし、私も少しずつ歴史的な流れのなかにRED研を置き直すというか、教育学会の課題研究とかをきっかけに少しずつそれをやらなきゃいけないなと思ってるんですけども。それをアカデミックな仕事としてやったうえで位置づけていくっていうのをするのが必要なのかなっていう感じがありますよね。そういう意味ではとても、すごく非歴史的な研究会の運営だったと思います。あまり歴史的な厚みをもった検討はできていない。

江口：研究会がスタートする前の時期にいろんな論点が出てきたことは今振り返ってどんなふうにお考えですか？

森：私はこの研究会を始めたときに、朝鮮学校の無償化除外問題▼12が念頭にありました。RED研の前に、私は無償化除外問題を、広田理論科研の応用問題だと思った記憶があります。それはたぶん、広田理論科研と同時並行です。でも広田理論科研ではそんな話には全然ならずに、なにか、教育的なものがけしからんとか、なんでこういう議論してるのかって思いながら参加していた記憶があって、この「多様な教育機会確保法案」に冒頭で喋ってたような流れでかかわり始めたときに、この問題にコミットすることで、そこから公教育の在り方への問いかけを掘り下げていって、朝鮮学校の無償化除外問題に通じることはできないだろうかっていうふうに思って始めたというのが、個人的な動機としてはかなり強いものがありました。

そういう意味では外国籍とか外国ルーツとか、つながりがある子どもたちの問題というのは、本来は、私が始めた動機からすると一番やらなきゃいけない問題だったんですけれども、なかなか取り上げられなくて、最初に扱ったのは第15回目の鄭育子さんの会だったんです。その後、外国ルーツの子どもたちのテーマは、公開ワークショップで金子さんのつながりで大阪のMinamiこども教室▼13の人にお声掛けして開催するんですけど、それまでほとんど扱っていなかったんですよ。これはたぶんこの15回のときの反省で、自分のなかでこれをきっちり追究する準備ができてないなっていうふうに思った記憶があります。自分のなかでですが。

金子：少し背景を補足すると、鄭さんの報告は、韓国の米軍基地に関連する問題なんです。日本国内の問題ではなかったんですけど。基地との関係で子どもが外国ルーツになったりとか、直接的に日本の問題とかかわるわけではないんですけど、彼女自身が文化人類学出身なので、こういう研究会の場で教育の人たちと議論したり、リアクションがほしいと言われていたんです。

もう一方の、外国ルーツの子どもたちの公開ワークショップについては、澤田さんからざっくりリクエストされて、アテンドしたんですけど、個人的にはそこでテーマを深めようという意識は最初からなかったというのが正直なところです。このときのキャスティングはすごく難しいなと思ってて、なんでアテンドできたかっていうと、私自身がMinamiこども教室▼13とこどもひろば▼14でボランティアをやってたんです。だから私からすると仲間感覚で呼んだんですよ。

私は外国ルーツの子どもたちの学習支援をやっていると人には言ってたけど、実践をするうえであんまり社会問題とか、そういう視点を重視してませんでした。たまたま縁があってそこに行くことになったけど、その子たちが、たとえばフィリピン出身だとかタイ出身だとか、もちろん知ってはいるけれども、それも含めてトータルで、一人ひとりに何ができるかをいつも考えてました。もちろんボランティア仲間はそれぞれいろいろな考えをもっていますが、少なくとも私はそのなかで目の前のことをアカデミックな素材にしようと思ったことは一度もなかったです。そういう意味では、私は江口さんとまったく逆で、関東のときも東日本大震災の支援はずっとやってたけど、関西に来て現場を知るということで、アカデミックから実践にシフトしたので、これを相対化しようみたいなことはやろうと思えばできるけど、興味がなかった。そういう相対化したところで、問題を解決する力になると、信じてませんでした。

森：この15回目の鄭さんのときは、たぶんね、私に準備がないのに思い入れだけ強かったというあれで、あんまり進行がうまくできなかったです。これは問題が大きいから、鄭さんの報告から議論を始めてこのあと継続的にやっていくべき問題なので、そういう認識でやりましょうっていうふうにはやってるんですけど。そのあと続いてないんですね。この後、我々が研究会の体制の立て直しの必要に直面するんですが、そうするとその流れからは、今言ったその外国籍、外国ルーツの子どもの問題を、この多様な教育機会で公教育を問い直すという文脈からは一旦ここでは外して、別の導線で研究会のスタイルを確立していったんだなというふうに私は振り返ってます、今の時点で。

金子：鄭さん自身が「RED研ってなに?」っていう疑問を出してくれて。鄭さんとたぶん藤根雅之さん（本シリーズ2巻4章担当）。この研究会は一体なんなんだっていうのが、べつに批判するっていう意味よりは……。

森：困惑してというか。

金子：それで我々も反省して、やっぱりそれを言葉にしたいとか伝える努力をしなきゃいけないなっていうお話をしたんですが、私の感触としては15回を受けて、研究会のあり方を見直した3月に開いた16回研究会は50点ぐらい、あんまりうまくいかなかった。なんか我々意気込んでやらなきゃって思ったけど、結果的に我々の力不足なのかなんなのかよくわからないですけど。

森：これが失敗だったから「本会の趣旨」を作文しなきゃいけないねってなって、それから作文作業に入って……。

澤田：このあたりは、3月の研究会のうまくいかなかった感と、外国にルーツのある子どもたちの学びの問題をどうとらえるかっていうのは、つながってるところも違うところもあるのかなって感じですが。

森：違います。

澤田：そうですよね。この研究会って、3人でやってきてるんですけど、リーダー的には森さんにやってきていただいてたっていうところがあって、視点が全然違うというところはありますね。僕自身はずっと外国ルーツの子どもの問題というのは入れていいし、入れるべきだと思ったんだけど、森さんは結構丁寧に考えられるというところもあるから、それはまだなんだとか、ブレーキをかける方向だったと思います。私は入れようとしてたじゃないですか、研究会の外から人を呼んでもいいんじゃないかとか。

森：そうかもしれない。

澤田：だから、私には意外だったんです。その話をしたときに。もう少しこういう人を呼んできてやってもらえばいいじゃないですかって言ったんだけど、「いやっ」っていう感じだったから。森さんのほうが丁寧に考えられてるんだなっていうのがわかって、ここは自分の感覚よりはそのラインでいこうみたいな。外国ルーツの子どもたちの学びの問題というのは、いい加減という形でいけばもっと入れ込むこともできたと思うんだけど、森さんの何かがそれを許さなかったんだな。

金子：でもね、それと似たようなことは他にもあって一時期、全体的に割とアカデミックな人たちは理論的にアマルティア・センを中心に考えようとしていた時期があって、読書会もやったんですよ。本当は最初から卯月さんを呼びたいとは言ってたけど、今の我々の実力だと卯月さんを呼ぶのは申し訳なさすぎるって言って、そのあとずっとセンが、卯月さんが参加してくださるまで、だいぶなおざりに。

森：そう言われてみればそうか。それと同じと言えばまあ……。

金子：そう。だから、なんかあの、テーマを自信がないからできないって感じで、慎重にいきすぎて取り扱えてない問題は結構あります。

澤田：そう。だから、その頃は、そういう部分に関してはあんまりモヤモヤのままではよくないんじゃないかみたいなこともあったのかもしれない。だから、難しいとなりましたが。やろうと思えばできたんだと思うんだけど。

森：私がリジェクトしてたんだとしたら、たぶん意識的にやってないですね。

澤田：うん、だと思う。だから、候補者を何人か出したかもしれないけど。

森：振り返って確認してみたらすごいびっくりするぐらい出ているの、5〜6人名前が出てました。

澤田：そう。僕はべつにいいなって思ってたんです。どうせ絡んでくるからと思ったから。けれど、森さんのなかで見通しが立たなかった。

森：論文を読んで「この人は違うと思います」とメールで書いたことはあります。

澤田：そうだよね。

森：大変失礼なことなんですけど。

澤田：明確な見通しが立たなかったんだと思います。僕も、この人だったら絶対大丈夫とか思ってないんだけど、関連する現場である程度実践されてきている方と議論することに、このタイミングでは意味があるんじゃないかみたいなところで思ってたところがありました。

さっき何を落としたのかっていう質問からこんな話になったわけだけど、要するに、みる人からみたらめちゃめちゃいい加減なわけじゃないですか。藤根さんなんかもすごくそのオルタナティブスクールの問題を丁寧に追尾されてきて、すごく分厚くそれを記述として残そうとされてきた立場からすると、つまみ食いみたいな議論にみえるかもしれない。理論的にも実践的にもお前らつまみ食いして喜んでるだけじゃないかっていうふうにみられてもおかしくないところがあるし、そういう部分がないかといったらそれはある。自分たちとしてはある程度丁寧にやってるつもりでも。ちゃんと丁寧にやるっていう覚悟がないのに、とりあえずトピックにするでいいのかとか、そこのあいだはつねに揺れてきたというところもあるかなと思います。

研究会のテーマ設定の仕方

森：自分の無意識を分析すると、たぶん、多様な教育機会だから、フリースクール、夜間中学に限らず広げてるわけですよね。多様な学び保障法案▼15とかにかかわったようなタイプの教育機関よりもさらに広げて、一応概念設定してる。それを具体的に扱うときに、僕のなかにある発想って、「違うものなんだけど、同じだっていえるか」っていうのを、たぶん理論的なスクリーニングをしている気がします。これとこれ、普通の人は違うと思ってる、思ってるけどでもこの多様な教育機会っていう言葉で、同じ平面で検討できるよっていう素材であるっていうことを僕は基本的に全部素人なので、やっぱり論文とかいろんなその実践家の書いたもので判断するわけです。それで判断できるときには扱えるんだけど、遠くなればなるほど、大きい平面を上のほうに設定しないと同じ土俵に乗らないですよね。その感覚がもしかしたら自分のなかの理論的なスクリーニングが働いてるのかもしれない。

私にはやっぱり外国籍問題、朝鮮学校の無償化除外ではかなり自分にとってショッキングな出来事だったので、マジョリティの日本人がそれを支持するっていうのは。ちょっとだから思い入れが強かったのかもしれないですけど、たぶんそういういわゆる外国人学校的なものと、その多様な教育機会確保法案の扱われがちなところとをブリッジする平面がみつからないとダメ出ししてたのかもしれないです。

澤田：あの、でもね、要するにこう単純にブリッジさせようと思ったらできないわけじゃないじゃないですか。

森：まあ、単純には。

澤田：単純には。だから、森さんがそこでどういうブリッジだったらいいけど、どういうブリッジだったら表層的にすぎるとか、いうところはね、まだつかめてない。

森：なるほど。

澤田：だから、その準拠問題がちゃんと設定できればよいっていうことだと思うんですけど、まったく遠いところにあるようにみえるものが、実はこの問いに対する解決策として機能的に等価だっていう話ですよね。単純には、今までのマジョリティを中心にしてつくられてきた教育のなかで、十分に手当てされてこなかった問題への解決策という点から考えると、それらは同列だと素朴にはいえるかなと。私は、その素朴なところから始めていいんじゃないかっていうふうに思ってたので。そこから議論し始めたときに、「あっ、これ見落としてるわ」っていうやり方もあると思っていたというか。この外国ルーツの子どもたちの教育問題という点に関しては、森さんのなかで、その準拠問題の設定の仕方というか、同一平面の設定の仕方に関するある種の厳しさというか、目の粗さを許さないという雰囲気はすごく感じてました。

森：なるほど。

澤田：それで私はこれに関しては自覚があったから、森さんが反対だったら自分は引こうと思ってました。このことは、それですごくよく覚えてる。ここはやっぱり森さんにリーダーシップをとってもらってというところがあったので、こういうトピックに関して3人の了解をある程度共通できないところで、無理に何かゲストを呼んで議論したからといってうまくいくわけは絶対ないと思ってました。これはまあ時間もかかるし、そしてあまりにも多岐にわたる、これまでマジョリティから排除されている立場からみたさまざまな教育のあり方について考えるなかで、全部一挙にやることはできないので。

森：そうですね、とりあえず議論のスタイルを確立するために、中途半端にはやらなかった。そこでつぎに17回18回は、藤根さん、高山龍太郎さん

（本シリーズ1巻9章担当）、これはここから……。

澤田：そう、原点に帰った感じでしたね。このときにもう一つ我々がよく議論してたのは、多様な教育機会確保法案からこの研究会が立ち上がったのだということは忘れないでおこうということでした。研究会発足当初の我々の危機感はナイーブすぎて稚拙だったんだけど、公教育の再編という大きな射程を含んだ問題に直面しているという認識を呼び覚ましたのがこの法案だったので。ここをもう一度ちゃんと原点として考えようという話はしていました。そのうえで、一旦、外国ルーツの子どもたちの教育問題というのはペンディングされていきました。

ただ、金子さんがおられたし、たまたま「Minamiこども教室」に関するいい本▼16がそのとき出たというタイミングでもあったので1年後に、上智大学のグローバル・コンサーン研究所の企画としてワークショップの機会を作りました。特別会みたいだったたですよね。スピンオフ的な位置づけでした。それはすごくよかったんですけど、中心軸に入れて議論するというところまではできなかったという意味では、江口さんが、多くあるなかでどれを優先してどれをペンディングしてるかっていうことからいくと、外国ルーツの子どもの問題について議論する機会はあまりありませんでした。

江口：多様な学び保障法案の初期の段階では結構外国人学校の話も入っていたと思うんです。だから、このRED研でというだけではなく、この法案をめぐる議論の過程のなかで落ちていった側面があるんじゃないかという問題意識が一つあります。もう一つは、私自身も教育と福祉みたいな文脈の議論も結構読みながら、福祉の議論のなかで、差異の問題やマイノリティの問題をうまく扱えないっていうか、のっぺりと一人ひとりの子どものウエルビーイングっていうふうになってしまうようなところがあるような感じももっていて。そのあたりのところで何か考えてこられたことがあるのかっていうのが……ちょっと掘り下げすぎですかね、いかがですか。

金子：初期の頃は、我々研究者としてのキャリアという背景も大きいから、なかば研究計画に近い形でスケジュールを立てようとしてた感はありました。より正確には、研究計画を立てて研究するというよりは、勉強しながら研究計画的にやろうっていうふうな発想だったような気はしますね。だから割とちゃんと勉強できるようにっていうのをやったけど、そういう意味では最初の武田さんの報告回をきっかけにちょっとずつ変わっていった結果、計画的に一つのテーマをやるのが難しくなっていったんだと思います。そういう意味では、外国人ないし外国ルーツの問題だから、捨象されていったというよりは、運営のやり方が変わって行った結果、そうなったということでしょうね。

メンバーの増加と研究会の転換
——事務局の拡大と「本会の趣旨」の作成

森：初期の頃にいた人にはあんまり説明しなくてもRED研がどういう研究会かっていうのが比較的早くその認識がシェアできたんですね、そういう人しか選んでないっていうこともある。だけど、もうこれだけメンバーが増えてくると、たとえば、この研究会ではフリースクールの話、不登校の話もするけど、学習支援の話もするし、いろんなトピックでやるじゃないですか。自分が入ったときにはこういう議論してたのに、つぎの研究会は全然違う話をしてるとか、そうなってきちゃうと、「この研究会は一体なんの研究会なんですか？」みたいな疑問に対して説明しなきゃいけないんだってわかったんですけど、説明しようとすると、そもそもの経緯の話でしか説明できていなかったんですね。こういうふうにあの人に入ってもらいましたとか、この人にこの回は喋ってもらいましたみたいな、全部、個別の経緯に触れないと研究会のことが説明できないような変な研究会になっちゃってたんです。

あまりにもそれこそいろんな多様な教育機会を

扱うものだから、まだ障害児とかいろいろ扱ってないトピックもいくらでもあったんですけど、この程度の広さでも、「この研究会はなんの研究会なんですか？」ってものすごく問われる経験が、何回か、特にこの3年目の終わり頃に続きました。

金子：そのときは3人で議論してたんですよ。この男3人で議論してるのは絶対駄目だって3人とも思いました。要するになんか、男子校のなんか部活のノリみたいな感じで議論してて、これは絶対いい方向に行かないなっていう感覚がありました。そこで末冨芳さんと武田緑さんのお二人の力を借りたいと考えました。もちろん彼女たちにはそれぞれのフィールドの価値をもっていらっしゃるのは大前提なんですけど、それ以上にパーソナルな性格的なこととかも総合的に考えたときに、絶対我々だけでは駄目だっていうのはかなり意識をしましたね。

森：事務局の拡大のときに、末冨さんと武田さんの二人に加わってもらいました。末冨さんとはRED研以前には面識はなかったんですけど、私が教育費・教育予算、財源の問題を考えるために末冨さんの『教育費の政治経済学』という本を読んだときに、もう2010年の時点でRED研のような問題意識に直結するような叙述がたくさんあったので、「あ、この人は早い人だ」と思ってお声掛けをしたら、読書会に来てくださり、それがきっかけで研究会にも加わっていただきました。末冨さんの存在は結構大きくて、末冨さんが入る前とあとではたぶん全然別の研究会になってるぐらい会のエンジンになってくれたんです。いろんな形で企画も出してくれるし、人も積極的に声掛けして入れてくれる。武田さんとは、2017年11月がファーストコンタクト、澤田さんの提案で彼女が主催していたエデュコレ▼17にみんなでいきました。その年の12月に武田さんが入ってくれて、これ結構大きかったですよ、いろんな意味で。

澤田：当時、武田さんの場合には、既存の公教育の枠の外の方にもっと関心をもって動かれるんだろうなと思っていたのですが、実際に会って話してみると、そうではない、やっぱり両方視野に収めるということだったんです。そして、武田さんは、実践家だけど、同時に言語化も丁寧にしようとしている方でした。

森：覚えてるのは、武田さんに14回研究会で最初の話題提供してもらってるんですけど、そのときに初めて今のRED研スタイルが誕生したと思います。完成した報告はやめてくださいと言いました。そうじゃなくていい。武田さんに喋ってもらうお願いをしたとき、すごい気にされたんですよ、私みたいな者が、そんな大学の先生方の前で喋っていいんですか？　みたいな感じだったので、いや、そうじゃないんですすって言って。それがのちに、私が第二期・確立期って呼んでるフェイズに入ります。RED研で特にそのアカデミシャンじゃない方に報告していただきたいというのは、まだ言語化されてないものをそれでもなんとか言語化するっていう、言語化できてなくていいので喋ってくださいみたいな、そういう変な依頼になるわけですけど、それをみんなで共有して、もう少し明瞭な概念を与えられるようになるように一緒に考えていきましょうというスタンスにつながってくるんですけど。その最初の依頼の仕方ってたぶんこのとき武田さんに対して、ちゃんとしたアカデミックな完成した報告をする会じゃないんですっていうのをはっきり、このときに言った気がします。

金子：たぶん、私がRED研を始める直前に法政大学大原社会問題研究所で仲間たちと一緒に、院生とかで自分のところで必ずしも指導を受けられなかったりした人たちも含めて発表する場を大原社会政策研究会という形でつくって、寄り添って支援することを続けてきたので、そのイメージを重ねていました。結果的に、話をしてくださった方それぞれに、役立ってくれればそれに越したことはないんです。

それと、ちょうど私、2018年から関西に来たので、武田さんと何人かの気の置けない仲間たちが結構一緒に会って、やっぱり個を大事にするにはどうしたらいいかということを考える会みたいなのに参加してたんです。そのざっくばらんにいつものように話す延長線上でやってくれっていうことも伝えた気がします。たぶん最初の頃から、やっぱり完成させたものじゃなくてっていうふうなことは割と意識はしてました。

澤田：でもやっぱり確立期ぐらいからだと思う。最初はやっぱり研究者のほうが多かったから。

森：そうそう。最初は「報告」って呼んでたんですよ。途中から私、「話題提供」と呼び方を変えました。

澤田：それで、研究者にも同じような依頼の仕方をするようになっていきました。それは割とこの研究会の一つの特徴だと思います。それと、単純な旗幟鮮明みたいな議論ではなくて、どっちつかずとか、最近は「ジレンマ」っていう言葉を使うときありますけど、そういう部分を丁寧にみていくしかないっていうところもあって、あまりすっきりした結論とかラインがなくてもいいという。

森：すっきりした結論を出せるときは既存のものが揺らいでないからできるので。確立した既存のものがないことを論じようと思ったらやっぱり最初は混沌とします。そこの部分をシェアしていいんだっていうふうには思ってたかな……。

澤田：それをさらに言語化して、そこにむしろポジティブな意味があるんだっていうことを、最近はもうちょっと突っ込んで考えるようになっています。以前は「それしかできないよね」とか、消極的なニュアンスも強かったかもしれませんけど、今はそういうモヤモヤが大事だとか、今、森さんが言われたように、既存の枠を前提としないところで物を考えざるをえないところではそうならざるをえないし、スッキリし過ぎていると逆にごまかしてるんじゃないかっていうふうにもいえるので、そういうスタイルをこう、方針に据えるというう、メタ・レベルでそういう回収をしながら進めてるということはありますね。

森：私の理解では、RED研が変化したあとの新しいメンバー構成とか、新しい条件に対応するなかで「本会の趣旨」を作成して、体制を立て直して継続していくっていうときに、RED研のスタイルが確立するわけですね。そのときにたぶん確立しやすいやり方、自分たちが確立できるとしたらこういう方向に進んでいくんだなということで、今から振り返るとそうなったんだと思うんです。

鄭さんの回が終わった時点では、まだこの研究会のコンセプトっていうのを言語化してなかったんです。これを作らなきゃいけないねということで、3カ月ぐらいかけた。最初に私が下案を書いて、それを事務局のみんなに読んでもらって、最終的に。そうやって完成させたのが今の「本会の趣旨」なので、これは力作なんですよ。

金子：あのときは我々3人だけでなく、拡大した事務局で、何度もメールの往復をして、それこそ1行ずつ細かく議論しましたね。

ただ、その後、末冨さんと武田さんもコロナ禍で環境が変わって忙しくなり、我々3人で議論するしかなくなってきました。実は初期の読書会で、福祉をどう考えるか勉強しようとしたときに、ジェンダー的な視点が足りないということを指摘されたんですが、学術的な意味でも、運営という実践的な意味でも、その宿題には結果的に十分に応えられなかったという反省はあります。

研究会で大事にしてきた「モヤモヤ」

江口：先ほど、お話のなかでたとえば武田緑さんに入っていただくとき、学校の外の問題を主に考えられているのかなと思ったらなかのことも関心があったと澤田先生がコメントされてましたけど、私も印象としてこの確保法の意味を考えながら学校外を広げようというこのRED研が、学校外を広げようという確保法の意味を考えながら、そういうことも同時に議論するスタンスをとられていたということの意味は非常に大きいのかなという印象をもっておりまして。何も知らなかったところから、いろんな文脈を知っていかれるなかでどんなふうにこれまで考えてこられたのか、文脈が更新されていったのかみたいなところで、何かお話ございますか？

澤田：たとえば、我々の印象的な回の一つだったというふうに振り返るんですけど、内藤沙織さん（本シリーズ1巻6章担当）と小長井さんが学習支援というか居場所事業にかかわられていたときに、学習支援ということと居場所というところのあいだですごくジレンマを感じてるみたいな話をされたことがあって、それはネガティブに語られるわけなんですよね、多くの場合は。中途半端になってしまうというか、どっちつかずになってしまう、一体どっちなんだろう、これでいいんだろうか。でもそういう状態でいるっていうことをむしろポジティブにとらえるっていうとらえ方はないんだろうかみたいなことを考えたぐらいのところが、一つの画期といえるんじゃないかと。だから、それ以降そういうことをより強く意識するようになったというか。期せずして森さんもそういうコメントをされたし。

いろんな現場でそういう悩みを耳にしてきました。つまり、自分たちはこれを大事にしたいと思ってるのに、どうしてもそれだけじゃない別のこれが出てきて、乖離するような側面があると。それでどっちつかずになってしまうのは、よくないんじゃないかみたいなニュアンスで語られることが多いわけです。どっちかに決めなきゃっていう。

だから「無為の論理」みたいなものも、そういう文脈で、要するにすっきりさせる方向の議論として使われることが多かったと僕はみていました。それは批判言説としてはいいんだけど、作る言説としては、それだけでは無理だろうと。

「無為の論理」というのは僕は今でも大事だと思っていて、いわゆる「教育の論理」を批判的にみる、それを統制するという意味ではいいんだけど、いざ次を構成するとなると「無為の論理」だけでは立ちいかないところもあると考えました。逆に、ありのままの子どもを認めることを優先させることが、その子が自分で頑張りたいとか、何かやってみたいんだとか、学習にむかおうとするとか、逆の方向の条件になったりもするので。こういう循環構造だったり矛盾だったりジレンマだったりという部分を、もう少しポジティブにとらえることが可能じゃないかっていうことですね。これは「無為の論理」をどう引き受けるかということを考えてた頃からの我々の問題意識につながってるんですが、それを一般的に否定的に語られることが多いジレンマというものと結びつけて、そのうえでそれをもう一度肯定的に意味づけし直せるんじゃないかっていう話をしだした頃が画期になったように思います。「モヤモヤでいいんですよ」みたいな。というか、むしろ「モヤモヤがいいんです」みたいな、そういうこう話題提供の仕方をお願いしていったというところもあったかもしれない。私が思いつく更新・画期といえば、そんな感じです。

森：小長井さん、内藤さんと御代田桜子さんの話題提供の回の最後の最後でこの話になって。ジレンマでいいんじゃないですかっていう。あの回はそういうコメントが自分のなかから自然と引き出されたという意味で、ちょっと転機になった回ですかね。小長井さんたちの話題提供の頃から割と自覚的にそれを言葉にし始めたなというのはあります。

事務局それぞれの研究会運営の力点とスタイル——実践とアカデミックのあいだ

江口：もう少しRED研の振り返り的にここは喋っておきたいとかはいかがですか。

澤田：この研究会の特徴ってどういうところにあるのかを語るとなったら、森さんは、運営の問題が大きなポイントとしてあるからっていうことでした。だからこの研究会の中身・内容の問題もそうなんですけど、そういう運営のされ方という点でも少し変わったところがあるというか、あまり他にないのかもしれない。長文メールのやり取りとか。

森：表の、全体のメーリングリストに流す文章よりは、何十倍も事務局のメーリングリストの長文のメールのやり取りがあって、あれがＲＥＤ研だという部分が運営上……。すごいやりとりをしてた、論文に対する見解が違うとか。あと、運営の面についてもね、どうあるべきか、どうしていくべきかっていう、事務局の、男女比率のことをいうようになったのもそうだし。そういうことから始まって、そういう依頼の仕方でいいのかとか。それが私にとってのＲＥＤ研です。事務局メールのやりとり。

金子：男女間バランスは最初から意識していて、決定的に駄目って言ったのがさっきお話しした事務局拡大のときです。そのときはもうほんとに、末冨さんと武田さん、二人がちょうどいいタイミングだったのでお声掛けできた。

森：今日の振り返りの座談会の企画を考えたときも、私の問題意識の焦点は運営のことにあって、でもお二人は違ったんです。

澤田：私の場合には、むしろ、研究とか思考の構えとかスタイルが念頭にありました。さっき言った中途半端さ。中途半端って否定的によく使われるわけだけど、中途半端であることを大事にしたいみたいなところがあって、ですから教育福祉、いろんな越境をやるときのスタイルの在り方は意識してきました。だから、モヤモヤが残っていいとか、完成してなくていいとか、逆にその結論がすっきりしてるほうが怪しいぐらいのところを、どう議論に織り込んで、お互いにかみ合わせていくかみたいなことですね。ある種のモデルをもってきてそれを綺麗に適用するっていう議論とは別の考え方ができないかとか、あるいは、それはある種後づけにすぎないじゃないかとか。やっぱり、私もそのいろんな本を読んだり、モデルについて学んで、そのモデルを手に入れるとそうみえちゃうっていうのがあって、みえてしまったときに漏れ落ちる部分に、非常に重要な部分が残されているかもしれないとか。そういう部分というのは実はすっきりしないので、発表のときには綺麗に説明できないんだけど、「いや、発表している私も、実は全然ここがわかってないんですが」の後に続く振り返りのなかで大事だと思えることが語られて、その重要性を確認する議論をよくしてきたような印象があります。そういうスタイルをこの研究会は大事にしてきた。だから、「ジレンマ」というのもそれと同じところがあるかなと思っています。2023年夏の日本教育学会ラウンドテーブルのときのタイトルの決め方、本書の「ジレンマの中で」になる手前でなんか議論してましたよね。

森：最初は、「ジレンマを生み育てる」。

澤田：あ、そうか。ジレンマを生み育てる。

森：それを「ジレンマのなかで生み育てる実践の論理」に。

金子：校正でドラスティックに変えたんです。

澤田：そう。ジレンマを生み育てるっていうときには、ジレンマというものがもう明確に位置づけられているようにみえるんだけど、そういうジレンマを生み育てるということそのものがジレンマなので。

森：澤田さんは徹底してるんです。著書企画とかラウンドテーブルを準備するなかで改めて発見があったんですけど、澤田さんがジレンマを重視するということは以前からわかってたんですけど、私も割とそれに近いと思ってたんですけど、私よりも徹底して「ジレンマ」は消しちゃいけない、それを重要視しなきゃいけないって、その徹底ぶりには学びがありました。

澤田：それは、実践家の感覚に近いんだと思うんです。自分でこれがいいと思って実践するんですけど、いいと思ってやったことは必ず別にトラップがあって、そのトラップを意識したうえでやめるんじゃなくて、トラップがあるけれどもやるっていうのが実践のときに重要になってくると思っていて。たとえば、居場所か学習かという議論もそうです。学力保障重視の人たちは、基礎学力重視の人だったら基礎学力をまず徹底させることがその子たちの自己肯定感につながるという考え方なわけですよ。でも居場所重視の人たち、僕もそれに近いですけど、それとは異なる。もちろん、そういう学力重視のやり方を全否定はしません。とりあえずその成功体験を、ドリル的な学習で積み重ねさせることで、その子の満足感が高まるという可能性に賭けるというのもありなんですけど、そうじゃない別の賭け方ですよね、それは。目の前の子どもをありのまま認めて、その子の話を聞くとか、雑談するとかですね。それで、待ってみる。その子のある種の動きだしを。それがその子の自己肯定感を高めて、その自己肯定感を支えにして学びにむかうっていうことを期待するっていう賭けもあると思うわけです。これってどっちがいいかとかいえないいんですけど、どちらを積極的に主張する人も、必ず他方を、それじゃ駄目だみたいな議論に今までなってきたと思うんです。けど、この両者は、機能的に等価ではないかと。異なる策というだけで、同じ問題を解決するという機能を果たそうとしているという点では等価だと。もちろん、両方同時に実践することは不可能なので、どちらかを選ぶしかないんだけど、しかし、別のやり方もある、つまり自分たちにみえてないものがあるっていうことが自覚できると、ある種のバランスをとれるのではないかと思うんです。ジレンマの問題というのは、こういうところにつながると思っています。

金子：私は割と研究会には実践的にかかわったという意識が非常に強かったです。最初は運動的な活動をするつもりでしたし。もちろん歴史の話をしてたりとかは、結構、研究者然として話してました。大阪に来てからはそういう意味では研究してなくて、実践ばかりしてたので、アイデンティティ的にもこっち側に傾いてたっていうところはあります。結果的に、アカデミックな方向を出さないように後半はなってたような気がしますけど、初期はそうではなかったような。その辺は自分でもよくわからないです。

澤田：でも金子さんがその実践現場に深く入り込まれたのは驚きましたね。金子さんのことは、ほぼアカデミシャンとしかみてなかったので。金子さんから出てくる言葉として、研究者というよりは一人の実践家としてどういうふうにみえるかみたいなことが発言のなかに頻繁に出てくるようになったというのも。私なんか結局、カリキュラムや教育方法だから、教育学のなかでも実践的というか、ベタな現場とのつながりが割と深いところでやってきたわけだけど、金子さんの場合にはそれを飛び越えちゃったところで実践を開始してきたというか、本人自身がそこのボーダーを越えた経験をされたというところがありました。森さんもやっぱり、教育社会学で階層論という一方で、教員養成に直接かかわられたという点では実践にもコミットされたわけですが。

森：研究会としては今我々が考えてる、あるいはこれまで考えてきた考え方ってそういうふうにセッティングしてきたし、議論の仕方もそういうふうに意識してきたんですけど、たとえば論文を書くときにはやっぱり一つのモデルとか、一つの視点から書くわけじゃないですか。そのことと澤田さんがおっしゃった、我々のなかで共有してきたスタンスとの関係みたいなこと、この研究会をどういう場として運営してきたかっていうこととのつながりがついてますかね。つまり、一人ひとりはそういうふうに書くんだけど、書くときに、それによってみえるものをもちろん書くんだけど、そのときに何がみえてないかということを重視する会。

澤田：そうですね。みえないものはみえない。みえないものはみえないということがみえるか、みえないものがみえないということがみえないかという言い方を、ルーマンというか、その解説書で長岡克行さんが書いてます[18]。教育の場からみる福祉と、福祉の領域に携わってる人がみえる福祉とは違うということです。いやそんなもん、そっちに置き換えれば大丈夫じゃないかって思われるかもしれませんが、それだとその領域では仕事にならないでしょう。教育の場で仕事をしている人は教育の場のコミュニケーションに従わないと教育の仕事ができない。だからそこでみえる福祉というのは、福祉の側からご覧になってる福祉と思われてるものとは似て非なるものになる可能性がある。自分たちには、それこそ福祉だとみてるんだけども、そこでみえてないものがあるかもしれないことに気づくと異なる立場と対話が成り立つじゃないですか。あ、そっちからみたらそうみえるのね、自分たちはこう思ってたけれども、と。その両方をさらに高い水準で統合するような綺麗なわけにもいかない。しかし、自分たちの考えを修正するきっかけになると思うんですよね。そういう形でしか、違うものとの会話っていうのはできないんじゃないか。その意味で、理論モデルで書いていただいていいけど、たとえば我々がコメントするかもしれませんよね。ここからこう論じられるのは、ここはすごく明快だけど、別のことはそこまでいえるんでしょうか、みたいな。そういうところはつねに出てくる可能性があるということをわかったうえで、でもこれで書ききってしまおうとか、このモデル論でいえることを徹底して言ってしまおうっていう形でまとめていただくものはむしろ歓迎していいと思います。

森：対話のための素材。

澤田：そうです。

森：要するに対話のための素材を作るっていうことで、そのことをどこまで自覚的に書くことを実践できるかというところだと思うんですよね。今、澤田さんがおっしゃったように、たとえば教育のことを考えてる人間が福祉といったとき、それは教育からみた福祉でしかない。最近でた『教育学年報』14号でも倉石一郎さんが懸念を書かれてます[19]。倉石さんが言ってることはある意味、まったくその通りなんですよ。倉石さんは自分がこれまで書いてきたものも影響を与えているかもしれないけど、私は福祉との連携によって教育を意義づけようとする動向に危惧をもっている、とそういう見解を表明している論文なんですね。この論文のタイトルがまさにそうで、教育の側からみた福祉って、それは教育の自画像なんです。さっき澤田さんがおっしゃったこともまさにこれを言ってて、倉石さんはそのことに懸念を表明する論文を書いてるんだけど、我々にとってはむしろそれこそがスタートラインだ、ということです。教育と福祉というのは領域としてあって、区別があって、そしてそのなかで実践が行われていたり、その狭間で行われていたりということが実際にあるんだから、その行われていることに照準して解像度を上げて議論をしていくことをスタート地点に設定して、というのが澤田さんのおっしゃっていることへの私なりの理解です。

澤田：江口さん、最後にいかがですか？

江口：いつもメーリングリストを熟読しながら、なんというか大事なことを議論されてるなという思いでずっと拝読してきたので、今日は私にとってもありがたい機会だったなと思っています。私がいちばんしっくりしたのは、どうしても白黒じゃないですけど、やっぱりどっちにむかうべきかっていう答えを欲しがってたんだなっていう自分を自覚したところはあって。この問題をどうみていいのかわからないなかで、何か教えてもらえるんじゃないかっていう思いで参加されてる方もたぶん多いと思うんです。でも、そうじゃなくて、一緒に考えようよっていうところに引きずり込まれていくという、そういう場だったんだなということが非常によくわかりました。今日はありがとうございました。

注

1　Donald A. Schön（アメリカ合衆国、１９３０-

1997)。組織学習の理論家として知られる。省察的実践（反省的実践）の概念を提唱し、日本でも広く膾炙した。代表作に『省察的実践とは何か』（鳳書房、2007年）がある。

2　いわゆる「教育機会確保法」の法案提出前に未定稿として2015年9月に公表され「馳座長案」あるいは「フリースクール法案」と称された「義務教育の段階に相当する普通教育の多様な機会の確保に関する法律案」でつぎのような条文に現れる。「相当の期間学校を欠席している学齢児童又は学齢生徒であって文部科学省令で定める特別の事情を有するため就学困難なものの保護者（学校教育法第十六条に規定する 保護者をいう。以下同じ。）は、文部科学省令で定めるところにより、当該学齢児童又は 学齢生徒の学習活動に関する計画（以下「個別学習計画」という。）を作成し、その居住地の市町村（特別区を含む。以下同じ。）の教育委員会に提出して、その個別学習計画が 適当である旨の認定を受けることができる。」これに含まれるべきとされた事項等、より詳細については、以下を参照。https://freeschoolnetwork.jp/wptest/wp-content/uploads/2015/09/tayounakyouikukikaikakuhohouan_miteikou.pdf（2024年4月1日閲覧）

3　1970年代後半以降、主に北米で展開されてきた、西欧マルクス主義の系譜に連なる教育研究。教育をめぐるさまざまな権力関係・不平等問題に焦点化する点に特徴があり、これらに関する分析、及び社会的に不公正な教育状況への異議申し立てやその是正・変革にむけた提案を理論・実践両面で蓄積してきた。

4　Michael Apple（アメリカ合衆国、1942-）。批判的教育学の代表的研究者の一人。90年代後半頃までのアップルの研究は、公教育が、リベラルで平等主義的な理念と裏腹に、いかに社会的不平等や不公正に加担することになっているのかを分析する議論を展開していたが、90年代後半以降、リベラリズムの肯定的成果さえ掘り崩して跋扈することになった新自由主義・新保守主義的教育政策への批判的分析に力を注ぐことになった。比較的最近の著作（共編）の邦訳としては、『批判的教育学事典』（明石書店、2017年）などがある。

5　アメリカの一部プロテスタントにみられる極右的立場を指す。聖書解釈に関する伝統的な教義を守りながら、聖書の歴史的正確さと無謬性を信じ、反進化論、反同性愛、反中絶等を強硬に唱え、こうした信念に基づいて公教育カリキュラムを拒絶する傾向がみられる。

6　科学研究費補助金・基盤研究（B）「社会理論・社会構想と教育システム設計との理論的・現実的整合性に関する研究」（研究代表：広田照幸（日

本大学)、2010~2012年度)。教育システム設計の理論的基盤を確立するために、現代の教育理論、社会理論や政治哲学がどのように役立つかを検討した共同研究。研究成果として、広田照幸・宮寺晃夫編『教育システムと社会――その理論的検討』(2014年、世織書房)などがある。

7 その後、広瀬裕子と卯月由佳はRED研にも参加、本シリーズ2巻にそれぞれ10章、1章を寄稿している。

8 公立小学校の教師を務めていた当時、自身の子どもの不登校を親として経験したことをきっかけに退職したのち、1985年に東京シューレを開設する。不登校の子どもへの居場所の提供に主眼を置いた日本のフリースクール運動を代表する人物のひとりとなり、NPO法人フリースクール全国ネットワーク(以下、FSN)代表理事を務めるなど、「オルタナティブ教育法骨子案」から「教育機会確保法」の成立に至るまでの法案推進運動のなかで、つねに国会議員への積極的な働きかけの中心に位置した。東京シューレが団体内で起こった性暴力加害事件で2016年に提訴され、2019年に和解したのち、2020年にFSN理事および代表理事を辞任、2021年には東京シューレ理事および理事長を退任した。2018年8月に宮城教育大学で開催された日本教育学会第77回大会・課題研究I「義務教育を問い直す――「教育機会確保法」の成立をふまえて」で、森直人とともにシンポジストとして登壇している。

9 奥地圭子が東京都北区東十条のアパートの一室で始めた活動から、不登校の子どもと親への支援活動を担う日本のフリースクール運動の草分け的存在として「教育機会確保法」の成立にも大きな影響力をもった。1985年の東京シューレ開設以降、1999年にはNPO認証を受け、フリースクールの運営のほか、「ホームシューレ」でのホームスクーリング・在宅不登校支援の活動などにもあたる。2006年には構造改革特区制度の活用により学校法人東京シューレ学園が認可、翌2007年に東京シューレ葛飾中学校が開校、2020年には東京シューレ江戸川小学校も開校している。

10 関西学院大学文学部文化歴史学科教授。専門はロシア・東欧史、帝政期ロシア教育社会史、バルト地域研究、メモリー・スタディーズ。2002年3月に望田幸男の同志社大学退職を機に比較教育社会史研究会を立ち上げ、その後10年間にわたり同会の運営にあたる。昭和堂から刊行された『叢書・比較教育社会史』シリーズ全7巻にかかわったのち、『叢書・比較教育社会史・展開篇』全3巻の編者でもある。年2回の研究集会の企画・立案・折衝、会場準備・プログラム案内の作成、会員情報の管理、年1回の『通信』の発行・

郵送、1年半に1巻のペースで刊行された『叢書』全巻の校正チェックといった活動の大半を受けもち、「学際的協働」のネットワーキングをつうじて、「伝統的シェマにとらわれることなく……一国・一地域を越えた視点からアプローチを試みる新たな教育史叙述のシリーズ」としての『叢書』の誕生に寄与する（引用は叢書の扉文より）。これら『叢書・比較教育社会史』シリーズのほか、著書に『帝国・身分・学校――帝政期ロシアにおける教育の社会文化史』（名古屋大学出版会、２０１０年）、編著に『紛争化させられる過去――アジアとヨーロッパにおける歴史の政治化』（岩波書店、２０１8年）、訳書にR・D・アンダーソン『近代ヨーロッパ大学史――啓蒙期から１９１４年まで』（共監訳、昭和堂、２０１２年）など多数。

11
１９３１年生まれ、２０２３年没。２００２年まで同志社大学教授。専門はドイツ近現代史。ドイツと日本の軍国主義と「戦後」の問題の歴史的追究とならび、１９８０年代以降の日本の教育社会史研究における「第一世代」と位置づけられる業績を多く発表する。『叢書・比較教育社会史』シリーズ（昭和堂）では、最初の3巻『身体と医療の教育社会史』（田村栄子と共編、２００3年）、『ネイションとナショナリズムの教育社会史』（橋本伸也と共編、２００4年）、『実業世界の教育社会史』（広田照幸と共編、２００４年）の編者となっている。著書に『ドイツ・エリート養成の社会史――ギムナジウムとアビトゥーアの世界』（ミネルヴァ書房、１９９8年）、編著に『近代ドイツ＝資格社会の展開』（名古屋大学出版会、２００３年）、訳書にコンラート・ヤーラオシュ編『高等教育の変貌１８６０‐１９３０――拡張・多様化・機会開放・専門職化』（共監訳、昭和堂、２０００年）など多数。

12
高等学校等における教育にかかる経済的負担の軽減を図り、教育の実質的な機会均等に寄与することを目的として２０１０年4月に開始された「公立高等学校授業料無償制・高等学校等就学支援金制度」（不正確な略称として一般に「高校無償化」とよばれる制度）の支給対象から朝鮮高級学校（朝鮮学校高級部）が除外された問題。高等学校「等」とあるように、国公立および私立の高等学校、中等教育学校後期課程、特別支援学校高等部以外にも、いわゆる「一条校」ではない専修学校高等課程や、各種学校の認可を受けた外国人学校なども支給対象となっている。しかし、２０１０年2月ごろからのマスメディアでの報道や同年11月の北朝鮮による韓国砲撃を背景に、支給対象となる条件を満たしていながら朝鮮学校のみ適用保留の状態が続いたのち、２０１３年2月には文部科学省が支給対象となる外国人学校から朝鮮学校を外すため省令を改正し、適用除外を決定した。外交問題・政治的理由による除外措置に対しては、適用保留の時点から国連・人種差別撤廃委員会が明確な懸念を表明するなど、国際的に強い憂慮や批判の対象となっているが、日本政府は対応を変えていない。

13　Minamiこども教室は、大阪市中央区の地域で、外国ルーツの子どもたちの学習支援や居場所活動を展開している。

14　こどもひろばは、大阪で外国にルーツをもつ子どもたちの日本語教室を運営、支援活動を展開している。そのなかでも日本の中学校に所属せず、受験も含めた日本の高校への進学準備を全部、自分だけでやらなければならない「ダイレクト」と呼ばれる子どもたちの支援に力を入れている。

15　２０１２年４月に発足した「オルタナティブ教育法を実現する会」、同年８月に「多様な学び保障法を実現する会」へ改称され、これにより、法律案も「オルタナティブ教育法」から「子どもの多様な学びの機会を保障する法律」（略称：多様な学び保障法）へと変更された。その骨子案は以下を参照。https://aejapan.org/wp/wp-content/uploads/kossianVer.3_140706.pdf（２０２４年４月１日閲覧）

16　金光敏『大阪ミナミの子どもたち――歓楽街で暮らす親と子を支える夜間教室の日々』（２０１９年、彩流社）。

17　エデュコレは多様な教育の博覧会ということで、２００７年大阪からスタートし、２０１７年に東京、２０１９年には東海、九州でも開催された。学校・ＮＰＯ・企業などさまざまな団体がブースを開き、トークセッションやミニワークショップなどの特別企画が行われる。コロナをきっかけにオンラインもスタートした。

18　長岡克行『ルーマン――社会の理論の革命』（勁草書房、２００６年）。

19　倉石一郎「教育の自画像としての〈福祉〉理解とその批判――反省なき連携待望論への若干の懸念」（佐久間亜紀ほか編『教育学年報14　公教育を問い直す』世織書房、２０２３年、２０５－２２１頁）

これまでの活動の紹介

2016年4月23日

第1回研究会（於：上智大学四谷キャンパス）

❖報告：森 直人「「多様な教育機会を考える会」の経緯と今後の展望」

2016年5月29日

第2回研究会&読書会（於：慶應義塾大学三田キャンパス）

❖報告：1．山田 哲也「長欠から「学校に行かない子ども」へ――社会的排除をめぐる問題と「不登校」研究の今日的展開」 2．田中 麻衣子「「居場所」概念が可能にする実践ならびに「居場所」研究の動向」

❖読書会

文献▼石垣 智宏（2014）「公共サービス供給における供給体制の多様化――学校選択制と地域運営学校によるバウチャーモデルの効果」名古屋大学博士論文（法学）・乙第7068号

2016年7月24日

第3回研究会&読書会（於：上智大学四谷キャンパス）

❖報告：佐久間 亜紀「教員養成改革の動向をどうみるか――「多様な教育機会確保法案」を検討する手がかりとして」

❖読書会

文献1▼木村 元（2015）『学校の戦後史』岩波新書

文献2▼森 直人（2015）「教育システムと就業――「教育の機会均等」と社会保障をどうつなげるか」『季刊社会保障研究』51（1）：6–17頁

2016年9月24日

第4回研究会&読書会（於：上智大学四谷キャンパス）

❖報告：金子 良事「近代日本における大衆教育の成立と学校・社会・国民国家」

❖読書会

文献1▼倉石 一郎（2015）「生活・生存保障と教育をむすぶもの／へだてるもの――教育福祉のチャレンジ」『教育学研究』82（4）：571-582頁
文献2▼倉石 一郎（2014）「公教育における包摂の多次元性――高知県の福祉教員の事例を手がかりに」『〈教育と社会〉研究』24：1-11頁

2016年12月17日
第5回研究会&読書会（於：上智大学四谷キャンパス）
❖報告：畠中 亨「子どもの貧困対策における貧困概念の検討」
❖読書会
文献▼岩田 正美（2016）『社会福祉のトポス――社会福祉の新たな解釈を求めて』有斐閣

2017年2月17日
第6回研究会&読書会（於：上智大学四谷キャンパス）
❖報告：山本 宏樹「教育機会確保法案の政治社会学――情勢分析と権利保障実質化のための試論」
❖読書会
文献▼仁平 典宏（2011）『「ボランティア」の誕生と終焉――〈贈与のパラドックス〉の知識社会学』名古屋大学出版会

2017年4月30日
第7回研究会（於：上智大学四谷キャンパス）
末冨 芳『教育費の政治経済学』（勁草書房、2010年）合評会――著者をお迎えして

2017年7月23日
第8回研究会（於：上智大学四谷キャンパス）
日本教育学会ラウンドテーブル「公教育の再編と子どもの福祉――「多様な教育機会」の視点から」事前打ち合わせ

2017年8月25日
日本教育学会第76回大会ラウンドテーブル「公教育の再編と子どもの福祉――「多様な教育機会」の視点から」（於：桜美林大学・町田キャンパス）
❖趣旨説明：森 直人（筑波大学）
❖第一報告：畠中 亨（帝京平成大学）

・「教育と福祉の連携」が目指すもの——子どもの貧困対策の政策過程分析

❖第二報告：山本 宏樹（東京電機大学）・土岐 玲奈（埼玉大学・非常勤講師）

・福祉行政による「公教育の再編」——「生活困窮者自立支援法に基づく学習支援事業」全国実態調査から

❖コメント：末冨 芳（日本大学）

2017年9月17日

第9回研究会（於：上智大学四谷キャンパス）

❖報告：1．森 直人「「公教育の再編と子どもの福祉」の分析視点と問題領域」 2．金子 良事「教育と福祉の交叉する論点」

2018年1月8日

第10回研究会（於：筑波大学東京キャンパス）

❖報告：澤田 稔「公教育における『福祉的なるもの』と『教育的なるもの』との両立可能性について——日米における実践事例の画像データに基づく報告」

2018年3月17日

第11回研究会（於：上智大学四谷キャンパス）

「多様な教育機会確保法案」の経緯と今後の課題——亀田 徹さんをお迎えして

❖報告：亀田 徹「教育機会確保法の意味を考える」

❖読書会

文献▼藤田 英典（2005）『義務教育を問いなおす』ちくま新書

2018年4月29日

第12回研究会（於：上智大学四谷キャンパス）

❖報告：知念 渉・金子 良事「日本教育学会第77回大会ラウンドテーブルに向けた中間報告」

❖読書会

文献1▼仁平典宏（2017）「政治変容——新自由主義と市民社会」坂本治也編『市民社会論——理論と実証の最前線』法律文化社 158-177頁

文献2▼西原博史（1996）「〈社会権〉の保障と個人の自律——〈社会権〉理論の50年におけ

る〈抽象的権利説〉的思考の功罪」『早稲田社会科学研究』53：109-165頁

文献3▼高橋哲（2005）「教育の公共性と国家関与をめぐる争点と課題」『教育学研究』72（2）：245-256頁

文献4▼高橋哲（2015）「現代教育政策の公共性分析――教育における福祉国家論の再考」『教育学研究』82（4）：531-542頁

文献5▼原田峻（2017）「NPO法制定過程における立法運動の組織間連携――分野内／分野間の連携に着目して」『ノンプロフィット・レビュー』17（2）：77-87頁

2018年7月8日

第13回研究会（於：上智大学四谷キャンパス）

❖報告：森 直人「教育学会・課題研究「義務教育を問い直す――『教育機会確保法』の成立をふまえて」にむけたメモ」

・中村 国生・朝倉 景樹「東京シューレの活動紹介と法案成立までの経緯について」

2018年8月30日

日本教育学会第77回大会ラウンドテーブル「学校内部に「居場所」を取り込む――多様なアクターによる実践の可能性と課題」（於：宮城教育大学・青葉山キャンパス）

❖趣旨説明：森 直人（筑波大学）

❖第一報告：知念 渉（神田外語大学）「学校内部に「居場所」を取り込む――多様なアクターによる実践の可能性と課題」

❖第二報告：金子 良事（阪南大学）「専門職間の協業について」

2018年10月6日

第14回研究会（於：上智大学四谷キャンパス）

❖報告：武田 緑「民主的な教育／個を尊重する学びと社会の実現に向けた運動づくり――教育者養成・ネットワーキング・政策化／制度化」

❖読書会

文献▼広田照幸・宮寺晃夫編（2014）『教育システムと社会――その理論的検討』世織書房

2019年1月13日

第15回研究会（於：上智大学四谷キャンパス）

❖報告：鄭 育子「韓国の多文化と学校教育——米軍基地のある街の小学校」

❖読書会

文献▼アマルティア・セン（池本幸生・野上裕生・佐藤仁訳）（2018）『不平等の再検討——潜在能力と自由』岩波現代文庫（=Sen, Amartya, 1992, Inequality Reexamined, Oxford: Oxford University Press.）

2019年3月27日

第16回研究会（於：上智大学四谷キャンパス）

❖報告：事務局から「「多様な教育機会を考える会」の今後について」

・末冨 芳「多様な教育機会をめぐる議論のアーカイブ化と現状の検証」

❖読書会

文献▼桜井智恵子（2018）「公教育における別々の「教育機会確保」という問題——1980-90年代岡村達雄の「養護学校義務化」・「不登校政策」論をてがかりに」『教育と文化』91：56-72頁

2019年4月28日

第17回研究会（於：上智大学四谷キャンパス）

❖話題提供

・藤根 雅之「社会運動としてのオルタナティブスクールのネットワーク——オルタナティブなコードの構築過程」

❖読書会

文献1▼藤根雅之（2019）「オルタナティブスクール・フリースクール研究に関する文献検討——オルタナティブ教育研究が位置づく知識構造と社会運動としての捉え直し」『大阪大学教育学年報』第24巻 97-110頁

文献2▼藤根雅之（2019）「オルタナティブスクールの類型化——全国調査による活動内容のクラスター分析とテキストマイニングによる集合行為フレームの対応分析」『大阪大学

大学院人間科学研究科紀要』第45巻、127−145頁

文献3▼藤根雅之（2016）「制度の外で活動する学びの場を制度化する上でのジレンマ――フリースクールのローカルなリテラシー実践から」岩槻知也編著『社会的困難を生きる若者と学習支援――リテラシーを育む基礎教育の保障に向けて』明石書店、231−248頁

第18回研究会（於：上智大学四谷キャンパス）
2019年7月14日

❖話題提供

・高山 龍太郎「教育機会確保法を考える――社会が教えたいことと子どもが学びたいことの調停という観点から」

❖読書会

文献1▼中田正敏（2016）「高等学校における特別支援教育の推進に係る諸課題と展望」『中央教育審議会・初等中等教育分科会・教育課程部会・特別支援教育部会』（第5回）委員発表資料

文献2▼中田正敏（2014）「高等学校における支援ができる組織づくりの試み――さまざまな困難を抱えた生徒のニーズを把握し支援を開発する」『月刊ノーマライゼーション 障害者の福祉』34（4）（通巻393号）：25−29頁

第19回研究会（於：上智大学四谷キャンパス）
2019年8月31日

❖話題提供

・武田 緑「教育関係者間の連携・連帯を生み出す試行錯誤――エデュコレとCOの会の取り組みから」

❖読書会

（研究会メンバーによる草稿検討会）

第20回研究会（於：上智大学四谷キャンパス）
2019年12月21日

❖話題提供

・山田 哲也「過剰学校化社会の経路依存を探る――森直人「近現代日本の国家・社会

と教育の機能」を読む」

・金子 良事「森直人「近現代日本の国家・社会と教育の機能」を読む」

❖読書会

文献1▼広瀬裕子（2019）「自律的地方教育行政を維持するための強制的介入支援政策——ロンドン・ハックニーの教育改革手法の子ども福祉領域への汎用化」専修大学社会科学研究所『社会科学年報』53：165-183頁

文献2▼広瀬裕子（2014）「教育ガバナンス改革の有事形態——ロンドン・ハックニー区に見られた私企業によるテイク・オーバー（乗っ取り）型教育改革」『日本教育政策学会年報』第21号：25-46頁

2020年3月22日 第21回研究会（於：上智大学四谷キャンパス）

❖話題提供

・中田 正敏「インクルーシブな高校づくりの実践〜媒介の転換を起点とする組織改革の試み〜」

❖読書会

文献1▼竹井沙織・小長井晶子・御代田桜子（2019）「生活困窮世帯を対象とした学習支援における「学習」と「居場所」の様相——X市の事業に着目して」『名古屋大学大学院教育発達科学研究科紀要 教育科学』65（2）：85-95頁

文献2▼成澤雅寛（2018）「学習と居場所のディレンマ——非営利学習支援団体からみえる子どもの貧困対策の限界」『教育社会学研究』103：5-24頁

2020年5月24日 第22回研究会（オンライン開催）

❖話題提供

・前北 海「うみけるの頭の中」

❖読書会

文献▼髙田一宏（2019）『ウェルビーイングを実現する学力保障——教育と福祉の橋渡しを考

える』大阪大学出版会

2020年8月2日

第23回研究会（オンライン開催）

❖話題提供

・阪上 由香「予定調和な連携を超えて〜制度と地域が引き起こす社会的排除〜」

❖読書会

文献▼吉住隆弘・川口洋誉・鈴木晶子編（2019）『子どもの貧困と地域の連携・協働――〈学校とのつながり〉から考える支援』明石書店

2020年10月4日

第24回研究会（上智大学グローバル・コンサーン研究所主催 オンライン公開ワークショップ）

外国につながる子どもたちの支援から考える――グローバル化・格差社会のなかの「多様な教育機会」

❖シンポジスト

・金 光敏（Minamiこども教室実行委員長、特定非営利活動法人コリアNGOセンター事務局長）

・鵜飼 聖子（こどもひろば事務局長）

❖指定討論

・原 めぐみ（Minamiこども教室実行副委員長、和歌山工業高等専門学校）

・金子 良事（阪南大学、Minami子ども教室スタッフ）

・コーディネーター：澤田 稔（上智大学）・森 直人（筑波大学）

❖読書会

文献▼柏木智子（2020）『子どもの貧困と「ケアする学校」づくり――カリキュラム・学習環境・地域との連携から考える』明石書店

2020年11月29日

第25回研究会（オンライン開催）

❖話題提供

・澤田 稔「公教育再編問題から学習評価（論）を問い直す――評価の不可避性と不可能性の狭間で」

❖読書会

文献▼西岡加名恵・石井英真・田中耕治編（2015）『新しい教育評価入門――人を育てる評価のために』有斐閣

2021年1月10日
上智大学グローバル・コンサーン研究所主催 オンライン公開シンポジウム
「多様な教育機会」と子どもの福祉（ウェルビーイング）――「多様な教育機会を考える会」の5年間の軌跡をふまえて――

❖シンポジスト
・森 直人（筑波大学）「「多様な教育機会を考える会」の5年間」
・森 直人（筑波大学）「教育／福祉へのコミュニケーション論的接近――議論のOSを設定する」
・澤田 稔（上智大学）「教育における「緩さ」の意味論――学力保障と承認のパラドクス」
・金子 良事（阪南大学）「教育と比較した「福祉」の位置づけ」

❖指定討論
・末冨 芳（日本大学）
・広瀬 裕子（専修大学）
・司会：山田 哲也（一橋大学）

2021年3月14日
第26回研究会（オンライン開催）

❖話題提供
・山田 大樹「「フリースクール」だったものとして――教育機会確保法ができるまでの一視点」

❖読書会
文献▼石井英真編（2020）『流行に踊る日本の教育』東洋館出版社

2021年5月16日
第27回研究会（オンライン開催）

❖話題提供
・井上 義和「教育における2つの世界――民間教育・社会起業家・経産省」

❖読書会

文献▼田原総一朗・神野元基（2016）「次代への遺言（33）神野元基 COMPASS社長 AIが授業を担当〝教える〟先生がいない塾」『プレジデント＝President』54（28）：126－131頁ほか

2021年7月10日

第28回研究会（オンライン開催）

❖話題提供

・小長井 晶子・竹井 沙織・御代田 桜子「学習支援は多様な教育機会の場となり得るのか？」

❖読書会

文献1▼佐久間邦友・高嶋真之・本村真（2020）「離島における自治体主導型学習支援事業の現状と課題――沖縄県北大東村「なかよし塾」を事例に」『島嶼地域科学』1：21－40頁

文献2▼高嶋真之（2021）「過疎地域における公設型学習塾の設置と教育機会の保障――北海道足寄町「足寄町学習塾」を事例として」『教育学の研究と実践』16：25－36頁

2021年8月14日

第29回研究会（オンライン開催）

❖話題提供

・武田 緑「学校教育を民主化する運動の模索」

❖読書会

文献▼中央教育審議会答申「令和の日本型学校教育」の構築を目指して～全ての子供たちの可能性を引き出す、個別最適な学びと、協働的な学びの実現～（答申）」（中教審第228号）

2021年11月28日

第30回研究会（オンライン開催）

❖話題提供

・仁平 典宏「日本における「新自由主義」の捉えられ方と教育研究」

❖読書会

文献▼アビジット・V・バナジー＆エステル・デュフロ（村井章子訳）（2020）『絶望を希望に変える経済学――社会の重大問題をどう解決するか』日本経済新聞出版（参考文献：宮本太

郎（2017）『共生保障――〈支え合い〉の戦略』岩波新書）

2022年2月6日

第31回研究会（オンライン開催）

❖話題提供

・谷村 綾子・阪上 由香「校内居場所――教育と福祉の分断を超えた先にあるものを目指すこれからの学校のあり方」

・（コーディネーター：金子 良事）

❖読書会

文献▼松村智史（2020）『子どもの貧困対策としての学習支援によるケアとレジリエンス――理論・政策・実証分析から』明石書店

2022年3月13日

第32回研究会（オンライン開催）

❖話題提供

・糸数 温子「子どもの貧困対策に携わる市民活動と政策の相互作用について――沖縄における子どもの貧困対策事業を事例に」

❖読書会

文献▼井上慧真（2021）「高校中退と「指導の文化」――教員の責任を拡張する論理と解除する論理に注目して」『ソシオロジ』66（2）：81-99頁

2022年5月28日

第33回研究会（オンライン開催）

❖話題提供

・末冨 芳「教育政策の「レジームチェンジ」をめぐって――教育DXと「省庁横断的」教育改革のなかの「多様な教育機会」」

❖読書会

文献▼倉石一郎（2021）『教育福祉の社会学――〈包摂と排除〉を超えるメタ理論』明石書店

2022年7月24日

第34回研究会（オンライン開催）

❖話題提供

・山田 哲也「多様な子どもの「支援」を考える――登校／不登校をめぐる意味論の変

容をてがかりに」

❖読書会

文献▼山内道雄・岩本悠・田中輝美（2015）『未来を変えた島の学校——隠岐島前発ふるさと再興への挑戦』岩波書店

2022年9月19日

第35回研究会（オンライン開催）

❖話題提供

・高嶋 真之「「多様な教育機会」としての公設塾——地方公立高校の存続との関連から」

❖読書会

文献▼村上靖彦（2021）『ケアとは何か——看護・福祉で大事なこと』中公新書

2022年11月27日

第36回研究会（オンライン開催）

❖話題提供

・柏木 智子「「ケアする学校」の教育実践」

❖読書会

文献▼藤原文雄（研究代表者）（2022）『公正で質の高い教育を目指したＩＣＴ活用の促進条件に関する研究：２０２１年度政令指定都市調査の第一次分析』（国立教育政策研究所 令和元-4年度プロジェクト研究「高度情報技術の進展に応じた教育革新に関する研究」中間報告書2）所収、「研究の目的とデザイン」（卯月由佳）、第３部第１章「児童生徒の社会経済的な不利による学習とＩＣＴ活用の課題」（卯月由佳）、第３部第２章「ＩＣＴの活用による公正な教育活動の推進と学びの変容」（柏木智子）

2023年1月22日

第37回研究会（オンライン開催）

❖話題提供

・卯月 由佳「教育機会とその平等について考える——ケイパビリティ・アプローチと公正概念を手がかりに」

❖読書会

文献▼森悠一郎（2019）『関係の対等性と平等』

弘文堂

2023年3月26日
第38回研究会（オンライン開催）
❖話題提供
・森 直人「「バスに乗る」：反復される対立構図を乗り越えるために――RED研著書企画2巻シリーズの企画趣旨とその背景」
❖読書会
文献▼野口晃菜・喜多一馬編（2022）『差別のない社会をつくるインクルーシブ教育――誰のことばにも同じだけ価値がある』学事出版

2023年4月30日
第39回研究会（オンライン開催）
❖話題提供
・金子 良事「「無為」の論理再考」
・澤田 稔「コンピテンシー・インクルージョン・デモクラシーを基盤とする学校教育へ――学校教育におけるジレンマを飼いならす」
・森 直人「「多様な教育機会」と教育／福祉――なぜRED研は教育機会確保法（案）から教育／福祉の区別という視点を導いたのか」
❖読書会
文献▼横井敏郎編（2023）『子ども・若者の居場所と貧困支援――学習支援・学校内カフェ・ユースワーク等での取組』学事出版

2023年5月27日
第40回研究会（オンライン開催）
❖話題提供
・内藤（竹井）沙織「夜間中学における不登校支援からみえてきたこと――「教育」と「福祉」が交差する空間で」
❖読書会
文献▼澤田稔（2022）「学校教育のリアリティに対する批判的教育学の眼差し」『教育と医学』70（1）：4-11頁

2023年8月24日

日本教育学会第82回大会ラウンドテーブル「「多様な教育機会」をとらえる視角——公教育の再編と子どもの福祉（その3）」（オンライン開催）

❖趣旨説明：森 直人（筑波大学）

❖報告：森 直人（筑波大学）「「多様な教育機会」概念の射程と教育／福祉-区別の視角——ジレンマのなかで生み育てる実践の論理」

・澤田 稔（上智大学）「コンピテンシー・インクルージョン・デモクラシーを基盤とする学校教育へ——学校教育におけるジレンマを飼いならす」

・金子 良事（阪南大学）「「無為の論理」再考」

2023年9月25日

第41回研究会（阪南大学あべのハルカスキャンパス&オンライン配信）

❖話題提供

・江口 怜・森 直人・澤田 稔・金子 良事

「「多様な教育機会」の出発点をふり返る」

あとがき

ジレンマの積極的受容としての「緩さ」再考

澤田 稔

本シリーズ著作は、「多様な教育機会」と呼びうるものについて、私たちに可能な限りで多面的・多角的に検討を重ねることにより、既存の学校教育をとらえ返したり、それを編み直したりする可能性を模索する試みの成果としてまとめられたものです。その2巻が〈研究編〉に当たるのに対して、この1巻は、いわば〈実践編〉という位置づけになります。要するに、本書は、多様な教育機会の実践的可能性の探求を旨として編集されました。その過程で、編者たちが次第に、また自覚的に重きを置くようになった鍵概念として「ジレンマ」とともに「緩さ」がありました。この「緩さ」とは、「多様な教育機会」の共有・拡大を図る際に導きの糸となる実践感覚であるといえるかもしれません。

ただし、実は、この「緩さ」の意味に関しては、率直に言って、私たち編者もまだよくとらえきれていません。その意味で、このテーマに関しては、もっとしっかりと考察がまとまった段階で記述すべきなのかもしれません。他方で、本書を産む母体となった「多様な教育機会を考える会」という研究会では、学会発表や講演のように考察の結果をきちんと整理しきった内容の「報告」ではなく、むしろ、いわゆる未整理で、明瞭な言語化ができていないような部分やモヤモヤを残すことをむしろ奨励されさえする「話題提供」とその振り返りの場を共有してきました。その意味では、以下も、そのような話題提供の水準にとどまることをあしからずご了承いただければ幸いです。

とはいえ、あまりに未整理では、本書の最後にお読みいただくには申し訳なくもありますので、その中間くらいの議論を試みたいと思います。ただし、これは編者3人の総意ということではなく、あくまで編者を代表して、筆者が自分なりに試みる問いかけであることもお断りしておきます。

本書編者の一人である森は、そのI部の冒頭を飾る章のまとめに「ジレンマのなかで、ジレンマと向き合う実践の論理」というフレーズを選びました。他方で、この著作刊行にむけて前記研究会のひと区切りとなる成果発表の場とした2023年度日本教育学会年次大会のラウンドテーブル、「「多様な教育機会」をとらえる視角——公教育の再編と子どもの福祉（その3）」で、同じく森が、「「多様な教育機会」概念の射程と教育／福祉－区別の視角——ジレンマを生み育てる実践の論理」というタイトルで報告を行なっています。

この両者に大きな違いはないようにもみえますが、ジレンマという言葉に続く表現が、「を生み育てる」から「のなかで・と向き合う」に変更されています。この変更については、前記ラウンドテーブル終了後、本書の編者3人で改めて議論して再検討し、「のなかで」という表現を用いるほうが望ましいという点でおよその合意を得たという経緯がありました。両者のあいだに、重要な違いがあると判断されたことになります。

その違いはつぎのように整理できるでしょう。すなわち、前者（「ジレンマを生み育てる」）の表現では、ジレンマが操作の「対象」として、その操作の「主体」である私たちは「ジレンマ」の外部にあるものとして位置づけられているのに対して、後者（「ジレンマのなかで、ジレンマと向き合う」）の表現では、私たち自身がジレンマの渦中にあり、ジレンマから逃れられないという意味を帯びているという点で、無視できない違いがあると。双方とも、ジレンマという要因を重視するという点では共通していますが、後者は、自分自身の立ち位置や視点それ自体に、ジレンマが不可避的に組み込まれるという事態の反省的言及となっている点で、両者には小さくない距離があるといえます。

こうした表現の採用は、何らかの社会問題の解決をめざすうえで自らがジレンマ状態にある場合に、それでもそれを否定せず、あえて積極的に受容するスタンスの選択を意味します。ジレンマとは、何かと何かの板挟み状態にあって、そこから抜け出すことができないことを指すわけですので、一般的には否定的に、むしろ回避すべき状態として表象されるでしょう。そのネガティブにみえる状態を受容することによって、かえって、そこにポジティブな可能性が開かれるととらえる私たちのスタンスは、その意味では逆説的であるといえるかもしれません。

こうしたスタンスは、ジレンマを構成する両極のいずれか一方の否定やジレンマの解消を志向するのではなく、ジレンマの不可避性を前提にして漸進をめざすのみなので、その解決策も、つねに一定の両義性を免れない暫定解にとどまることになります。暫定解であるということは、その解決の過程に試行錯誤がつきものであることを意味するでしょう。いいかえれば、こうしたスタンスにおいては、問題解決に一定の間違いが含まれることを必ずしも否定的にみなさないことになります。このように、あいまいさやあやまりの許容というスタンスのあり方には、確固たる解法を提起しようとする構えとは対照的に、「緩い」という形容詞を当てても不自然ではないでしょう。すなわち、ある種の問題解決を図ろうとする際に直面するジレンマを敢えて積極的に受容するという立場は、「緩さ」を備えたスタンスだということができるわけです。

これは単なる抽象論ではなく、ましてや言葉遊びでもありません。本書の諸章をひもといていただければご理解いただけるように、私たちにとって、こうしたスタンスは、公教育をめぐるきわめて具体的な諸問題について「多様な教育機会」という視点から再考するなかでたどり着いたものだといえます。そこで、つぎに、その具体的な文脈（の一部）を簡潔に確認しながら、ここで想定しているジレンマと緩さの関係についてさらに敷衍しておきたいと思います。

本書の探究課題において最も基本的な要件となるジレンマを構成する両極は、本著作2巻のシリーズ名「公教育の再編と子どもの福祉」から示唆されるように、教育と福祉です。この両者の関係のとらえ方や説明の仕方は一通りではありえません。本書編者たちが執筆を担当した章に限定してみても、森と金子では力点の置き所が異なっていることがおわかりいただけるでしょう。ここでは、森論考や金子論考をはじめ、本書所収の諸章を踏まえながらも、それらとは別に筆者なりの整理に基づいて、教育と福祉という両極間の葛藤によって生じるジレンマの具体的な文脈の例（本書3章でも同様の例を筆者が取り上げています）を取り上げて考察を進めます。そのうえで、森が本書序章で導入した「バスに乗る」というメタファーへの若干の補足と、こうしたメタファーで示唆されているスタンスがもつ「緩さ」の所在と意義について考えます。

教育と福祉という対に関しては、さまざまな解釈に基づくパラフレーズが可能ですが、ここでまず強調しておきたいのはつぎの点です。すなわち、本書は、社会問題のなかでも教育問題を中心とした、その意味で教育学的な省察の論集となっていますので、福祉といっても、その内実は、あくまで教育という視座からみた福祉に止まらざるをえないという点です。したがって、教育という機能領域において教育と福祉とのあいだに生じる葛藤は、教育において福祉的な課題意識を有する政策・実践のなかで、より教育的と呼びうるものとより福祉的と呼びうるものとのあいだで生じることがあります。要するに、福祉的な視点を含む教育論のなかでも、より教育的なものとより福祉的なものとのあいだで生じるジレンマに目をむけようということです。これだけでは伝わりにくいと思われますので、以下では、その具体例を取り上げて考えてみたいと思います。

学校教育において福祉的なもの（ここでは、憲法第25条にある「健康で文化的な最低限度の生活を営む権利」に照準する営為ととらえておきます）を重視する立場として、一方に（従来の教育社会学でみられた）「学力保障重視」という立場と、他方に、「承認・ケア」重視という立場とを考えることができるでしょう。ここで学力保障重視とは、その後の人生・キャリアにおいて健康で文化的な最低限度の生活を営むうえで必要不可欠な水準にある知識・技能の獲得をすべての人々に保障することを特に重視する立場を指すものとします。これに対して、承認・ケア重視とは、教育の場で、どのような学習者の存在も肯定的に受容・承認することに重点を置き、したがって、どのような学習者も自らのことを肯定的に受容・承認できるように配慮・世話をすることに重点を置く立場を指すものとします。後者は、「居場所性」重視という言葉で置き換えることもできるように思われます。あるいは、本書でも言及されている「無為の論理」に通じると考えることもできるでしょう。

この両極は、論理的に両立不可能です。なぜなら、前者は、何かができないという状態にある子ども・若者が「できる」ようになることを重視する営みであり、後者は、何かができないという状態にある子ども・若者を「できなくてよい」、あるいは、「できる／できない」の前に、そのままでよいとすることを重視する営みであるといえるからです。それにもかかわらず、あるいはだからこそ、実践に携わる者のなかには、両者のバランスを取りたくなる人々が少なからず現れることになります。筆者も、その一人です。

しかし、それでも、両者は論理的に対立する以上、そのバランスの最適解を確定することも不可能です。

両者のバランスを取ろうと腐心しても実践的にまったく同時に双方の実現を図ることが不可能である以上、どちらか一方に軸足を置かざるをえません。それは、所与の時点で同じ人間が同時に異なることをいえないのと同様です。それだけに、どちらに軸足を置くかによって、両者のあいだに葛藤・論争関係が生じることになります。この関係を理解するために、それぞれの立場の特徴的傾向をみておきましょう。

「学力保障重視」の立場は、少なくともつぎの二つの批判的視点を前面に押し出すことが多いように思われます。第1に、学習者の主体性を重視し、学習者に大きな自由度を与える教育は、家庭の文化的影響を受けやすく、不平等の再生産を助長・拡大しやすいという視点であり、第2に、「承認・ケア」重視という立場が重要だとしても、必要な学力を獲得できるように教育しないと、社会的に不利な条件にある学習者にとってより不利な状況に追い込まれることになるという視点です。

他方で、「承認・ケア」重視の立場からみると、よりよい存在をめざすという教育の論理は――たとえそれが社会的自立にむけて基礎学力の形成をめざすものであれ、非認知能力を含むより総合的な能力の育成をめざすものであれ――存在の無条件的な承認を重視するという意味での福祉の論理を阻害する危険性が高いという批判的視点を強調するように思われます。

どちらの立場に立つのであれ、自らの立場は、もう一方の立場からの批判的視線にさらされることになり、その批判的立場の正当性をいくぶんかでも認めるとすれば、ジレンマ状況に陥ることになるでしょう。このとき、いずれの立場にも、つぎの二通りの戦略が考えられます。それは、一つには、対立する立場の危険性を強調し、自らの立場の正当性を旗幟鮮明に打ち出すことで、ジレンマを解消・否定するという方法であり、また一つには、ジレンマ状況を積極的に受容し、自らの立場を維持しながらも、対立する立場に揺さぶられながら、その都度の（アドホックな）問題解決を試行錯誤も含めて図っていくという方法です。さきに触れたように、後者は、つねに一定のあいまいさやモヤモヤ感を免れないという点で、緩いスタンスといえるでしょう。

森が、序章で「バスに乗る」という巧みな比喩で表現したのは、後者のようなスタンスであるように思われます。ここで想起されるのは、社会学者の筒井淳也が、イギリスの社会学者アンソニー・ギデンズ(Anthony Giddens)の理論を下敷きに一般書(新書)として上梓した『社会を知るためには』で描いた社会観です。つぎに、森の考察を筒井の議論と接合し、若干の補足を試みたいと思います。

筆者が自らの教育学的考察に「緩さ」という視点を導入した当初は、あくまで今後のカリキュラム・教育方法論という教育の実践的側面のあり方を考えるうえで有効であると判断したからであって、社会学的な文脈は念頭にありませんでした。しかし、筆者が本書3章で、「緩さ」という視角と関連させつつ展開した教育学的ジレンマ論と、森が1章で、教育社会学者として、社会問題の一つとしての教育問題へのアプローチに関連させて明確化したジレンマ論との類似性は明らかです。とすれば、「緩さ」という視点は、社会学的にも一定の有効性をもつ可能性があります。

実際、筒井は、前記著書のなかで、私たちが生きている現代社会の複雑さを、「緩さ」という言葉で一貫して、反復的に表現しています。しかも、その意味の一端をわかりやすく伝えるべく、私たちがこの社会で生活することを、「(止められない)自動車に乗る」ことに喩えているのです。では、なぜ自動車なのでしょうか。

筒井は、現代社会がもつ特徴として、なかでもつぎの3点を掲げます。第1に、私たちが専門知識や専門的な仕組みに取り囲まれていることです。これは分業と関連しているわけですが、社会のなかで生まれたそうした専門分化した知識が、今度は社会のさまざまな部分を作っていくことにもなります。第2に、この分業が拡大し、それによって生まれた専門的な仕組みが互いに絡み合っていることです。第3に、そのような社会の中身が絶えず変化し、動き続けていることです。これらによって、よかれと考えて講じた策でも「意図せざる結果」を生じさせ、「裏目に出る」こともあるわけです。が、それもこの社会の一部だとも筒井は言います。これが、筒井のいうこの社会の「緩さ」の意味です。この「緩さ」によって、私たちが意図的に社会を動かすことをも可能になっているという逆説を筒井が明示している点も注目に値します。

さて、翻って、自動車は、無数の専門的なメカニズムの組み合わせで動き、それらのメカニズムが相互に絡み合って、動き続けることになります。ここに、筒井が社会を自動車に喩えた理由があります。ただし、筒井は、ここでの自動車は社会の喩えなので、止められない自動車であると考えるように注意を促していますす。さらに、社会という自動車は、「動かしているあいだに、まさにその動かすということによっても中身が変化します。さらにタチの悪いことに、社会というこの自動車は、それについて『知る』ことによっても変化してしまうのです」とも筒井は述べます。この自動車は、不調を来すようになっても、停止して点検するわけにはいかないので、動かしながら対応する以外にありません。筒井は、同書の別の箇所で、社会を観察する私たちは社会の外に出て社会を観察することはできず、動いている社会のなかにいながら、そのごく一部を観察できるに過ぎないという点も、わかりやすい図を用いて強調しています。私たちが乗る社会という自動車は、このように「緩さ」が組み込まれたものなのです。それにもかかわらず、というよりも、だからこそ、この自動車は、このような特質を踏まえたうえで、効果的な操縦や修正が一定程度可能であるともいえるわけです。

筒井がここでいう社会とは全体社会、すなわち、政治・経済・宗教・芸術・教育等々の機能領域を含む社会の総体です。したがって、この全体社会という「自動車」と、森が想定していると思われる公教育政策や学校教育という「バス」とは異なります。しかし、森が、その「バスに乗る」という実践の論理としてつむぎ出した「ジレンマのなかで、ジレンマと向き合う」というスタンスと、筒井が、社会という自動車の乗り方として示唆しているスタンスとは、「緩さ」という視点を媒介にして共鳴関係にあるように思われるのです。

この点で、同じ「意図せざる結果」という社会学的な概念を援用しながらも、筒井の示唆するスタンスは、森が序章で批判的に指摘した社会学的な「意図せざる結果」という視点に基づく厳しい警鐘というスタイルの議論（序章34頁参照）とは大きく異なるようにみえます。筒井の議論では、「意図せざる結果」は、どのような実践や政策を試みても、社会にとって（つまり誰にとっても）不可避です。とすれば、「意図せざる結果」の危険性を唱えて警鐘を鳴らすという実践それ自体が「意図せざる結果」を招く（しっぺ返しを喰らう＝裏目に出る）ことも不可避であることになるでしょう。この反省性の獲得から得られるスタンスが「緩さ」であるように思われます。

実際、筒井の解説でその社会のとらえ方と同様に興味深いのは、グローバル化、あるいは脱伝統化・脱宗教化が進むなかで生じる現代社会の「不安定さ」や人生の「意味の喪失」という事態に対して、筒井が示唆するそれこそ「緩い」アドバイスです。筒井は、一つめのアドバイスとして、不安定さにつねに向き合うのもきついので、そこからの逃避（保護繭）やルーティン（安定的反復）の必要性を認めつつ、変化に柔軟に対応する必要性も捨てないという、両者のバランスを探るスタンスを推します。曰く、「惰性と反省のバランスをとって生きる（どちらかに偏らない）」ほうがよいと。

筒井によるもう一つのアドバイスは、「ミスは複合的要因で生じるから、ミスした人を安易に責めない」

ことです。過ちに複合的要因を認めるということは、「意図せざる結果」は誰にも生じる可能性があるということを意味するでしょう。だから、筒井は、「意図せざる結果」という社会学的視点を重視しながらも、そんなことをしたら「しっぺ返しを喰らうぞ！」というスタイルの「意図せざる結果」概念の使い方をしないようにみえます。ここは、森が批判的に指摘した一部の教育社会学者のスタンスと異なるところではないでしょうか。要するに、筒井のアドバイスは、同じ「意図せざる結果」という視点を援用しながらも、私たちに一定の「試行錯誤」を許容するというスタンスを意味するといえるでしょう。私たちのスタンスは、これに近いのではないかと考えています。

最後に、筒井の議論の仕方と森の議論の仕方との距離関係に関して、もう少しだけ補足して、筆者なりの課題意識（というよりも、ある種のモヤモヤ）を示しておきたいと思います。筒井が比喩として用いた「自動車」と森の「バス」とのあいだには、全体社会とそのなかのごく一部との違いがあるといえるかもしれないという点はすでに触れました。したがって、筒井の考察では、私たちは自動車に「乗っている」という事実性（認識）を表現しているのに対して、森の考察では、バスに「乗る（べき）」という規範性（決意）を表現することになります。森のいう「（ジレンマと）向き合う」という表現も、この規範性に貫かれているといえるでしょう。

森の場合には、バスに乗ろうとしない人たちへの批判ですので、これはジレンマに向き合おうとしない人々への批判でもあります。したがって、こうした規範性として表現されることは十分に理解可能ですし、この批判はきわめて正当なものだと考えられます。しかしながら、森の議論でも、すでに私たちは教育という部分社会のバスに「乗っている」と、筒井と同様に事実性の水準でとらえることも可能でしょう。とすると、筒井と同様に、その不安定な、揺れるバスに乗るのは辛いときもあるよね、乗っていることを忘れたくもなるよね、というスタンスも許容できる余地が生じるように思えるのです。

その意味では、森の「(ジレンマと)向き合う」という表現や、それが示すスタンスは、筒井の「緩さ」に比べるとまだ「きつい」といえるかもしれません。筒井が、保護繭やルーティンに守られることもときに必要であると認めるとすれば、バスに乗ろうとしないからこそ、あるいは、こう言ってよければ、すでに乗っているのに、それを忘れて乗っていないかのように叫ぶ人がいるから、バスの操縦や修理の仕方に関して、バスに積極的に乗ろうとする人にみえない何かを示してくれる可能性も考えられるからです。

その点で、筆者自身は、「ジレンマのなかで考え実践する」までは、森と完全に立場が一致するのですが、「ジレンマに向き合う」をどうとらえればいいかについては、若干微妙なモヤモヤが残っているのです。実は、冒頭で触れた日本教育学会ラウンドテーブル後の3人の編者の振り返りで、「ジレンマを生み育てる」ではなく、その代わりにどういう表現がいいだろうと話し合っていて、私が冒頭に掲げた疑問(ジレンマは操作の「対象」として、その操作の「主体」である私たちは「ジレンマ」の外部にあるものとして位置づけられている表現をどう変えればいいか)を投げかけたときに、「のなかで」がいいのではないかと提案してくれたのが金子でした。後日、森の1章の原稿が上がってきて、3人で再度打ち合わせをしたときに、金子はいみじくも、この「向き合う」が入ってきたことに若干の疑問を呈したのです。その際に、森は、ジレンマのなかにいるのに、ジレンマと向き合わない人がいるので、これは外せないという応答をしてくれました。これには、なるほどと納得する部分もあるのですが、しかし、やはり、ときに向き合わないことも許容する、あるいは、向き合わないからこそ、向き合おうとする立場に対して、意味のある批判的視点を提供してくれる可能性も否定できないという見方をしてもいいのではないかという疑問は、まだ消えていません。そして、このジレンマもまた不可避なのかもしれないと感じています。

＊＊＊

さて、本書を締め括るにあたり、その執筆・刊行にあたって、またそこに至るまでの研究や協議において、特にお世話になった方々や貴重な学びの機会を共にした方々に、編者を代表して謝意を表しておきたく思います。

まず、本巻の編者・各執筆者がさまざまな現場で出会ってきた実践家の方々や、その現場にさまざまな立場で参加されてきた方々に深く感謝します。

この「あとがき」冒頭で触れたように、本巻は、2016年に立ち上げた「多様な教育機会を考える会（RED研）」による研究成果の〈実践編〉に当たります。なかでも、各現場の実践に関する省察から成るⅡ部は、「はしがき」にも述べられているように、本巻の中心という位置づけにあります。Ⅱ部の執筆陣は、自らの現場を共有した他の実践家たちから得た支援や助言、学びや示唆がなければ、そこに収められた論考をものすることができなかったことでしょう。その意味で、ここでの私たちの感謝の念は、その現場での営みに伴走・関与してくださった他の実践家のみならず、利用者や学習者としてそこに参加した子どもたち・若者たちにも向けられています。このことは、Ⅱ部以外にも当てはまります。Ⅰ部を担当した編者3人は、立場やスタイルの違いはあっても、ときに特定の実践現場をともにしてきました。Ⅲ部の9章を担当した高山も、支援現場での実践にも熱心に関わってきた実践者でもあります。そうした現場で、私たちに貴重な学びを与えてくださった方々にその固有名詞を掲げてお礼を述べることは叶いませんが、それでもこの謝意は、各編者・執筆者にとって、そのお一人おひとりに向けられているものです。

次に、RED研事務局という立場からも感謝の念を表したいのは、このなんとも奇妙な研究会にこれまで（部分的にであれ）参加して頂き、そこでの議論を導いたり、支えたりしてくださった方々や、この研究会についていろいろと相談にのって頂いた方々に対してです。

研究会で話題提供までしていただきながら、諸事情によりご寄稿いただくことが叶わなかった方々もおられます。また、研究会での全体討論にご参加いただいた方々、ある会の読書会にのみご参加いただいた方々や、研究会の立ち上げ前やこの著作の編集段階で相談にのっていただいた方々もおられます。このようにさまざまな方々にこの研究会を支えていただいたからこそ、その成果をこのようにまとめることができました。やはり固有名詞を挙げてお礼を差し上げられませんが、改めてここに深謝申し上げる次第です。

くわえて、私事になりますが、編者や各執筆者による現場での実践・研究活動や本書の著述を、各々の生活の場で支えていただいた方々にも、ここにお礼を述べておきたいと思います。本当に、いつもありがとうございます。

そして、最後に、この著作の企画・編集の過程で多大なお力添えをいただいた明石書店の深澤孝之さん、また、レイアウトや校正段階でお世話になった閏月社徳宮峻さんのお二人にお礼を申し上げたいと思います。特に、深澤さんには、この著書の企画段階から、その意義を積極的に受け止めていただき、私たち編者の編集方針が紆余曲折を経るなかでも、また作業が大幅に遅れるなかでも、つねに笑顔で接していただき、大丈夫ですよというメッセージと共に私たちの背中を押し続けていただきました。

ここに本巻を上梓できる喜びを、こうした方々と分かち合えればと思います。本当にありがとうございました。

幼児教育　▶① 97　▶② 352
幼稚園　▶② 198
要保護（→生活保護）　▶② 237
　準要保護（世帯）　▶② 249, 237, 245, 248, 255
　要保護者　▶② 237, 245
　要保護世帯　▶② 236
与益原則（→自律尊重原則）　▶① 61
予算　▶① 142, 224, 226　▶② 244-246, 249
予備校　▶① 18, 141　▶② 4

ら行

ラーニング・コモンズ（→コモンズ）　▶① 158
来談者中心主義（→ロジャーズ、カール）　▶① 76
ライフコース　▶② 132, 145, 146
ラポール　▶② 218, 231
リスク　▶① 180　▶② 35, 40, 81, 103
リテラシー　▶② 163, 336
　政治的リテラシー（→政治）　▶② 347
リベラリズム　▶① 29, 306　▶② 78, 92, 335
　社会的リベラリズム　▶① 27
　政治的リベラリズム　▶② 78
　ニューリベラリズム　▶① 27
　リベラル　▶① 306　▶② 73, 336-337, 343, 348
療育　▶① 57
臨時教育審議会　▶① 28, 248, 263　▶② 37
　臨教審　▶① 28, 30-32, 38
臨床　▶② 217
　臨床心理（→心理）　▶② 154, 217
　臨床心理学（→心理）　▶① 76　▶② 108, 113-117, 131, 217
　臨床心理士（→心理）　▶② 113, 114
倫理　▶① 61, 251　▶② 39, 112
　倫理学　▶② 230
「令和の日本型学校教育」の構築を目指して～全ての子供たちの可能性を引き出す、個別最適な学びと、協働的な学びの実現～（→中央教育審議会）　▶② 21
　「令和」答申　▶② 21, 37
レジリエンス　▶① 78, 81
連携　▶① 37, 50-51, 54-55, 136, 139, 141, 148, 150-152, 158, 196-197, 201, 205-208, 210, 218, 224-225, 229-230, 257, 305, 312-313, 315, 317　▶② 138, 153-155, 161-162, 165-166, 172-173, 176, 179, 227, 331
連帯　▶② 75
聾唖学校　▶② 240
労使関係　▶① 81　▶② 217
労働　▶① 18, 183　▶② 34-36, 53, 68, 76, 82, 181, 226
　労働組合　▶② 61, 63
　労働市場　▶② 34, 61
　労働者階級　▶② 88-89, 229
　労働需要　▶② 39
　労働者　▶② 49, 51-53, 61, 63, 68, 82, 330
　労働問題　▶② 68
　労働力　▶② 88
　非正規労働者　▶② 62, 81
労働省　▶② 53
労務　▶② 61
6・3・3・4 制　▶② 55, 59
ロビイング　▶① 37

民族　▶① 22
民族学校・外国人学校　▶① 21
無為の論理　▶① 66, 68-70, 72-81, 177, 275, 298, 329　▶② 361
無償（→義務教育無償性、教科書無償給与、高等学校授業料無償、授業料無償）▶① 142, 148, 221, 227-228, 244, 246, 249
無償化　▶① 233, 243, 248-249
無償化除外　▶① 285, 290
メタ認知　▶① 99　▶② 354
メタバース　▶① 157
メディア　▶① 203-204, 269
盲学校　▶② 240
モヤモヤ（→ジレンマ）▶① 47, 68, 83, 106, 108, 289, 296, 297, 299-300, 326, 331, 334-335　▶② 5
モラル　▶② 118
問題行動　▶① 200, 223, 256-257, 259　▶② 114, 142-143, 145-156, 157, 193
モンテッソーリ教育　▶① 97　▶② 352
文部科学省　▶① 177, 200, 208, 220, 252, 255-257, 262-263, 265　▶② 37-38, 102, 109, 115, 117-118, 123, 126, 130, 156-157, 160-164, 166, 174-175, 178, 202
初等中等教育局　▶① 177, 255-257　▶② 201
文科省　▶① 23, 85-86, 89, 223, 226, 229-230, 246, 250, 255, 261, 263　▶② 127, 229
文科省令（→文部科学省令）▶① 222-223, 245
文科大臣（→文部科学大臣）▶① 223, 230
文部（科学）省　▶② 128-129, 135, 144
文部科学省令（→文科省令）▶① 221, 232, 254, 306
文部科学大臣（→文科大臣）▶① 222, 254　▶② 117
文部省　▶① 28, 30, 53, 226, 238, 239-240, 255, 259　▶② 53, 95, 102-104, 112, 129, 130, 144, 179, 181, 185, 189, 193, 226, 239, 241-242, 244, 246-247, 251
文部事務官　▶② 255

や行

夜間　▶① 173　▶② 184
夜間中学校　▶① 21, 46-47, 82, 105, 272　▶② 4, 183, 188, 362
公立夜間中学　▶② 178-180
自主夜間中学　▶② 200
全国夜間中学校　▶② 185
全国夜間中学校研究会　▶② 184, 186-187, 193, 195, 202
全国夜間中学校研究大会　▶② 199, 201
全夜中研　▶② 183, 192, 194
中学校夜間学級　▶② 179, 197
東京都夜間中学校　▶② 190
東京都夜間中学校研究会　▶② 193-194
奈良県夜間中学　▶② 197
夜間学級　▶② 178, 181, 191
夜間中学　▶① 18, 160-161, 171-177, 224, 234, 245, 254, 290　▶② 20, 156, 178-189, 191, 192-202, 362
夜間中学教師　▶② 180
夜間中学生　▶② 186-187, 200
夜間中学教員　▶② 183
夜間定時制　▶② 197
夜中　▶② 196-198
ユースワーカー　▶① 167
ゆとり教育　▶② 73-74, 226
ユニバーサルサービス　▶① 270　▶② 359
緩さ　▶① 82, 85, 90, 325, 328, 331-333, 335
緩い　▶① 327
養育能力　▶② 105-106, 118
養護学校　▶① 54
養護教諭　▶① 134　▶② 149-150, 325-327
養護施設　▶② 191

ヘイトスピーチ解消法 ▶② 80
へき地 ▶② 255
保育 ▶① 18, 54, 59 ▶② 4
封建制 ▶② 92
包摂（→インクルージョン） ▶① 87, 105, 180, 182 ▶② 4, 24, 89, 126, 128, 135, 152-156, 201, 230
法務省 ▶② 140, 191-193
人権教護局 ▶② 140, 191-3
法律 ▶① 220, 224, 228, 232-233, 240, 242-243, 248, 253-254, 257-258, 260-261 ▶② 21, 41, 237, 238-239, 240, 242-243, 245-248, 330
暴力 ▶② 76, 82
ホームエディケーション ▶① 18, 21, 203, 241-242 ▶② 4
ホームスクーリング ▶① 18, 203, 268, 307 ▶② 4
保護者（→親） ▶① 148, 152, 217, 220-221, 224, 227-228, 230, 232-233, 241, 244-245, 254-258, 261-262 ▶② 29, 33, 83, 127, 131, 147, 152, 155, 157, 160, 162-163, 166, 168, 174-175, 194, 202, 237, 242, 245, 248, 254, 318, 323, 325
補助金 ▶① 157, 241, 242 ▶② 240
ポストコロニアリズム ▶② 336
ポスト産業主義 ▶① 86 ▶② 349
ポストモダニズム ▶② 336
ポストモダン ▶② 91
ボランティア ▶① 74, 143, 166-167, 286 ▶② 209, 214, 218-219, 231
ポリティカル（→政治） ▶② 116
ポリティクス（→政治） ▶② 107, 115, 121, 226

ま行

マイノリティ ▶① 292 ▶② 82, 336, 338, 345-346
マジョリティ ▶① 290, 291 ▶② 341, 346, 361
学び ▶① 19-21, 50, 72, 94, 106, 145-146, 148, 153, 161, 163, 171-176, 187, 201, 203 ▶② 20-21, 24, 32, 36-43, 73, 151, 155, 157, 163, 167-169, 171-173, 175, 179, 190-191, 200, 202, 214, 222
協働的な学び ▶② 29, 37
学びに向かう力、人間性等 ▶① 72 ▶② 215
学びの多様化学校（→不登校特例校） ▶① 226, 246, 253
『窓ぎわのトットちゃん』 ▶① 236, 258, 259
マルクス主義 ▶① 306 ▶② 88, 335
Minami こども教室 ▶① 285, 286, 292, 309
未来の教室（→経済産業省） ▶② 21, 37, 38
民営化（→私事化） ▶① 19-20, 28, 39, 55, 86, 233 ▶② 4, 51
民間 ▶① 22, 139, 151, 153, 166, 224, 229, 257 ▶② 4, 147, 150, 161, 163, 176
民間活動 ▶② 216
民間企業 ▶① 165
民間教育施設 ▶① 263
民間私塾 ▶② 191
民間施設 ▶① 227, 229, 246-247, 249, 253, 256 ▶② 138, 160-161, 172
民間団体 ▶① 22, 229, 248
民主主義 ▶① 27, 95, 198 ▶② 24, 91, 334, 338, 347-350
参加民主主義 ▶① 87, 100-102
戦後民主主義 ▶② 88, 92-93
デモクラシー ▶① 87, 89-90, 100, 102
デモクラティック ▶① 102
民主化 ▶① 30
民主的 ▶① 100 ▶② 337-338, 341, 350
民主的コミュニティ ▶① 102
民主的熟議 ▶② 348
民主的主体性 ▶② 349
民主党 ▶① 234, 243
民生委員 ▶② 188, 249

202
現代型不登校 ▶② 103, 108-109, 118
主体的な不登校 ▶② 223, 245
神経症型不登校 ▶② 107-108, 113
脱落型不登校 ▶② 104-106, 108, 114, 118
通知「今後の不登校への対応の在り方について」 ▶② 123
不登校児 ▶① 202 ▶② 178-180, 191, 193-194, 196, 199, 200-201
不登校経験 ▶② 140, 179
不登校経験者 ▶② 127-128, 132, 137, 147, 152, 154, 179, 194
不登校研究 ▶② 108, 114
不登校現象 ▶② 126, 128, 156
不登校支援策 ▶② 145, 153, 156
不登校「支援」体制 ▶② 128
不登校支援 ▶① 160, 167, 170, 175, 199, 200, 261 ▶② 4, 48, 131, 135, 141, 147, 153-155
不登校支援体制 ▶② 129
不登校児童生徒 ▶① 161, 167, 175, 177, 221-230, 233-234, 240, 245-246, 249, 253-255, 257 ▶② 127, 130, 133, 143, 157, 159-161, 175, 201, 330
不登校状態 ▶① 167, 170 ▶② 128, 142, 178-179, 199
不登校政策 ▶② 129, 179
不登校生徒 ▶① 161, 170-171, 174, 175 ▶② 169, 202, 330
不登校対応 ▶② 132, 164
不登校対策 ▶② 118, 129, 131, 136-137, 156-157
不登校当事者 ▶② 157
不登校等生徒指導 ▶① 256-257
不登校特例校 ▶① 210, 225, 226, 246, 252-253, 255-256 ▶② 128, 178
不登校認識 ▶② 142, 144
不登校の社会問題 ▶② 189
不登校把握・対応 ▶② 133
不登校問題 ▶① 272 ▶② 106, 132, 137, 142, 156, 179, 211
「不登校」予備群 ▶② 105
不登校理解 ▶② 133
不登校理解・対応 ▶② 129
不登校連携 ▶① 218
不平等（→平等） ▶① 24, 32, 41, 271, 306 ▶② 27, 33-34, 41-43, 56, 59, 77, 81, 83-85, 89-90, 94, 96, 118, 230, 335-337, 345, 353
経済的不平等 ▶② 344
構造的不平等 ▶② 94
普遍主義 ▶② 81, 96, 245
プラグマティズム ▶② 210
ブラジル学校 ▶① 18, 21, 46, 241 ▶② 4
ブラック校則 ▶① 200
フリースクール ▶① 18, 21-23, 46, 47, 82, 105, 175, 190, 200-218, 225, 227-228, 234-236, 238, 240-249, 251, 253, 256, 258-261, 264-265, 272, 290, 293, 307 ▶② 3-4, 74, 94, 117, 128, 154, 156-157, 159, 161-175, 189, 191, 194, 222, 362
フリースクール運動 ▶① 307 ▶② 162
フリースクール連携推進事業 ▶② 172
フリースクール全国ネットワーク（＝フリネット） ▶① 204, 240-242, 252, 254-258, 260-263, 265, 307 ▶② 48
フリネット ▶① 240-242, 252, 261, 263, 265
フリースクールネモ ▶① 199
フリースペース ▶① 18, 167
フレネ教育 ▶① 21, 241
文化資本 ▶① 23, 95 ▶② 212, 334, 342, 345, 346, 351, 353-354, 360
文化人類学 ▶① 286
分岐型学校体系（→単線型学校体系） ▶① 52 ▶② 49, 52, 55
ヘイトスピーチ ▶② 82

学力評価 ▶① 104
観点別評価 ▶② 166, 168-169 ▶② 166, 168-169
個人内評価 ▶① 96
成績 ▶① 58, 96, 133 ▶② 86, 161, 165-166, 171, 174, 176
成績評価 ▶② 167-169, 173, 219
パフォーマンス評価 ▶② 338, 342
被評価者 ▶① 164
評価者 ▶① 164
評定 ▶① 96, 201 ▶② 160, 166-169
ポートフォリオ評価 ▶② 338, 342
平等 ▶① 52, 60, 182-183, 197, 244, 248-249, 261 ▶② 20-21, 25, 27, 32-33, 75-77, 79, 94, 346, 347-348, 360
結果の平等 ▶② 84
結果の不平等 ▶② 94
平等化 ▶② 27, 29, 30, 32-34, 39, 41, 42
平等主義 ▶① 306 ▶② 337, 343
平等論 ▶② 76
面の平等 ▶① 23, 261
貧困（→困窮） ▶① 22, 26, 27, 41, 54, 60, 77, 138, 163, 177, 197, 198, 210 ▶② 25, 28, 31, 34-36, 73, 79, 81-83, 88, 118-119, 189, 197, 200, 202, 208, 212, 216, 227, 230, 240, 338
子どもの貧困 ▶① 54, 71, 81, 231, 257 ▶② 3, 83, 95, 145, 157, 208, 210
相対的貧困率 ▶② 81, 254
貧窮 ▶① 51
貧困支援 ▶① 177 ▶② 212, 216, 227
貧困対策 ▶① 4, 18 ▶② 4, 237
貧困対策推進法 ▶① 26, 54
ファシリテーション ▶② 214-215
フォーカス・グループ・ディスカッション ▶② 29
福祉（→教育福祉） ▶① 26, 46, 47-61, 64, 67-70, 73-76, 79-80, 160, 165-166, 175, 178, 195-196, 231, 257, 270, 275-277, 292, 297, 304-305, 326, 328, 330 ▶② 3, 6, 146-147, 208-209, 211-217, 223, 226-227, 231, 236-239, 360-361
公共福祉（→公共性） ▶② 216
福祉機関 ▶② 139, 153
福祉行政 ▶② 361
福祉後進国 ▶② 80
福祉国家 ▶① 26-29, 68 ▶② 48-49, 61-63, 65, 76, 80
福祉制度 ▶② 236
福祉専門職 ▶① 78
福祉的 ▶① 59, 60, 166, 275, 328-329 ▶② 223, 238-239, 247
福祉的支援 ▶② 222
不公正（→公正、正義、不正義） ▶① 24, 306 ▶② 340, 344-345, 352
社会的不公正 ▶② 340
文化的不公正 ▶② 344
藤田－黒崎論争（→藤田英典、黒崎勲） ▶① 29, 31
不正義 ▶② 24-25, 27-28, 43
普通学級（→学級） ▶① 177, 207, 220-221, 223, 227-228, 231-233, 241-246, 249, 253-257
普通課程（→教育課程、カリキュラム、特別の教育課程） ▶② 55
普通教育 ▶① 229, 256 ▶② 65, 69, 228
普通教育機会確保法（→教育機会確保法案） ▶② 163, 173
不適応 ▶② 144, 156
不登校 ▶① 22-23, 28, 138, 157, 170, 172, 174, 177, 188, 190, 196-197, 199-204, 209, 211, 214-215, 217-218, 221-222, 226, 228,-233, 235-245, 251-257, 258-262, 264-265, 293, 307 ▶② 6, 20, 50-51, 66, 74, 83, 90-91, 100-109, 111-122, 125-133, 135-147, 152-157, 160, 163, 165-166, 169, 171, 176-179, 189-190, 199, 201, 211, 213, 359-360, 362
学齢不登校児 ▶② 178, 183, 194, 197, 201-

内的事項外的事項区分論 ▶① 30
ナチス ▶② 78
奈良商業高校 ▶② 197
難民 ▶② 348
ニーズ／ニード ▶① 71, 255, 258 ▶② 81, 145, 152, 157, 162
西成高校 ▶① 68 ▶② 227
「21 世紀日本の構想」懇談会 ▶② 37
日経連 ▶② 53
日本型生活保障 ▶② 80, 81
日本教職員組合 ▶① 53
　日教組 ▶① 30 ▶② 85, 89
日本語 ▶① 184-186, 309
日本国憲法（→憲法） ▶① 52, 220, 246-247, 263 ▶② 246
日本財団 ▶② 227
ニューディール ▶② 77, 88
人間開発報告書（→ UNDP、国連） ▶② 78, 213
人間の安全保障 ▶② 75, 77-80, 88, 213
ネオリベラリズム（→新自由主義） ▶① 28, 91
　ネオリベ ▶① 39 ▶② 4
年金 ▶② 81
能力（→スキル、資質・能力、コンピテンシー） ▶① 71, 86, 88, 90, 99, 104, 106-107, 174, 193-194, 220, 254 ▶② 23, 61-62, 84-85, 95, 118, 219, 341-342, 348, 354
　能力観 ▶① 86, 89
　能力差 ▶② 85
　能力主義 ▶② 61, 84
　被雇用能力（→雇用） ▶① 86
　能力主義（メリトクラシー） ▶① 104

は行

バーチャル ▶① 144, 150
　バーチャルオフィス ▶① 155
　バーチャル空間 ▶① 138, 147-148, 153, 155, 156-157
排外 ▶② 194
排除 ▶① 22, 54, 100, 182-183, 291 ▶② 76, 82, 119, 128, 135, 152-155, 156, 201, 216, 219, 230, 344, 347-348, 353-355
　社会的排除 ▶① 26, 54 ▶② 79, 82-83, 94
バイリンガル教育 ▶② 346
バウチャー ▶① 22, 247-249, 263 ▶② 96
　バウチャー制 ▶① 31, 263
派遣村 ▶② 216
パターナリズム ▶① 61-62, 102
　パターナリスティック ▶② 153
働き方改革 ▶① 141, 151
発達 ▶① 58, 175, 193, 197, 220, 261, ▶② 89-91
　発達教育学 ▶② 90
　発達段階 ▶① 232
　発達論 ▶② 89
母親（→親、保護者） ▶② 120, 182
ハラスメント ▶② 79
　パワハラ ▶② 82
パラドックス ▶② 50, 58-60, 63-66, 69, 361-362
パンデミック ▶① 85 ▶② 133
ピアサポート（→支援） ▶② 231
東日本大震災 ▶① 275
ひきこもり ▶① 169, 196, 199, 218
非行 ▶① 210 ▶② 105, 325, 330
被差別部落（→差別、同和教育） ▶② 202
ひとり親（→親、保護者） ▶① 162 ▶② 81
非認知 (的) 能力（→スキル、能力） ▶① 71, 330 ▶② 352
　非認知的スキル ▶① 99 ▶② 345
批判的思考 ▶① 93 ▶② 23, 30
批判理論 ▶② 85
評価 ▶① 58, 96, 165, 181-182, 195, 210-214, 265, 266 ▶② 134, 160-161, 163, 166-172, 174-175, 353, 362
　学習評価 ▶② 160, 164-172, 174, 176

長期に渡る欠席 ▶② 140
長期の欠席 ▶② 121
長欠 ▶② 181, 195, 202
長欠児 ▶② 178, 181, 199
長欠児童生徒 ▶② 255
長欠問題 ▶② 185
長欠率 ▶② 181
調査研究 ▶① 238, 240, 255, 258, 260 ▶② 39, 112, 123, 128-129, 130-133, 136-139, 142-144, 146, 152-154, 156-157, 165-166, 173, 190
実態調査 ▶① 259, 262 ▶② 89, 137, 140, 152, 176, 190, 192
質問紙調査 ▶② 102, 108
調査書（→内申） ▶① 113
長時間労働 ▶② 82
朝鮮学校 ▶① 285, 290, 308
朝鮮人児童・生徒 ▶② 188
賃金（→収入、所得） ▶② 35, 61, 62, 63, 81
同一労働同一賃金 ▶② 61
賃労働時間 ▶② 80
通産省 ▶② 226
通信制 ▶① 18, 168, 210, 249 ▶② 4, 54
広域通信制高校 ▶① 264
通信制高校 ▶① 191, 194, 264, 250 ▶② 66, 68
通知表 ▶② 160-162, 166, 167-174
停学 ▶② 319
定時制 ▶② 54-55, 316
定時制高校 ▶② 53, 111
定時制高等学校 ▶② 55, 316
データ駆動型 ▶② 38-39, 41-42
適応支援機能 ▶① 226
適応指導教室 ▶① 209, 226, 256 ▶② 128, 150, 160-161, 169, 176, 179, 190, 194
適格者主義 ▶② 329
テクノロジー ▶① 156
デジタル・トランスフォーメーション（→ DX） ▶ ② 133
テスト（→試験） ▶① 164, 211
哲学（→教育哲学、政治哲学） ▶② 231, 333, 355
天王寺中 ▶② 184, 187
当為学（→事実学） ▶② 87, 89
東京シューレ ▶① 234-236, 238, 240, 251-252, 254, 257-262, 265, 280, 307 ▶② 191
シューレ ▶① 209
東京都教育委員会 ▶① 256
登校拒否（→不登校） ▶① 22, 236-239, 255-256, 258, 260 ▶② 104-106, 122, 129, 130-131, 135-136, 139-141, 144-156, 163, 178, 181-183, 186, 189-195, 199-202, 211, 260
当事者 ▶① 200, 217 ▶② 3, 72-75, 79, 82- 84, 93-95, 109, 127, 146, 152, 154-155, 163, 363
同性愛 ▶① 306
同和教育 ▶① 71 ▶② 180, 183-185, 197, 202, 212
同和（解放）教育論 ▶② 183, 188-189, 199
同和対策審議会答申 ▶② 202
同和対策特別事業措置法 ▶② 202
特殊教育 ▶② 212, 254
特別学級 ▶② 191
特別支援 ▶① 18 ▶② 4, 238
特別支援学校 ▶① 308
特別支援学級 ▶① 193
特別の教育課程 ▶① 225, 246, 253
都市 ▶① 23, 51, 138-141, 155, 177, 201 ▶② 181, 229-230, 262-263
途上国 ▶② 80
都道府県 ▶① 156, 172, 177, 225, 246, 250, 253-254, 264 ▶② 236
トモエ学園 ▶① 236, 259

な行

内閣総理大臣 ▶② 49, 67
内申（書） ▶① 164, 209 ▶② 202

多様な教育機会確保法案 ▶① 18, 20-21, 24, 36, 48, 56, 231, 243, 245, 262-263, 268, 285, 290, 292 ▶② 3, 48-49, 51, 67, 138, 208, 211, 359
多様な学び ▶① 212, 218, 256, 261-262, 263
子どもの多様な学びの機会を保障する法律（多様な学び保障法）骨子案 ▶① 21, 241, 309 ▶② 48
実現する会（→多様な学び保障法を実現する会） ▶① 241-243, 252
多様な学び支援（→支援） ▶① 261
多様な学びの場 ▶① 175, 225
多様な学び保障法案 ▶① 241-242, 244, 260, 290, 292
多様な学び保障法骨子案 ▶① 243, 245, 247 ▶② 68
多様な学び保障法を実現する会 ▶① 241, 243-244, 252, 256-257, 261-262, 265, 309
単位（→クレジット） ▶② 51-52, 68
探究 ▶① 159
探究学習 ▶① 141, 157
単線型学校体系（→分岐型学校体系） ▶① 52 ▶② 49, 52, 55, 64
担任 ▶① 188 ▶② 169, 324, 325
地域 ▶① 23, 41, 55, 80, 138, 157, 162, 179, 186, 190-192, 203, 261, 270-271, 308, 317 ▶② 79, 165, 196, 200, 202, 218, 262-265, 272, 274, 285, 310, 359
地域教育計画 ▶② 210
地域社会 ▶② 143, 242
小さな政府 ▶① 28
地位達成 ▶② 77, 84
チーム学校 ▶① 230-231
知識 ▶① 58, 85, 88, 94, 107, 170, 172-173, 329, 332 ▶② 22-23, 30-31, 46-47, 68, 95, 119, 133-135, 141, 146-147, 336, 339, 360
知識・技能 ▶① 107, 329 ▶② 22, 30, 41, 43, 213, 215, 337-339, 341, 345, 347-348, 351
千葉県フリースクール等ネットワーク ▶① 199, 218
地方 ▶① 138-139, 153, 155, 201, 224, 244, 259, 262, 321 ▶② 114, 181, 260-261, 264, 271, 275
地方教育行政 ▶② 115
地方公共団体 ▶① 22, 139, 220, 224-231, 246 ▶② 238-240, 245, 252
地方自治 ▶① 104 ▶② 123, 265,
地方自治体 ▶① 104, 140, ▶② 264, 271
中央教育審議会 ▶① 53, 230, 257 ▶② 123
中央教育審議会（の）答申 ▶② 21, 53
中教審答申 ▶① 231
中学生 ▶① 181, 183, 193, 195, 201-202 ▶② 110, 164, 179
中学校 ▶① 140, 168-169, 173, 178-181, 184-186, 188, 190-192, 194, 246, 309 ▶② 104, 113, 137, 148, 161, 165-169, 171-172, 191, 193, 202, 255, 359
中学 ▶① 163, 194, 259 ▶② 103, 132, 140, 169, 180, 195, 197, 243, 248
中間集団 ▶② 81, 144
中高一貫校 ▶① 31
中高生 ▶① 161-162, 175
中産階級 ▶① 94 ▶② 343
中卒 ▶② 140
中等教育 ▶① 52 ▶② 55
後期中等教育 ▶② 66
中等教育学校 ▶① 308
懲戒 ▶② 322, 329
懲戒処分 ▶② 311-312, 314-316, 319
長期欠席 ▶② 101, 105-106, 108, 122, 127, 139, 153, 181-182, 243
長期欠席児童（・）生徒 ▶① 200 ▶② 105-106, 160, 181
長期欠席者 ▶② 83, 127

戦後教育　▶② 49, 180
　戦後教育改革　▶② 51, 55, 58, 67
　戦後教育学　▶① 29, 31, 42　▶② 84, 86, 88-90, 92, 93
全国教研集会　▶② 89
先進国　▶① 68　▶② 80-81, 254, 349
戦争　▶① 29　▶② 96
　戦争神経症　▶① 235
　第二次世界大戦　▶① 52, 68, 27　▶② 49, 67
選択　▶① 64, 79, 106, 108, 241-243, 245, 253　▶② 26, 28, 31, 34, 76, 78, 81, 139, 159, 162, 213, 230, 313, 330
　選択権　▶② 78
　選択の機会　▶② 78
　選択の自由　▶① 24, 31, 163　▶② 34, 94
全日制　▶② 55, 316
　全日制普通科　▶① 141
　全日制高校　▶② 316, 318
選抜・配分　▶① 59, 86, 104　▶② 39
　選抜システム　▶② 81
専門学校　▶② 76
専門職　▶② 214-215, 218-219, 223, 227, 231, 361
総合的な学習の時間　▶① 33
ソーシャルサービス　▶① 27　▶② 49
ソーシャル（・）ワーク　▶① 68, 72-74, 179, 197, 276　▶② 209, 212-215, 217, 222, 227
　ソーシャルワーカー　▶① 276　▶② 133, 217, 219
疎外　▶② 85
卒業　▶① 154, 156, 168-169, 174, 176, 178, 186-187, 197, 217, 250　▶② 179, 193, 202
　卒業証書　▶① 232　▶② 194
　卒業生　▶① 168, 172, 192, 194, 264　▶② 191

た行

体育　▶① 250
怠学　▶② 105, 113
退学　▶①　▶② 179
大学　▶① 52, 143, 145, 147, 150, 154, 271　▶② 51-52, 146
　女性の大学進学　▶② 77
　大学院　▶① 271
　大学院生　▶① 140-142, 146, 151, 154
　大学進学　▶② 76
　大学進学率　▶② 58
　大学生　▶① 140, 142, 146, 151, 154-156, 162, 167
　全国各大学　▶② 95
体験　▶① 124, 128, 167, 172-173, 226, 236, 302　▶② 214, 217, 222, 225, 230-231
　体験活動　▶① 162, 226　▶② 164,
大衆　▶① 261　▶② 89
　大衆化　▶① 36　▶② 58
　大衆教育社会　▶② 144
　大衆国家　▶② 88
大正自由教育運動　▶① 236
体罰　▶① 223　▶② 73-74, 82
脱学校　▶② 181, 191
脱構築　▶② 82, 91
田奈高校　▶② 227
ダブルバインド　▶② 60, 61, 62, 63
タブレット　▶① 145
多文化教育　▶② 346
多様な教育機会　▶① 17-21, 39, 46, 47, 50, 60, 83, 138-139, 153, 156, 161, 163, 176-177, 218, 267-268, 287, 290, 293, 325-326, 328　▶② 3-6, 20-22, 32-34, 36, 39-40, 42-43, 49-51, 66, 72, 93, 100, 121, 154, 179, 201, 211, 360, 363
　義務教育の段階に相当する普通教育の多様な機会の確保に関する法律案　▶① 231, 258, 306
　旧法案（→多様な教育機会確保法案）　▶① 232-234

生活保護基準 ▶② 243
生活保護制度 ▶① 22 ▶② 244
生活保護費 ▶② 242
生活保護法 ▶① 52 ▶② 237-239, 242-243, 246
正義（→公正、不公正、不正義） ▶① 91 ▶② 61-63, 78, 348, 352, 354-355
社会正義 ▶① 27 ▶② 23, 25, 36, 334
正義論 ▶① 88 ▶② 94, 344, 347
政策 ▶① 240, 260 ▶② 91, 119
政策科学 ▶② 87
政治 ▶① 28, 30-31, 36, 39, 53, 80, 101, 177, 198, 204, 332 ▶② 46, 48, 63, 197, 263, 336, 350, 354
政治家 ▶① 37, 205, 207
政治性 ▶② 116
政治的 ▶① 24, 26, 39, 42, 87, 309 ▶② 31, 95, 114, 116, 267, 272, 335-337, 345, 347-350, 354-355
政治学 ▶② 88
政治経済学（→経済学） ▶① 294
政治哲学 ▶① 269 ▶② 94, 339
精神医学（→医学） ▶① 20, 27, 29, 32-33, 42-43, 46-69, 73, 80-83, 94, 96, 112, 114, 118, 128, 161, 163, 229, 236-237, 252-253 ▶② 108, 131, 146, 148, 154
成績（→評価）
生存権（→人権、社会権） ▶② 212, 247
生徒 ▶① 114-116, 118, 120-121, 123, 125, 129, 142, 145-156, 162-163, 167-173, 176-180, 184-185, 187-188, 190, 193, 195, 200, 208, 222-225, 238-239, 248, 250, 254-260, 264, 306 ▶② 66, 83, 85, 102-108, 110, 112, 114, 127, 130, 132, 136, 139, 142-143, 152-153, 156-157, 160, 163, 166-169, 172, 176, 180-181, 188, 190-193, 195, 198, 219, 227, 237, 249, 316, 319-331, 342, 345, 353-354, 361
制度 ▶① 18-19, 22, 23, 26-28, 32, 34, 46-47, 49-55, 64, 74, 82, 104, 157, 166, 216, 242-247, 253-254, 271 ▶② 20, 27, 29, 32-33, 42-43, 46-69, 73, 80-83, 94, 96, 112, 114, 118, 128, 161, 163, 229, 236-237, 252-255, 285, 289, 304, 311, 359
制度化 ▶① 18-19, 22, 49, 52, 55, 253-254, 313, 315 ▶② 46, 49, 52-54, 58, 60, 64, 114, 128, 163, 289
正統化 ▶② 134
正当性 ▶② 162
生徒指導（→指導） ▶① 114, 133, 200, 260 ▶② 148-149, 156-157, 189, 323
月刊『生徒指導』 ▶② 323-324
生徒指導調査 ▶① 229
生徒指導部 ▶② 323, 325-327
生徒指導要録（→指導要録） ▶② 323
生徒懲戒 ▶② 322
生徒の問題行動 ▶① 259
提要 2022 ▶② 330
青年学校 ▶② 52, 55
政府 ▶① 247-248, 253 ▶② 34, 36, 39-40, 42, 81, 245-248
制服 ▶② 195, 229
性別役割分業 ▶② 81
性暴力 ▶① 251-252, 254, 265, 307
政令市 ▶① 225, 246, 253
セーフティネット ▶① 161, 172, 175, 210
責任 ▶① 187, 261 ▶② 34-37, 39, 42, 94, 145-146, 157, 189, 192, 196-198, 219, 246, 319-323, 326-330
応答責任 ▶② 178, 180, 201, 362
責任意識 ▶② 329
責任主体（→主体） ▶② 328-329
説明責任 ▶② 38-39
セクシュアリティ ▶① 87 ▶② 346
前近代的 ▶② 92

進学 ▶① 52-53, 163-166, 168-169, 173, 179-180, 186-187, 191-192, 194, 209, 308 ▶② 52, 76-77, 139, 162, 164, 174, 192, 286, 297, 312-313
進学率 ▶① 52, 141-142, 165, 212 ▶② 58
進級 ▶② 202
新教育 ▶② 210
神経症 ▶② 105, 107-108, 113
強迫神経症 ▶① 235
人権 ▶① 52, 71, 87, 101, 251, 259 ▶② 30, 76, 80, 90, 140, 212-213
基本的人権 ▶① 242
人権教育 ▶② 230
人権実務 ▶② 140
人権（の）侵害 ▶② 81, 112, 194
人権問題 ▶② 80
人権擁護（→法務省） ▶① 259 ▶② 76, 140, 162, 191-193
世界人権宣言 ▶① 242 ▶② 212-213
人種 ▶① 87, 309 ▶② 346, 352
新自由主義（→ネオリベラリズム） ▶① 28, 32, 306 ▶② 76, 82, 91-93, 343
心的外傷後ストレス障害（→ PTSD） ▶① 251
人的資本 ▶② 21, 30-31, 40-42, 81
進歩主義 ▶② 344, 352
進歩的教育 ▶② 342
進歩派教育学者 ▶① 53
新保守主義 ▶① 306 ▶② 343
信頼 ▶① 175-176, 252 ▶② 136, 217, 222-223, 326-327
信頼関係 ▶① 143, 185, 205 ▶② 325-326, 329
心理 ▶① 49, 231 ▶② 137-138, 146-147, 281, 361
心理学（→臨床心理学） ▶① 98, 157, 170 ▶② 108, 131, 146, 148-151, 154, 220, 230, 354
心理的 ▶① 74, 222, 230, 238, 254-255, 257, 277 ▶② 127, 181, 214
心理療法 ▶① 76 ▶② 218, 231
心理臨床 ▶② 229
進路 ▶① 147-148, 156, 168, 180, 194, 209, 224 ▶② 38, 77, 103, 109, 130-132, 137-141, 145, 147, 168, 194, 318
進路形成 ▶② 132
進路指導 ▶① 141 ▶② 139-140
進路選択能力 ▶② 139
進路変更 ▶② 318-319
進路保障 ▶② 138, 145
進路問題 ▶② 130, 135-136, 138, 140
数学 ▶① 173, 250, 264
スキル（→能力、技能） ▶① 172, 194 ▶② 46-47, 231, 342, 345
スクーリング ▶① 250
スクールカースト ▶② 219
スクールカウンセラー ▶① 54, 134, 230 ▶② 114, 150
スクールソーシャルワーカー ▶① 54, 208, 230, 276 ▶② 202
スティグマ ▶② 25, 229
ステレオタイプ ▶① 204
税 ▶② 248
税金 ▶① 146, 241, 243, 246-249
税制 ▶② 94
生活困窮（→困窮、貧困） ▶② 236
生活困窮者 ▶② 230
生活困窮者支援 ▶① 4, 18 ▶② 4
生活困窮者支援法 ▶① 54
生活困窮者自立支援法 ▶① 27
生活困窮世帯 ▶① 161-162, 175, 177 ▶② 230
生活扶助 ▶② 240, 242, 244
生活保護（→要保護） ▶① 53, 162 ▶② 81-82, 236-237, 239, 242-244, 246-248, 251

主体形成　▶② 23, 42
主体性　▶① 61, 90, 223, 224, 245, 330　▶② 92-93, 140, 349, 350
主体的　▶① 88, 90, 222, 224, 244　▶② 26, 28-29, 39, 57, 139, 223, 309,
主体的・対話的で深い学び　▶② 22
主体的に学習に取り組む態度　▶② 22
政治的主体　▶② 347-349
シュタイナー（学校／教育）　▶① 21, 241, 262
障害　▶① 22, 70, 79, 87　▶② 254, 346, 353
障害児　▶① 294
障害者権利条約　▶① 89
障害者差別解消法　▶② 80
情緒障害　▶② 203
情緒障害児学級　▶② 193
発達障害（障がい）　▶① 96, 193
発達障害　▶① 97, 260　▶② 145, 150, 353
小学生　▶① 188, 201-202, 236　▶② 248
小学校　▶① 51, 52, 67, 95, 140, 181, 188-189, 200, 235, 236, 246, 262, 270　▶② 148, 198, 228, 243, 245, 255, 359
少子高齢化　▶① 138
小・中学生　▶① 244, 260
小（・）中学校　▶① 200, 221, 232, 244, 257　▶② 181, 198
小中高一貫教育　▶① 141
小・中・高等学校　▶② 344
承認　▶① 102-104, 158, 163, 165, 169, 329, 330　▶② 20, 33, 94, 334, 341, 344-348, 351-354
承認・ケア　▶① 105-108, 329-330
承認の政治　▶① 98-99, 102-103
消費者　▶② 31
上部構造　▶② 88
情報化　▶① 263
情報技術　▶② 31
城陽中　▶② 188
職員　▶① 115
職員会議　▶① 125, 152　▶② 321
職業資格　▶② 64
職業的知識　▶② 68
職業　▶② 46, 64, 210
職業教育　▶① 104, 262　▶② 53, 65-66, 81, 222
職業科　▶② 323-324
職業課程　▶② 55
職業訓練　▶① 26　▶② 52, 66, 81
職業訓練大学校　▶② 49
職務（ジョブ）型　▶② 61
女子生徒　▶① 165　▶② 188, 325
女性　▶① 251, 265　▶② 77
助成金　▶① 246
初等教育　▶② 210, 212-213, 228
所得（→収入、賃金）　▶② 25, 77, 81, 84, 237, 249
所得格差　▶② 84
所得平等化　▶② 81
自立　▶① 69, 195　▶② 90, 92, 131-132, 138, 160, 168-169
経済的自立　▶② 65
社会的自立　▶① 169, 224, 330　▶② 130-132, 137-138, 145-146, 171-172
自律　▶① 61-62, 146, 148, 153　▶② 154
自律化　▶② 21, 88
自律尊重原則　▶① 61-62
私立（学校）　▶① 4, 18, 28, 46, 225, 246, 247, 250, 308　▶② 4, 52, 150-151
私立高校　▶① 264　▶② 188, 229, 320
私立大学　▶① 145
事例　▶① 162, 166　▶② 230
事例研究　▶② 229, 355
ジレンマ（→モヤモヤ）　▶① 46-47, 50, 60-64, 82, 84-86, 92, 96, 102-103, 105-106, 108-109, 160, 162-164, 166, 170-171, 177, 296, 298-299, 301, 325-328, 330-331, 333-335　▶② 3, 5, 56, 178-180, 333-334, 340-341, 346, 351-353, 362

社会党　▶① 30
社会統合　▶① 27
社会福祉（→福祉）　▶① 48, 51-52, 57, 60, 64, 72　▶② 3, 4, 146, 209-212, 227-228, 230
社会福祉学　▶② 148, 150
社会福祉研究　▶② 212
社会福祉制度　▶① 18
日本社会福祉学会　▶② 228
社会保障　▶① 26-27, 48, 68　▶② 76, 81-82, 94, 96, 246-247
公的社会保障　▶② 81
社会保障給付　▶② 248
社会保障政策　▶② 255
社会保障論　▶② 3
社会問題　▶① 286, 327-328, 331　▶② 68, 73, 107, 126, 128, 131, 135, 141, 144, 147, 189, 208, 223, 230
自由　▶① 27, 183, 190, 234-235, 242-245, 248, 263, 330　▶② 25-26, 28-29, 31, 43, 76, 78-79, 82-83, 86, 88, 90-94, 96, 162
自由競争　▶① 248
自由主義　▶② 95
自由化　▶① 26, 28, 30, 31, 33-35　▶② 37
就学　▶① 222-223, 254, 257　▶② 20, 237, 240, 243, 251
就学援助　▶① 53　▶② 236-239, 248, 255
就学援助制度　▶② 239, 251
就学機会　▶② 20
就学義務　▶① 21, 221, 227-228, 232-233, 241, 244, 253　▶② 48, 50-51, 115, 163, 202
就学義務制度　▶① 221, 226-227, 243-245, 253
就学困難　▶① 223, 245, 250, 264　▶② 240, 242, 245-246
就学困難児童教科書給与補助法　▶② 245, 248
就学支援金　▶① 242, 249-250, 264, 308
就学支援金制度　▶① 249
就学奨励　▶② 237-240, 242, 244, 248-250, 254
就学奨励援助法　▶② 237, 239, 245, 248-249
就学奨励金　▶② 244
就学奨励援助　▶② 250
就学奨励制度　▶② 242, 245, 251
就学奨励法案　▶② 254
就学年　▶① 52
就学の機会　▶① 224
就学費　▶② 240
就学保障　▶② 237, 251
就学率　▶① 51
不就学　▶② 178, 182, 199
不就学・長期欠席児童生徒　▶② 181
衆議院　▶① 243, 257
宗教　▶① 27, 332　▶② 78-79
就職　▶① 59, 179, 187　▶② 162, 174, 296, 298-299, 312
就職支援金　▶② 250
集団主義　▶② 81
収入（→賃金）　▶② 31, 34
授業　▶① 94, 127, 172-173, 184, 188, 191, 231, 235, 250, 261　▶② 37, 175, 325, 353-354
一斉（斉一的な）授業　▶① 94-95　▶② 29
授業料　▶① 249
授業料無償化（→無償）　▶① 242
塾（→学習塾）　▶① 18, 139, 140, 143, 146-157, 161, 165　▶② 4
公営塾　▶① 139, 157
公設塾（→オンライン公設塾）　▶① 139, 141-142, 145-146, 151-152, 154-155, 157
熟議　▶② 24, 93
受験（→試験、テスト）　▶① 163, 168-169, 171, 237, 309　▶② 81, 169, 174-175, 191
主体　▶② 22-24, 90-93, 96, 347
主体化　▶② 348, 349

実践現場 ▶① 160
実践指導力 ▶② 120
実践者 ▶② 3, 5
実践的指導 ▶② 116-117
実践的論理（→エスノメソドロジー、概念分析） ▶① 339, 351, 355, 361
実践の論理（→エスノメソドロジー、概念分析） ▶① 39-40, 46-47, 50, 55, 62-63, 301, 323, 326, 333
質（の）保証 ▶① 244 ▶② 34, 39
実務 ▶① 233 ▶② 129, 146, 227, 242
指導 ▶① 179, 188, 206, 208, 226, 229, 250, 256-257, 259 ▶② 32, 82, 104, 108, 112, 122, 139-140, 153, 160, 181, 183, 192-193, 217, 219, 316, 318-325, 327-330, 332, 361
指導の個別化 ▶② 37
指導の文化 ▶② 329
児童（→子ども、生徒） ▶① 200, 208, 222-225, 238-239, 254-261 ▶② 104-105, 108, 112, 114, 127, 130, 136, 139, 142-143, 152-153, 156-157, 160, 163,172, 176, 219, 237, 240-242, 245
児童館 ▶② 117
児童虐待（→虐待） ▶① 230
児童生徒理解・教育支援シート ▶① 231, 258 ▶② 132
児童相談所 ▶② 106, 139, 148, 153, 191
児童の権利に関する条約（→子どもの権利条約） ▶① 21, 48, 54, 261
児童福祉（→福祉） ▶① 52, 59 ▶② 81, 106, 203
児童養護施設 ▶① 53, 59
児童労働 ▶② 213, 240
指導主事 ▶② 166, 167
指導要録（→生徒指導要録） ▶② 112, 160, 161-162, 173-175, 331
資本主義 ▶① 27 ▶② 89
国家独占資本主義 ▶② 89
独占資本主義 ▶② 88
市民 ▶① 241-242, 262-263 ▶② 200, 336, 347-349
市民活動 ▶① 207
市民学習 ▶② 348
市民社会 ▶① 29, 36-37, 39
市民立法 ▶① 36
自民党 ▶① 28, 30, 234, 243 ▶② 119
社会化 ▶① 86 ▶② 109, 228, 349
社会階層（→階層） ▶① 24, 48, 60 ▶② 109
社会学 ▶① 24, 274, 331, 333, 334 ▶② 3, 6, 73, 75, 85-87, 89, 94, 100, 107, 109, 117, 119-120, 147, 228-229, 360
社会学者 ▶① 331 ▶② 131, 145, 147, 149-150, 342
社会学理論学会 ▶② 89
日本社会学会 ▶② 89
社会関係資本 ▶① 187
社会教育 ▶① 52 ▶② 49, 51, 53, 68, 185, 209-212, 222, 226--229, 231
社会権（→人権） ▶② 65, 95
社会構成主義 ▶① 124, 137
社会構造 ▶② 85-86
社会構築主義（→構築主義） ▶② 106-109, 112, 114, 120, 156
社会事業 ▶① 52 ▶② 209
社会主義 ▶② 89
社会政策 ▶① 48 ▶② 3, 23, 34, 36
社会政策学 ▶② 84
社会政策研究 ▶② 210
社会政策論 ▶① 48, 274 ▶② 6
社会選択論 ▶② 229
社会ダーウィニズム ▶② 84
社会調査 ▶② 89-90, 132, 152, 154
社会的投資 ▶① 26 ▶② 83
社会的保護 ▶② 213
社会的養護 ▶① 4, 18 ▶② 4

産業界 ▶② 38-39, 42, 53
産業社会 ▶① 27, 86
産業主義 ▶① 88
産業政策 ▶② 81
第四次産業革命 ▶① 86
算数 ▶② 245, 246
支援（→援助、教育支援） ▶① 160, 162-164, 166 175, 184, 200-201, 210, 224, 226-227, 229-231, 245, 256, 309, 336 ▶② 125-126, 128-133, 135, 137-138, 143, 152-153, 155-156, 160-161, 163, 165, 201, 208-209, 212, 214-217, 223, 226-227, 230-231, 247, 254, 330, 349, 354, 361
支援学級（→特別支援学級） ▶① 193-194
支援機関 ▶② 128, 139
支援機能 ▶② 227
支援計画 ▶② 132
支援策 ▶② 133, 138
支援者 ▶① 163, 165-166, 176-177 ▶② 5
支援職 ▶② 231
就労支援 ▶① 18, 26 ▶② 4
制度化された支援 ▶② 128
相談支援 ▶② 230
若者支援 ▶① 66
ジェンダー ▶① 87, 297 ▶② 80, 346
私学 ▶① 262
資格化 ▶② 114
市区町村 ▶① 221, 254
試験（→テスト） ▶① 170 ▶② 169, 174-175, 323
思考力・判断力・表現力 ▶② 22, 215
自己決定（→自立、自律） ▶① 61-62, 98
自己肯定感 ▶① 181, 302 ▶② 167, 174
自己効力感 ▶② 346
自己責任（→責任） ▶① 179, 87 ▶② 33-36, 40, 83, 91
自己調整（→非認知的能力、メタ認知） ▶① 99 ▶② 354
私事化（→民営化） ▶② 91, 103, 118, 144, 145
資質・能力（→コンピテンシー、スキル、能力） ▶① 85, 89, 115 ▶② 123
事実学（→当為学） ▶② 87, 89
自主性（自主的） ▶① 153-154 ▶② 68
市場 ▶① 39, 248 ▶② 4, 23, 31, 39, 61, 62
規制された市場 ▶① 31
市場化 ▶① 19-20, 28, 39, 55, 86 ▶② 4, 91
市場価値 ▶② 38
市場競争 ▶② 51
市場原理 ▶① 27-28, 31
自由市場 ▶① 27
慈善 ▶① 51, 52 ▶② 209
持続可能な社会 ▶② 23-24
自尊感情 ▶① 76-79 ▶② 215-216, 219, 230, 337, 346
自尊心 ▶② 230
シチズンシップ教育（→シチズンシップ） ▶② 349
自治体 ▶① 142, 154, 156-157, 206, 263 ▶② 112, 117, 164, 166, 171-172, 181, 248-249, 251
基礎自治体 ▶② 138
市町村 ▶① 156, 227, 244, 306 ▶② 236-237, 240-242, 244-245, 248-251
低失業率 ▶② 81
失業 ▶② 34
実業補習教育 ▶② 228
実業補習学校・青年訓練所 ▶② 52
実証研究 ▶① 60 ▶② 156
実証主義 ▶② 87, 95, 106, 110
実証的 ▶② 120, 121
実践 ▶① 161, 171-173, 175, 178, 267, 283, 286, 289, 295, 299, 301-306, 325-326, 329-331, 333, 336-337 ▶② 91, 115, 141, 146-147, 152, 162-163, 197-199, 211, 213-216, 227, 229, 236, 328, 333-335, 339, 344-345, 347, 350-352, 355, 360-361
実践記録 ▶② 191, 325, 343

個人化　▶①39　▶②75, 103, 118
個人情報保護条例　▶②112
個性　▶①28, 31, 33, 173, 181-182, 197, 260, 263　▶②37, 162, 289-290
　個性化　▶①30, 33-34　▶②36
　個性化教育　▶①33-34, 41
　個性重視　▶①28
国家（→国、国民）　▶①26, 30-31　▶②90-91, 93, 106, 116-117, 119, 120-121, 134
　国家権力（→権力）　▶②92, 96
国会　▶①224, 231, 240, 245, 257, 259　▶②245, 255
こども基本法　▶①89
子ども食堂　▶①73, 80　▶②214
子ども中心（主義）　▶①33, 36
子どもの権利　▶①227, 262-263
　子どもの権利条約　▶①89, 262, 263　▶②348
　子どもの人権　▶②162
個別化・個性化教育（→指導の個別化）　▶①33, 41
個別最適化　▶①35, 41　▶②21, 38-39, 41, 157
個別最適な学び　▶②21, 37-38
個別指導　▶①165-166　▶②318, 324
コミュニティ（→共同体）　▶①102, 145, 158, 165　▶②229
コモンズ（→共有地）　▶①152, 158
雇用　▶①86　▶②31, 62, 81-82, 94
　雇用可能性　▶②38
　雇用者　▶②81
　メンバーシップ型雇用　▶②81
コロナ　▶①142-143, 278, 297　▶②157, 239, 254
　新型コロナウイルス　▶①141, 156　▶②127, 133
困窮（→貧困）　▶②237
　困窮児童　▶②246
　困窮者　▶②247
コンピテンシー（→資質・能力、能力、スキル）　▶①84-89, 91-96, 98, 103, 109
個別学習計画　▶①22-23, 232, 233, 245, 268, 306　▶②49-51, 154, 163, 173

さ行

サードプレイス　▶①178, 180-182, 187, 189-190, 192, 194, 195-198
再帰性　▶①36
　再帰的　▶①37, 39
　再帰的近代　▶①85
財政　▶①22, 142, 246-247, 263　▶②238, 243, 245-246
再生産　▶②77, 94
　再生産理論　▶②89, 336
在日韓国人　▶②188
在日朝鮮人　▶②188, 197
再分配　▶①95　▶②65, 76, 81, 83-84, 94, 96, 334, 341, 345-348, 351-354, 360
　再分配・承認・代表の政治　▶①87-88, 91, 92, 103
　再分配機能　▶②81
　再分配の政治　▶①99
サドベリー　▶①21
　サドベリー教育　▶①241
差別　▶②76, 79-80, 82, 84-86, 94, 188-189, 191, 193-194, 200, 202, 222, 335, 344
　被差別　▶②85-86, 197
　被差別状況　▶②202
　民族差別　▶②188
　人種差別　▶①309
サポート校　▶①250, 264　▶②229
サマーヒル　▶①21
参議院　▶②255
産業　▶②31
　産業化　▶②226

192, 194, 201 ▶② 328-329
交差是正（→フレイザー , ナンシー） ▶② 334, 352-354
講座派 ▶② 92
工場法 ▶② 210
公正（→正義、不公正、不正義） ▶① 82, 84-85, 87-89, 91, 103 ▶② 43, 68, 170-172, 333-334, 339, 340-341, 345, 347-348, 350-351, 355, 360-361, 363
　社会的公正 ▶① 88-89 ▶② 333-334, 346-348, 350-352, 361
厚生 ▶② 242
　厚生経済学（→経済学） ▶② 229
厚生省 ▶② 243-248, 254-255
　厚生大臣 ▶② 243
厚生労働省 ▶② 236
　厚生労働大臣 ▶② 243
構造改革特区 ▶① 307
　構造改革特別区域法 ▶① 225
校則 ▶① 151, 239 ▶② 321
構築主義（→社会構築主義） ▶② 73, 82, 95
校長（→学校長） ▶① 181, 183, 190, 192, 206, 208, 230, 232 ▶② 146-150, 165-169, 171-172, 176, 184, 194, 202
　中学校長会 ▶② 169
公的 ▶① 221, 229, 242, 249, 253-254, 257, 260, 269 ▶② 20, 47-50, 52, 56, 61, 64, 68, 81, 86, 91, 129, 134, 154, 361
　公的権力（→権力） ▶② 79
　公的扶助 ▶② 236-237, 239, 242, 251, 361
高等学校（→高校） ▶① 112-113, 119, 140, 157, 249, 264, 308 ▶② 51-55, 58-59, 69, 140, 148-149, 316, 324
　高等学校授業料無償 ▶① 308
　高等学校通信教育 ▶① 250, 264
　高等学校通信制課程 ▶② 68
　高等学校等就学支援金制度 ▶① 54
高等教育（→大学） ▶① 308
校内居場所（→居場所） ▶① 178-182, 184-189, 191-194, 196
　校内居場所カフェ ▶① 180, 186-187, 196, 200, 254 ▶② 214, 226-227, 231
　校内カフェ ▶① 177
校内暴力 ▶① 28, 237, 259, 260
公平 ▶① 244 ▶② 168, 170-171
公民教育 ▶② 210, 228
公務員 ▶② 81
効用 ▶② 25, 76
合理化 ▶② 61
公立 ▶① 172, 225-226, 262, 270, 308 ▶② 4, 255
　公立学校 ▶① 31, 246 ▶② 20, 188, 193, 342
　公立学校選択制（→学校選択） ▶① 31
　公立高校 ▶② 4
　公立小学校 ▶① 307
　公立小中学校 ▶② 104, 191
　公立中学 ▶① 197
　公立中学校 ▶① 178 ▶② 191
　公立夜間中学 ▶② 178-180
コーディネーター ▶① 190-191
国語（→日本語） ▶② 245-246, 212-213
国際化 ▶① 263
国籍 ▶① 22, 221
国民 ▶① 30, 224, 261 ▶② 57, 81, 88, 152, 210, 240, 242, 244, 248
　国民国家 ▶② 121
　国民の教育権（論） ▶① 30 ▶② 90-91
国連 ▶② 78-80
　国連開発計画（→ UNDP） ▶② 213
　国連子どもの権利委員会（→子どもの権利） ▶① 260
心の問題（→心理） ▶② 130-131, 135-137, 139-141, 144, 147, 154
　心のケア ▶② 114

クライアント中心療法 ▶② 217-218
クレジット ▶② 51-54, 68
グローバル化 ▶① 39, 333 ▶② 341, 347-348
ケア ▶① 74, 76-77, 80-81, 90, 107, 166, 183, 184, 187-188, 190-191, 195-198, 329 ▶② 36, 213, 218-219, 223, 231
環境ケア ▶② 229
ケア能力 ▶② 219
ケアリング ▶① 195
心のケア ▶② 114
経験科学（→規範科学） ▶① 83 ▶② 87
経済 ▶① 22, 27, 33-34, 38, 41-42, 56, 75, 78, 80, 86, 94, 180, 222, 233, 242, 250, 254-255, 308, 332 ▶② 23-24, 31, 41, 43, 47, 63, 65, 76-77, 82-83, 127, 139, 143, 153, 189, 208, 240, 242, 245, 338, 343, 345, 349, 351-353, 360
経済格差 ▶① 233
経済資本 ▶② 345
経済政策 ▶① 42 ▶② 82
経済成長 ▶① 27 ▶② 30-31, 41
経済的困窮（→困窮、貧困） ▶② 236, 239
経済的再分配（→再分配） ▶② 65
経済的支援（→支援） ▶① 241, 243, 246, 249, 253, 263
経済的貧困（→困窮、貧困） ▶② 181
経済的不公正（→公正、不公正） ▶② 344
高度経済成長 ▶① 53 ▶② 81, 111, 226
経済学（→政治経済学） ▶② 25, 84, 229, 230
経済学者 ▶① 248
経済企画庁 ▶② 226
経済産業省 ▶② 21, 37-38
産業構造審議会 ▶② 37
ケイパビリティ ▶② 21, 26-31, 35, 40-43, 75, 76-78, 213, 216, 229, 360
ケイパビリティ・アプローチ ▶① 321 ▶② 20-21, 24-28, 30, 32-34, 39-40, 42-43, 229
ケース会議 ▶① 127, 133
欠席 ▶② 136, 141-142, 144-146, 153-154
原級留置 ▶② 202, 330
憲法（→日本国憲法） ▶① 227-228, 246-247, 329 ▶② 88, 246
権利 ▶① 220, 233, 242, 261 ▶② 30-31, 40-41, 242-243
権利保障 ▶② 135, 138-141, 147, 153
権力 ▶① 23-24, 306 ▶② 76, 79, 90, 91, 93, 121, 336-339, 341-342, 345, 354
行為主体（→エージェンシー、主体性） ▶② 28, 213
公教育 ▶① 18, 22-23, 25-27, 29, 39, 46, 54-55, 82-83, 87-89, 105, 212, 216, 221, 272, 285, 287, 292, 294, 306, 328, 333 ▶② 3, 4, 47, 49-50, 76, 155, 159, 198-202, 227, 335, 337, 344, 348, 350-351, 355, 359, 361
公共事業 ▶② 81
公共性 ▶① 146 ▶② 43
公共的 ▶② 23, 216
公権力 ▶② 92, 119
高校（→高等学校） ▶① 59, 67, 139, 140-145, 147, 150-151, 155, 157-158, 165-166, 168, 171, 177-181, 186-187, 192, 194, 196, 198, 211, 240, 242, 249-250, 264, 309 ▶② 164, 186, 197, 316, 319, 321-322, 323, 327, 329-330, 361
高校教員 ▶② 316
高校職業教育 ▶② 65
高校進学 ▶① 53, 163-165, 169, 173, 180 ▶② 139
高校進学率 ▶① 53, 212
高校全入運動 ▶② 211
高校中退 ▶① 178 ▶② 66, 229
高校通信制（→通信制） ▶① 250
高校等就学支援金制度 ▶① 27
高校内居場所カフェ（→居場所、居場所カフェ） ▶① 178, 180-181, 197
高校生 ▶① 138, 155, 168, 178, 180-181, 186,

教育費 ▶① 246, 294 ▶② 240-244, 250-251, 254
教育福祉（→福祉） ▶① 300 ▶② 152, 209, 210, 212, 227-229
　教育／福祉 ▶① 54-55, 57, 60, 62
　教育と福祉の区別 ▶① 56
　教育と福祉の統一 ▶① 54
　教育福祉研究 ▶② 209-210, 212
　教育福祉論 ▶① 53, 60
教育扶助 ▶① 53 ▶② 236-237, 239, 242-245, 251, 254
教育方法 ▶① 79, 303, 331 ▶② 6, 333, 336-338, 340, 342-345, 346-347, 350, 352, 355
教育保障 ▶② 197, 199, 362
教育問題 ▶② 73-74, 119-120, 199
教育予算（→予算） ▶① 294
教員（→教師） ▶① 148, 151, 164, 179-181, 183, 187-188, 191, 230-231, 250, 259 ▶② 37, 81-82, 143, 167, 171, 219, 316, 319-325, 327-331, 342, 344, 361
　教員文化 ▶② 329, 361
　教員免許 ▶② 39
　教員養成 ▶① 303 ▶② 123
　教員養成課程 ▶② 116-117, 120
　都立高教員 ▶② 316
教科 ▶① 164 ▶② 54, 160, 166, 169, 176, 219, 228, 305, 323, 324, 330, 345
　教科学習 ▶① 33, 163, 168, 170, 226 ▶② 209, 213-214, 222, 324
　教科課程 ▶② 55, 69
　教科用図書 ▶② 245
境界 ▶① 276 ▶② 86-87, 89, 107-109, 180, 236, 239, 251, 328, 334, 336-337, 352, 354, 361
教科書 ▶① 184 ▶② 87, 134, 165-167, 175, 195, 240-241, 245-247, 254
　教科書給与 ▶② 246-247
　教科書給与法 ▶② 245
　教科書裁判 ▶① 30
　教科書無償給与 ▶② 245-246
教師（→教員） ▶① 31, 115-117, 121-122, 179, 188-190, 237, 238, 239 ▶② 6, 37, 39, 46, 64, 86, 101-102, 108-109, 179, 186-189, 191-194, 196-197, 199, 201, 217, 326, 336-337, 339, 344, 354
教室 ▶② 117, 166, 169
教職員 ▶① 114-120, 123, 125, 129-130, 135, 151-152, 225, 239 ▶② 143, 173
　教職員組合 ▶① 42
教職課程 ▶② 123
　教職課程コアカリキュラム ▶② 117, 123
行政（→教育行政） ▶① 204, 207-208, 233, 270 ▶② 159, 161-162, 173-174, 180, 183-185, 212, 214, 216, 227, 236, 359
　行政措置 ▶② 184-185
　支援行政（→支援） ▶② 361
競争 ▶① 28, 32, 89, 237, 248, 261 ▶② 29, 32, 34, 39, 51, 81, 84-85, 191, 268
共通善 ▶② 37, 78
協働（→学び） ▶① 129, 131, 133, 151-152 ▶② 22, 42, 227, 352
共同体 ▶② 348-350, 354-355
共有地（コモンズ） ▶① 152
拒食（→過食） ▶① 235-236
近代 ▶① 50, 104, 136, 310 ▶② 22, 46, 64, 67, 75, 89-91, 93, 335, 337
　近代化 ▶② 75
　近代教育批判 ▶② 90-91
　近代主義 ▶② 92
　近代性 ▶② 181
　後期近代 ▶① 85, 88 ▶② 333-334, 341-342, 345-346, 350, 354, 360-361
勤労青（少）年 ▶② 52, 211
国 ▶① 185, 205, 220, 224-231, 242, 246-248, 264 ▶② 137-138, 237, 239, 244-247, 249
クライアント ▶② 217-218, 231

教育科学論争　▶② 88
教育学　▶① 3, 24, 29, 30, 269-270, 273, 303, 328, 331　▶② 3, 6, 56, 67-68, 72-74, 78, 84, 86-90, 92-93, 95, 146, 333-336, 339, 341-347, 350, 363
教育学者　▶② 73, 148, 149
教育学会　▶① 276, 280
日本教育学会　▶① 67, 276, 280, 307, 326　▶② 363
批判的教育学　▶① 24, 42, 48,　▶② 333-335, 339, 341-347, 349-350,
批判的教育学　▶① 24, 42, 48, 84, 268, 306　▶② 333-335, 339, 341-343, 345-347, 349-350
批判的教育研究　▶② 335-336
教育課程（→カリキュラム）　▶① 255, 258　▶② 159-161
教育機会　▶① 225. 229　▶② 20, 22, 30, 32-33, 39, 41-43, 50-52, 56, 65, 94, 96, 128, 208, 240, 360
教育機会の均等　▶② 180
教育機会の平等　▶① 60
教育の機会　▶① 224, 229, 255, 257　▶② 32, 139, 246
教育の機会均等　▶① 244, 261　▶② 47-60, 63-67, 69, 246
教育機会確保法（→普通教育機会確保法、多様な境域機会確保法案）　▶① 48, 64, 82, 105, 177, 204, 210, 212, 217, 220-221, 223-224, 226, 228-231, 233-234, 240, 243, 245-246, 248-249, 251, 253-258, 261, 262, 297, 306, 307　▶② 48, 127, 132-133, 138, 154-156, 179, 202
義務教育の段階における普通教育に相当する教育の機会の確保等に関する法律　▶① 41, 82, 177, 220, 254, 255　▶② 20, 48, 67, 69, 130, 159, 178
教育基本法　▶① 21, 37, 48, 52, 227-228, 241, 254, 261　▶② 119
教育義務　▶① 21, 227-228, 241-242　▶② 48
教育行政（→行政）　▶① 23　▶② 51, 142, 238-239, 247, 361
教育行政学　▶① 29-31　▶② 6
教育権（→国民の教育権（論）と教育を受ける権利）　▶① 31, 53, 59　▶② 212
教育構造論争　▶② 88
教育刷新委員会　▶② 49, 67, 241
教刷委　▶② 49, 51, 53, 55, 64, 67, 69
教育刷新審議会　▶② 67
教刷審　▶② 53, 67
教育史　▶① 308　▶② 6
教育支援（→支援）　▶② 130
教育支援センター　▶① 173, 209, 225-227, 229, 256　▶② 128, 139, 150, 164, 176
教育実践（→実践）　▶② 20, 73, 116, 196-197
教育事務所　▶② 166-168
教育社会学（→社会学）　▶① 29, 37, 42, 48, 60, 269, 271, 275, 303, 329, 331　▶② 6, 72-77, 79-80, 82-84, 86-91, 93, 95-96, 100, 113, 115-116, 147, 210, 228, 343
教育社会学者　▶① 261　▶② 74, 89, 94, 101, 106, 113-114, 126, 133, 152
教育職員免許法　▶② 123
教育振興基本計画　▶① 177, 225, 255, 257
教育心理学（→心理学）　▶② 148
教育政策　▶① 90　▶② 21-24, 30, 32-34, 36, 38, 40-42, 355
教育制度　▶① 229-231, 253, 263　▶② 57, 109, 117, 128, 236-237, 337, 361
教育制度検討委員会　▶① 53
教育相談　▶② 323-325, 327-328
教育的　▶① 58-59, 90, 166, 180, 275, 328-329　▶② 47, 48-52, 56, 64-68, 73, 133-134, 146, 237, 361
教育哲学　▶① 273-274　▶② 336
教育内容　▶① 225　▶② 210

議員　▶① 204, 234, 241, 243, 245
議会　▶① 204
機会均等　▶① 308　▶② 55, 84, 246-247, 361
機会の平等　▶② 75, 83-84, 87, 89
機会の不平等　▶② 84
企業　▶① 156, 212　▶② 61-62, 111, 144, 217
企業福祉　▶② 81
技術革新　▶② 31
規制　▶① 31　▶② 76, 80, 94
規制緩和　▶① 27, 28
技能（→スキル、能力）▶① 79　▶② 49, 215
技能教育施設　▶② 54
技能者　▶② 52
技能者養成　▶② 53
技能者養成所　▶② 51-53
技能連携　▶② 68
技能連携制度　▶② 49, 50, 52-54, 58, 60, 65-66, 68, 361
技能教育　▶② 69
規範　▶① 251
規範科学（→経験科学）▶① 83　▶② 24, 30, 72, 74-75, 83, 87, 89, 120, 131, 144-145, 146, 336, 360
規範学　▶② 87
規範理念　▶① 103
規範理論　▶① 88, 273-274　▶② 78-78
規範論　▶① 89　▶② 95, 339
義務教育　▶① 21-23, 27, 29, 31, 51-53, 59, 100, 172, 177, 179-180, 192, 220, 222, 224, 227, 232, 234, 241, 246, 249, 253, 254-255, 257-258, 260, 262, 307　▶② 32-34, 36, 48, 50-52, 55, 66, 159, 178, 181, 184-185, 187, 190, 194-196, 202, 212, 228, 236, 237, 243, 245, 330, 359
義務教育就学奨励法　▶② 242, 244-245, 251
義務教育の段階における普通教育に相当する教育の機会の確保等に関する法律（→教育機会確保法）
義務教育の段階に相当する普通教育の多様な機会の確保に関する法律案（→多様な教育機会確保法案）
義務教育費　▶② 236, 239, 361
義務教育費国庫負担法　▶① 261
義務教育無償制　▶② 246
義務就学　▶① 51
義務制教育　▶② 194
逆機能　▶① 38　▶② 73, 74
虐待　▶① 230　▶② 79, 106, 118, 145
キャリア支援（→支援、就職、就労）▶① 162
救急学校　▶② 186
救急中学校　▶② 187
救急中学校論　▶② 183, 199
救護法　▶② 239-240
救済　▶② 182, 184, 229, 246-248
救済事業　▶① 51　▶② 209
救済制度　▶② 211, 228
給食　▶① 184　▶② 236-239, 247, 255
旧制中等学校　▶② 69
給付　▶② 76, 80, 236, 244, 251, 255
現金給付　▶② 244
教育委員会　▶① 23, 139, 141, 167, 205-206, 208, 220, 223, 226, 229-230, 232-233, 239, 256, 258, 306　▶② 33, 50-51, 104, 117, 137-139, 146-147, 149, 150, 161, 163-164, 168, 173, 179, 193, 202, 247, 249, 331
教委　▶① 142, 144, 146, 150, 154-155, 157, 206　▶② 165, 249
県教委　▶① 206
市教委　▶① 206　▶② 149, 185
市教育委員会　▶② 166
市区町村教育委員会　▶① 226
市町村教育委員会　▶① 232　▶② 237, 248, 249, 255
教育改革　▶① 41, 263　▶② 118, 343-344
教育改革国民会議　▶① 37-38

全国学力テスト ▶① 30
低学力 ▶② 188
学齢期 ▶① 175 ▶② 199
学齢児 ▶② 178, 183-184, 195, 186-190
学齢児童 ▶② 240, 245
学齢児童就学奨励 ▶② 240
学齢児童就学奨励規程 ▶② 240, 242, 250, 254
学齢児童生徒 ▶② 242
学齢者 ▶② 184
学齢生徒 ▶① 172 ▶② 185-186, 248
学齢超過者 ▶① 171 ▶② 179, 181- 184, 192
学齢不登校児 ▶② 178, 183, 194, 197, 201-202
学歴 ▶① 262 ▶② 26, 33, 85, 155, 162, 228
過食（→拒食） ▶① 235
過疎 ▶① 138, 159
家族（→家庭） ▶① 167, 169, 259 ▶② 81, 83, 111, 182, 189, 323, 324
カタリバ（NPO 法人） ▶② 179
学級 ▶① 41, 97, 100, 102, 125, 141-142, 188, 207, 261 ▶② 81, 179, 202, 242
学級担任 ▶② 104, 108, 179
学級崩壊 ▶① 260
学校化 ▶① 23 ▶② 51, 131-132, 137, 146-147, 157
学校基本調査 ▶② 101
学校教育法 ▶① 52, 220-221, 225, 227-228, 232, 241, 244, 255, 306 ▶② 48, 50, 52-53, 55, 58, 64, 68, 239, 242, 322
学校教育法施行規則 ▶① 225, 232
学校恐怖症 ▶② 181
学校ぎらい ▶② 104, 122, 181, 202
学校経営 ▶② 192, 355
学校週五日制 ▶① 33, 54
学校信仰 ▶① 237, 240
学校選択 ▶① 22, 29, 31-32 ▶② 74
学校長（→校長） ▶② 164, 249
学校不適応 ▶② 190
学校不適応対策調査研究協力者会議 ▶① 238, 255, 260
学校文化 ▶① 90 ▶② 105, 106
学校保健安全法 ▶② 238
家庭（→家族） ▶① 163, 165, 175, 187, 191, 197, 227-229, 231, 235, 238-239, 242, 247-250, 260, 330 ▶② 79, 81, 83, 105-106, 114, 118-119, 143, 196, 213, 216, 246, 323, 325
家庭科 ▶① 250
家庭教育 ▶② 123
家庭教育支援 ▶② 119
家庭教育支援条例 ▶② 119
家庭教育支援法 ▶② 119
家庭裁判所 ▶② 148
家庭内暴力 ▶② 195
家庭訪問 ▶① 230 ▶② 318, 323, 328
家庭環境 ▶② 36
株式会社 ▶① 139, 249, 264 ▶② 4
カリキュラム ▶① 198, 268, 303, 306, 331 ▶② 6, 155, 165-166, 168, 172, 210, 214, 333, 335-338, 340, 342-343, 345-347, 350, 352, 355
カリキュラム・マネジメント ▶② 37
過労死 ▶① 72
感化 ▶① 51
感化救済事業 ▶① 51
看護 ▶① 57,158,321 ▶② 231
官公庁 ▶② 52
関心・意欲・態度（→評価） ▶② 216, 230
意欲や興味・関心 ▶① 239
関心・意欲 ▶② 168
観点別学習状況（→評価） ▶② 160
官民（→民間） ▶② 135, 137-138, 153-154
管理教育 ▶① 206, 237, 259 ▶② 82, 162
官僚制 ▶① 136

カウンセリングルーム ▶② 217
ピアカウンセリング ▶② 231
格差（→不平等） ▶① 60, 244, 269, 274 ▶② 58, 73, 77, 81-82, 85, 118
格差拡大 ▶① 33-34, 42, 270, 271 ▶② 51, 74, 91
格差原理（→ロールズ，ジョン） ▶② 78
格差貧困 ▶① 262-263
格差問題 ▶② 74-75, 95
学力格差 ▶② 230
教育格差 ▶① 248, 261 ▶② 74, 79, 95
社会経済的格差 ▶① 23
地域格差 ▶① 23
学際的 ▶① 267, 277, 282, 308 ▶② 3
学習（→学び） ▶① 75, 81, 90, 94, 95-98, 104-107, 145-147, 160-168, 170-173, 175, 177, 185, 226, 239, 241, 254, 264, 302, 329 ▶② 21-23, 27, 33, 37-39, 47, 159, 160-166, 168-169, 173-176, 216, 226, 230, 250, 324-325, 328, 330, 346, 348, 354, 362
学習意欲 ▶① 165, 260 ▶② 160, 188
学習課題 ▶② 318
学習活動 ▶① 224, 226-228, 234, 246, 249, 253, 256 ▶② 161, 353-354
学習環境 ▶① 149 ▶② 157, 352-353
学習機会 ▶① 22 ▶② 130, 340
学習機能 ▶① 226
学習教室 ▶① 163-166
学習時間 ▶① 168
学習施設 ▶① 227
学習指導 ▶① 225 ▶② 163
学習者 ▶① 88, 90, 330, 336 ▶② 37
学習習慣 ▶① 145 ▶② 215
学習状況 ▶② 160
学習条件 ▶② 238
学習する機会 ▶② 138
学習内容 ▶② 166, 169, 172
学習の個性化 ▶② 37
個に応じた学習 ▶① 174
学習・生活支援事業 ▶① 161, 166, 175, 177
学習権 ▶① 22, 53, 59, 258, 260 ▶② 21, 30, 41-42, 50, 68, 184-185, 187, 212
学習する権利 ▶② 138, 213
学習を受ける権利 ▶② 139, 153
教育を受ける権利 ▶① 260 ▶② 138, 160, 213, 242, 246, 322
学習支援（→支援） ▶① 26, 66, 80-81, 97, 105, 107, 109, 143, 145, 157, 160-166, 171, 175, 177, 286, 293, 298, 309 ▶② 4, 162, 214, 222, 230, 353
学習支援金 ▶① 242
学習支援事業 ▶① 54, 165, 167, 169 ▶② 214, 222
学習支援補助金 ▶① 241
学習指導要領（→文部科学省） ▶① 33, 72, 213, 225, 247, 260, 261 ▶② 22-23, 215
学習塾（→塾） ▶① 28, 139, 141, 147, 151-155, 157-159
公設型学習塾 ▶① 138-139, 157, 159 ▶② 4
学制 ▶① 51
学童保育 ▶① 18, 54 ▶② 4
学力（→コンピテンシー、資質・能力、スキル、能力） ▶① 41, 96, 106-108, 169, 180, 195, 213, 225, 330 ▶② 33-34, 77, 140, 145, 215, 230, 345, 353, 360
新しい学力観 ▶① 33
学力格差 ▶② 230
学力検査 ▶① 113
学力向上 ▶① 163 ▶② 34, 83
学力低下 ▶① 33
学力の三要素 ▶② 22
学力保障 ▶① 105, 107, 302, 329-330 ▶② 202
基礎学力 ▶① 145

インクルーシブ ▶① 87, 95, 102, 112, 183 ▶② 91, 345-346, 352
インクルーシブ（な）教育 ▶① 89-90, 97-98 ▶② 353
インターナショナルスクール ▶① 21, 241
インフォーマル ▶① 120, 130-132, 134
ウェルビーイング（→ well-being、福祉）▶① 86, 292 ▶② 76-77, 360, 363
うつ状態 ▶① 235
運動 ▶① 217, 241, 269, 302 ▶② 197
運動家 ▶② 3, 5
教育運動 ▶② 200
市民運動（→市民）▶① 241, 258, 260 ▶② 199, 200, 202
社会運動 ▶② 212
地方改良運動（→地方）▶② 210, 228
英語 ▶① 173, 184
営利企業（→株式会社）▶① 22, 233
エージェンシー（→主体性）▶① 116, 122
エスニシティ（→民族）▶① 87 ▶② 346
エスノメソドロジー（→概念分析、実践の論理）▶② 284
援助（→支援）▶① 256 ▶② 198, 236-237, 239-240, 243-246, 251, 327
エンパワメント ▶② 174-175, 338, 343
大阪府教育委員会 ▶② 105
落ちこぼし / 落ちこぼれ ▶② 196, 198
親（→保護者）▶① 31, 179, 185, 188, 203, 207, 233, 236, 245, 248, 309 ▶② 36, 51, 76-77, 119, 191, 195, 323
オルタナティブ教育（→多様な学び）▶① 241-244, 255, 258, 260-261, 263-264
オルタナティブな学びの機会 ▶① 175
オルタナティブ教育法を実現する会 ▶① 241, 309
オルタナティブ教育法骨子案 ▶① 21, 240-241, 247-248, 260, 307, 309 ▶② 48, 50
オルタナティブな学びの場 ▶① 164
オルタナティブスクール ▶① 18, 21, 23, 46, 211, 289 ▶② 4, 96
オントロジカル・ゲリマンダリング ▶② 107
オンライン ▶① 139, 142-145, 147-148, 152, 153-154, 156 ▶② 160
オンライン公設塾 ▶① 139-141, 143-146, 148, 151, 153-157

か行

階級（→階層）▶① 87, 94, 96, 197 ▶② 89, 210, 346
外国人 ▶① 224, 260, 293 ▶② 82, 188
外国人学校 ▶① 18, 21, 292, 308
外国人生徒 ▶① 186
外国籍 ▶① 172, 185, 285, 287 ▶② 115
外国籍の子ども ▶① 221
外国籍問題 ▶① 290
外国ルーツ ▶① 71, 285-286, 293
外国にルーツのある子どもたち ▶① 287
外国にルーツのある生徒 ▶① 180
外国にルーツをもつ子ども ▶① 309
外国ルーツの子ども ▶① 284, 287-288, 291-292, 309 ▶② 212
外国ルーツの子どもたち ▶① 285-286, 288
階層 ▶① 24, 33, 60 ▶② 39, 77, 85, 89, 95, 339, 342, 345
階層化 ▶① 41
階層格差 ▶② 73
階層的な不平等 ▶② 84
階層問題 ▶② 89
階層論 ▶① 303
概念分析 ▶② 95
解放教育（→同和教育）▶② 197
カウンセリング ▶① 226 ▶② 324
カウンセラー ▶② 217-219, 231
カウンセリング・マインド ▶② 114, 218

英米 ▶② 38
北米 ▶① 306
アメリカ ▶① 31, 68, 268, 306 ▶② 77, 80, 84, 95, 210
アメリカ合衆国 ▶① 306
米国 ▶② 335, 344, 352
南米 ▶① 248
チリ ▶① 248
ブラジル ▶② 343

一般事項

あ行

アウトリーチ ▶② 138-139, 153
アクティブラーニング ▶① 35
アクティブ・リスニング ▶① 76-77, 81
朝日訴訟 ▶② 248
アセスメント（→評価） ▶① 230
遊び ▶① 167, 173, 179, 182, 185-186, 187, 197 ▶② 214, 222, 226
アドボカシー ▶① 262, 263
アファーマティブ・アクション ▶② 336
安心 ▶① 48-49, 106, 128, 133, 148, 160-161, 168-169, 176, 179, 182-183, 189, 191-192, 197, 206, 223, 225, 228, 252, 257-258, 261-262, 265 ▶② 131, 136, 163, 165, 174, 186, 216, 218, 280, 345
安全 ▶① 169-170, 179, 182, 197, 208, 238, 249, 251-252, 265 ▶② 9, 75, 77-80, 88, 96, 213, 237-238, 250, 264, 266, 280
医学 ▶② 316
　児童精神医学 ▶② 131
　児童精神科医 ▶② 191
　精神医学 ▶② 108, 146, 154
　精神科医 ▶① 235 ▶② 148-150, 181
伊賀市教育委員会（伊賀市教委） ▶① 250, 264
「生きる力」 ▶① 231
いじめ ▶① 28, 190, 200, 223, 225, 237, 239, 259, 260 ▶② 73-74, 79, 82, 90, 114, 126, 140, 213
　いじめ自殺 ▶① 260 ▶② 73
一条校 ▶① 225-227, 241, 247, 253 ▶② 20, 48, 54, 159, 161-163, 175, 208, 359, 360
イデオロギー ▶① 30, 89 ▶② 68, 343
意図せざる結果 ▶① 34, 36, 332-334
　意図せざる逆機能 ▶② 94
居場所 ▶① 22-23, 66-67, 69, 75, 81, 105, 144-146, 157-158, 160-171, 173, 175-177, 179-194, 197, 199, 201, 234, 236, 238, 251-255, 260, 298, 302, 329 ▶② 51, 131, 136, 162-164, 173-174, 191, 195, 208-209, 211, 213-215, 217-219, 222-223, 226-227, 229-230, 362
　居場所活動 ▶① 80, 309 ▶② 208-209, 213-215, 217-218, 222, 227
　居場所カフェ ▶① 67, 72-75, 81, 187, 197, 265 ▶② 212-214, 216, 227, 231, 361
　居場所機能 ▶① 166, 226
　居場所研究 ▶② 209, 212
　居場所支援 ▶① 161, 171, 175
　中学校内居場所 ▶① 178-180, 182-183, 186, 192-194, 197 ▶② 4
　居場所事業 ▶① 46, 167, 298 ▶② 214, 218
移民 ▶② 348
医療 ▶① 57, 158, 308 ▶② 81, 146, 147, 181, 227, 238, 241, 331, 362
インクルージョン（→包摂） ▶① 87, 89, 103-106, 109
　インクルーシブな学校 ▶① 112-113

国名・地名

日本 ▶① 172, 227, 234-235, 243-244, 253, 255, 258, 260-261, 263, 290, 307-309 ▶② 20, 49-50, 61-62, 67, 79-81, 86, 92, 111, 115-116, 144, 159, 209, 212, 217, 334, 359
北海道 ▶② 210
関東 ▶① 286 ▶② 180, 323
千葉 ▶① 206, 208 ▶② 182
　千葉県 ▶① 199, 201, 204-206, 208, 218
　市川市 ▶② 191
　習志野市 ▶① 206
　船橋市 ▶① 206
東京 ▶① 259, 277-278 ▶② 179-180, 182-184, 186-187, 190, 192-195, 199
東京都 ▶① 226, 256, 262 ▶② 178-179, 181, 183, 188, 190, 192-194, 196, 202, 316
　足立区 ▶② 179, 196
　荒川区 ▶② 187
　江戸川区 ▶② 183, 198
　大田区 ▶② 316
　葛飾区 ▶② 186
　北区 ▶① 307 ▶② 191
　品川区 ▶② 316
　千代田区 ▶① 264 ▶② 316
　港区 ▶② 316
　目黒区 ▶② 149
神奈川（県） ▶② 182
　川崎（市） ▶② 185
　横浜市 ▶② 181, 193, 244, 254
愛知県 ▶② 185
三重県 ▶① 250, 264
　伊賀市 ▶① 249-250, 264
関西 ▶① 295 ▶② 180, 183, 195, 199, 201
大阪 ▶① 250, 309 ▶② 180, 182-184, 186-188, 194
大阪府 ▶① 196 ▶② 105, 202, 244
　泉大津市 ▶② 244
　茨木市 ▶② 202
　大阪市 ▶① 309 ▶② 184, 186-188, 244
　堺市 ▶② 192, 244, 254
　布施市 ▶② 244
　守口市 ▶② 186
京都府 ▶② 182
　京都市 ▶② 181, 183, 193
奈良 ▶② 182, 194, 197-198
奈良県 ▶② 186, 196-197
　橿原市 ▶② 197
　天理市 ▶② 186
　奈良市 ▶② 186, 192
兵庫県 ▶② 182
　神戸市 ▶② 105
香川県 ▶② 178
広島 ▶② 196
広島県 ▶② 182
　広島市 ▶② 181-182
沖縄 ▶② 202

*

アジア ▶① 308
韓国 ▶① 286, 308
北朝鮮 ▶① 308
タイ ▶① 286
ネパール ▶① 184
フィリピン ▶① 286
ロシア ▶① 307-308
東欧 ▶① 307
ヨーロッパ ▶① 26, 308 ▶② 75
イギリス ▶① 68, 331 ▶② 84, 95, 342, 359, 361
英国 ▶② 133
オランダ ▶② 96
スウェーデン ▶② 96
デンマーク ▶② 96
ドイツ ▶① 308
欧米 ▶① 234 ▶② 61- 63

事項索引

アルファベット

COCOLO プラン ▶② 157
COVID-19（→コロナ） ▶② 159
DV ▶① 77 ▶② 79
DX（→デジタル・トランスフォーメーション） ▶② 133
EdTech ▶② 37-39, 42
GDP ▶② 81
GIGA スクール構想 ▶② 133, 159
Google ▶① 150
ICT ▶① 142, 150 ▶② 37, 161
iPad ▶① 142, 148-149
IT ▶② 161
JICA ▶② 79
LGBTQ ▶① 197
Less is more. ▶① 34, 94
Microsoft ▶① 150
NPO ▶① 156, 178, 190, 199, 208, 216, 218, 252, 256, 262, 265, 307, 309 ▶② 4
OECD ▶① 86
OG ▶② 107, 109, 115, 120-121
PISA ▶① 86
PTA ▶② 146-150
PTSD ▶① 251
SDGs ▶① 86 ▶② 213
STEAM ▶② 21
Self-help ▶① 69
UNDP（→国連開発計画） ▶② 78
wellbeing/Well-being（→ウェルビーイング） ▶② 43, 212, 215, 217
Wi-Fi ▶① 142

時代・年代

明治 ▶① 270 ▶② 210, 228, 359
大正 ▶② 210, 236
戦前 ▶② 55-57, 209, 212, 238-241, 244, 250-251
戦時期 ▶② 55
戦時中 ▶② 211
戦争直後 ▶② 88
占領期 ▶② 67
戦後 ▶① 29, 31, 42, 171, 259 ▶② 49, 51, 55, 58, 64, 84, 88-90, 92-93, 108, 180-182, 199, 206, 209-211, 227-228, 241-242, 250-251, 359
1940 年代 ▶② 178, 181, 210
1950 年代 ▶② 87, 92, 182, 188, 210, 239
1960 年代 ▶② 88-89, 181, 187-188, 199, 202, 212, 239, 251
1970 年代 ▶② 90, 106, 141, 178-179, 182-183, 187-188, 199, 202, 211, 226, 328, 335, 362
1970 年代以降 ▶② 199
1980 年代 ▶① 237-240, 248 ▶② 113, 131, 139, 144, 162, 178-179, 183, 189, 193, 199, 202, 211, 322, 335
1990 年代 ▶② 82, 129, 131-132, 136, 141, 144-145, 179, 189, 199, 201, 213, 226, 343, 362
2000 年代 ▶② 82, 129, 131-132, 136-137, 142, 145, 164, 208, 210
2000 ～ 2010 年代 ▶② 146
2010 年代 ▶② 82, 93, 129, 138

306-308
フーコー，ミシェル（Foucault, Michel） ▶② 90-91
福田徳三（ふくだ とくぞう） ▶② 84
藤田英典（ふじた ひでのり） ▶① 29, 32, 34-35, 37-38, 41 ▶② 74, 91
フリードマン，ミルトン（Friedman, Milton） ▶① 248
ブルデュー，ピエール（Bourdieu, Pierre） ▶② 334
フレイザー，ナンシー（Fraser, Nancy） ▶② 334
フレイレ，パウロ（Freire, Paulo） ▶② 336
ボールズ，サミュエル（Bowles, Samuel） ▶② 89
保坂亨（ほさか とおる） ▶② 104, 106-108, 111-115, 118
ホネット，アクセル（Honneth, Axel） ▶① 88, 103
堀尾輝久（ほりお てるひさ） ▶② 88, 93

ま行

マイヤー，デボラ（Meier, Deborah） ▶① 93
松崎運之助（まつざき みちのすけ） ▶② 183-186, 191-192, 200, 202
松下圭一（まつした けいいち） ▶② 88
丸山眞男（まるやま まさお） ▶② 92
宮寺晃夫（みやでら あきお） ▶① 273, 307
宮原誠一（みやはら せいいち） ▶② 228
宗像誠也（むなかた せいや） ▶① 30
ムフ，シャンタル（Mouffe, Chantal） ▶② 348
望田幸男（もちだ ゆきお） ▶① 307
森田尚人（もりた ひさと） ▶① 41
森田洋司（もりた ようじ） ▶② 101-103, 107-113, 115, 118, 122-123, 126-128, 147, 156

や行

安嶋弥（やすじま ひさし） ▶② 246
山口毅（やまぐち たけし） ▶① 273, 275
山田丈夫（やまだ たけお） ▶② 186, 194
ヤング，アイリス M.（Young, Iris M.） ▶② 94
湯浅誠（ゆあさ まこと） ▶② 216, 230

ら行

ランシエール，ジャック（Rancière, Jacques） ▶② 348
ルーズベルト，フランクリン D.（Roosevelt, Franklin D.） ▶② 78, 88, 95
ルーマン，ニクラス（Luhmann, Niklas） ▶① 303, 309 ▶② 60, 67, 145
ロールズ，ジョン B.（Rawls, John B.） ▶② 78
ロジャーズ，カール R.（Rogers, Carl R.） ▶① 76, 81 ▶② 217, 231
ロバインズ，イングリッド A. M.（Robeyns, Ingrid A. M.） ▶② 30-31, 42

わ行

渡辺位（わたなべ　たかし） ▶① 235-237, 258 ▶② 191

清瀬一郎（きよせ いちろう）▶② 246-247
ギンティス，ハーバート（Gintis, Herbert）▶② 89
倉石一郎（くらいし いちろう）▶① 304-305, 309 ▶② 152, 154, 229
黒崎勲（くろさき いさお）▶① 29-32, 34, 37, 41
黒柳徹子（くろやなぎ てつこ）▶① 236-237, 259
見城慶和（けんじょう よしかず）▶② 183, 187, 194-195
小泉英二（こいずみ えいじ）▶② 104-105
小玉重夫（こだま よしお）▶① 273 ▶② 88-89
小林宗作（こばやし そうさく）▶① 236
小宮山洋子（こみやま ようこ）▶① 234, 240, 243
小山進次郎（こやま しんじろう）▶② 242
ゴルツ，アンドレ（Gorz, André）▶② 341

さ行

酒井朗（さかい あきら）▶② 114, 117-118
佐々木輝雄（ささき てるお）▶② 49, 52-56, 58-61, 63, 65-66, 68-69, 361
澤柳政太郎（さわやなぎ まさたろう）▶② 228
ジェームズ，ウィリアム（James, William）▶② 230
汐見稔幸（しおみ としゆき）▶① 241
志水宏吉（しみず こうきち）▶② 215, 230
清水義弘（しみず よしひろ）▶② 87-89
シュクラー，ジュディス S.（Shklar, Judith N. ）▶② 78, 92
ショーン，ドナルド A.（Schön, Donald A.）▶① 268
ジルー，ヘンリー A.（Giroux, Henry A.）▶② 334-341
セン，アマルティア（Sen, Amartya）▶① 86, 288 ▶② 21, 25, 28, 30, 43, 45, 76-78, 213, 229-230

た行

タイヤック，デイビッド B.（Tyack, David B.）▶② 4
滝川一廣（たきかわ かずひろ）▶② 181
武川正吾（たけかわ しょうご）▶② 76
武田緑（たけだ みどり）▶① 67
田制佐重（たせい すけしげ）▶② 210
塚原雄太（つかはら ゆうた）▶② 187
筒井淳也（つつい じゅんや）▶① 331-332, 334-335
デュルケム，エミール（Durkheim, Émile）▶② 75
デルピット，リサ（Delpit, Lisa）▶② 337-338, 340-342
遠山敦子（とおやま あつこ）▶① 33
留岡清男（とめおか きよお）▶② 210, 228

な行

中曽根康弘（なかそね やすひろ）▶① 28, 263
中納光夫（なかのう みつお）▶② 196-198
ノディングズ，ネル（Noddings, Nel）▶① 183, 195, 197-198 ▶② 231

は行

ハーシュマン，アルバート O.（Hirschman, Albert O.）▶① 80
ハート，ロジャー（Hart,Roger）▶② 229
バーンスティン，バジル（Bernstein, Basil）▶② 133-135, 154
橋本伸也（はしもと しんや）▶① 281-283
馳浩（はせ ひろし）▶① 205, 234, 240, 245, 306
ハッキング，イアン（Hacking, Ian）▶② 95
濱口佳一郎（はまぐち けいいちろう）▶② 60-63, 65
林久美子（はやし くみこ）▶① 234
林達夫（はやし たつお）▶② 211, 229
ビースタ，ガート（Biesta, Gert）▶② 334, 348, 349
ピーパー，ヨゼフ（Pieper, Josef）▶② 226
広田照幸（ひろた てるゆき）▶① 271-275, 285,

索　引

1. 人名索引とそれ以外の事項索引を大別して示している。
2. 人名索引・事項索引ともに、各章末尾の文献一覧や謝辞に含まれる人名・事項は含まない（本文と章末注等に含まれるもののみ含まれている）。
3. 事項索引は、アルファベット表記と漢字・カナ・かな表記とを大別して表記している。
4. さらに、漢字・カナ・かな表記の事項索引は、年代・時代（歴史的）区分事項、国名・地名等（地理的）区分事項、その他の一般事項（団体名等を含む）の３種類に区別して整理している。
5. 国名・地名等（地理的）区分事項に関して、市町村名は都道府県の下位項目として示している。ただし、県名と県庁所在地等県内都市名が同じ場合に、県・市の区別が明記されていない場合には、県・市の区別なしに項目立てしている。

6, 本シリーズ１巻を①、２巻を②と表記した。

人名索引

あ行

アップル，マイケル　W.（Apple, Michael W.）▶①42, 268, 306　▶②334-337, 339-345
荒木萬壽（あらき ますお）▶②255
アリエス，フィリップ（Ariès, Philippe）▶②90
池田寛（いけだ ひろし）▶②215, 230
市野川容孝（いちのかわ やすたか）▶②75
伊藤茂樹（いとう しげき）▶②73
井上友一（いのうえ ともいち）▶②211
イリイチ，イヴァン（Illich, Ivan）▶②91
上間陽子（うえま ようこ）▶①65
エンゲストローム，ユーリア（Engeström, Yrjö）▶①137, 158, 159
大内裕和（おおうち ひろかず）▶②90
大川正義（おおかわ まさよし）▶②79
大橋重保（おおはし しげやす）▶②149
小川利夫（おがわ としお）▶①53-54, 59, 60　▶②210, 227, 228
奥地圭子（おくち けいこ）▶①234-238, 241, 243-245, 251-252, 258-260, 262, 265, 280, 307　▶②191, 203
小渕恵三（おぶち けいぞう）▶①37
オルデンバーグ，レイ（Oldenburg, Ray）▶①187, 197, 198

か行

海後宗臣（かいご むねおみ）▶②228
片桐芳雄（かたぎり よしお）▶①41
加藤昌治（かとう まさはる）▶①123
加野芳正（かの よしまさ）▶②113-116
苅部直（かりべ なおし）▶②92
苅谷剛彦（かりや たけひこ）▶①33-35, 38, 41, 261　▶②84-85, 89, 144
河村建夫（かわむら たてお）▶①234
川本隆史（かわもと たかし）▶②92
喜多明人（きた あきと）▶①241, 256, 261
ギデンズ，アンソニー（Giddens, Anthony）▶①331
城戸幡太郎（きど まんたろう）▶②210, 227-228

前北 海（まえきた・うみ）　第8章

うみけるのフリースクール屋さん代表。中学校1年生で不登校を経験。19歳のときに仲間とNPOを立ち上げ、不登校やひきこもりの人たちの支援に関わる。現在は、フリースクールの立ち上げ・運営・経営などのサポートを行う。NPO法人フリースクール全国ネットワーク事務局長、多様な学びプロジェクト副代表。

高山龍太郎（たかやま・りゅうたろう）　第9章

富山大学教授（社会学）。主な著作に、『「ひきこもり」への社会学的アプローチ――メディア・当事者・支援活動』（共編著、ミネルヴァ書房、2008年）、「子どもの多様な学びの機会を保障する法律づくり」（『生活協同組合研究』、2013年）、『変容する世界と日本のオルタナティブ教育――生を優先する多様性の方へ』（共著、世織書房、2019年）などがある。

江口 怜（えぐち・さとし）　第10章

摂南大学現代社会学部講師。博士（教育学）。専門は日本教育史、マイノリティ教育論。東北大学高度教養教育・学生支援機構、和歌山信愛大学教育学部を経て2023年より現職。著書に『戦後日本の夜間中学』（東京大学出版会、2022年）、『境界線の学校史』（共著、東京大学出版会、2020年）、『多様性が拓く学びのデザイン』（共著、明石書店、2020年）、『障害児の共生教育運動』（共著、東京大学出版会、2019年）などがある。

執筆者紹介

森 直人（もり・なおと） はしがき、序章、第1章

編著者紹介を参照。

金子良事（かねこ・りょうじ） 第2章

編著者紹介を参照。

澤田 稔（さわだ・みのる） 第3章、あとがき

編著者紹介を参照。

中田正敏（なかた・まさとし） 第4章

1950年生まれ。1976年東京教育大学大学院文学研究科西洋史学専攻修士課程修了。神奈川県立高等学校世界史教員、教育相談等の領域の教育行政職を経て、県立特別支援学校長、県立高等学校長（クリエイティブスクール）。研究テーマは、インクルーシブな学校づくり。現在、神奈川県高等学校教育会館教育研究所代表。

高嶋真之（たかしま・まさゆき） 第5章

藤女子大学人間生活学部講師、鹿追町オンライン公設塾チューター代表。専門・関心領域は教育行政学、学校外教育、公設型学習塾。主な著作に「都市部の貧困対策としての学習支援――「札幌まなびのサポート事業（まなべぇ）」の10年から」（横井敏郎編著『子ども・若者の居場所と貧困支援』学事出版、9-24頁、2023年）などがある。

内藤沙織（ないとう・さおり） 第6章

認定NPO法人カタリバ所属。名古屋大学大学院教育発達科学研究科附属教育福祉研究センター研究員。大学院で社会教育学（青年期教育論・教育福祉論）を学び、現在は不登校支援の現場で日々子どもたちと向き合っている。主な著作に「生活困窮世帯を対象とした学習支援における「学習」と「居場所」の様相――X市の事業に着目して」（共著、『名古屋大学大学院教育発達科学研究科紀要（教育科学）』6565（22）pp.85-95、2019年3月）がある。

谷村綾子（たにむら・あやこ） 第7章

京都大学教育学研究科博士課程修了、佛教大学非常勤講師、大阪教育学院日本語講師等を経て現職（千里金蘭大学教育学部）に至る。専門は教育学、教育行政学、特別支援教育など。多様化する教育的ニーズを公教育制度の中でどのように受け止めるかという視点から校内居場所活動についても研究を進めている。

阪上由香（さかがみ・ゆか） 第7章

1986年大阪生まれ、2児の母。大学で児童福祉学・社会福祉学を学んだ後、大阪市内の学習塾に就職。その後タイ・ビルマのスラムや難民キャンプで教育行政の問題と出会い、日本のこども若者の権利や学びに疑問を持ち2012年にNPO法人FAIRROADを設立。2015年から大阪府立高校で校内サードプレイス事業を開始。地域コーディネーターやコミュニティワーカーという立場で、公立の中学校と高校をプラットフォームにした、共にケアする地域づくりに挑戦している。

編著者紹介

森 直人（もり・なおと）

筑波大学人文社会系准教授。専門は教育社会学、社会階層論、歴史社会学。東京大学大学院教育学研究科総合教育科学専攻博士課程単位取得退学。多様な教育機会を考える会事務局。『教育システムと社会——その理論的検討』（共著、広田照幸・宮寺晃夫編、世織書房、2014年）、『福祉国家と教育——比較教育社会史の新たな展開に向けて』（共著、広田照幸・橋本伸也・岩下誠編、昭和堂、2013年）、『再検討 教育機会の平等』（共著、宮寺晃夫編、岩波書店、2011年）、『総中流の始まり——団地と生活時間の戦後史』（共編著、青弓社、2019年）、「「総中流の思想」とは何だったのか——「中」意識の原点をさぐる」（東浩紀・北田暁大編『思想地図』2号、日本放送出版協会、2008年、233～270頁）など。

澤田 稔（さわだ・みのる）

上智大学総合人間科学部教授、同教職・学芸員課程センター長。専門は教育学、カリキュラム・教育方法論。名古屋大学大学院国際開発研究科博士課程単位取得満期退学。多様な教育機会を考える会事務局。“A Practical Logic of Socially Just Education in Late Modernity and its Inevitable Dilemmas: Suggestions from Critical Educational Studies”（*Educational Studies in Japan: International Yearbook* 17, 2023, pp.59-72）、マイケル・W・アップル、ジェームズ・A・ビーン編『デモクラティック・スクール——力のある教育とは何か』（訳書、ぎょうせい、2013年）、『現代カリキュラム研究の動向と展望』（共著、日本カリキュラム学会編、教育出版、2019年）、『子どもを学びの主体として育てる——ともに未来の社会を切り拓く教育へ』（共編、ぎょうせい、2014年）など。

金子良事（かねこ・りょうじ）

阪南大学経済学部准教授。専門は社会政策、労働史。東京大学大学院経済学研究科企業・市場コース博士課程修了。博士（経済学）。多様な教育機会を考える会事務局、職務分析の可能性を検討する委員会（日本職務分析・評価研究センター）委員長、松原市バリアフリー基本構想策定等協議会会長の他、障害者の更なる雇用促進と職場定着に向けた課題と労働組合の役割に関する調査研究委員会（連合総研）等を歴任、大阪では学習支援や居場所活動にも携わった。『日本の賃金を歴史から考える』（旬報社、2013年）、『戦時期の生活と労働』（共著、法政大学大原社会問題研究所・榎一江編、法政大学出版局、2018年）など。

公教育の再編と子どもの福祉① 〈実践編〉

「多様な教育機会」をつむぐ

ジレンマとともにある可能性

2024 年 9 月 25 日　初版第 1 刷発行

編著者　森　直人
澤田　稔
金子良事
発行者　大江道雅
発行所　株式会社 明石書店
〒101-0021 東京都千代田区外神田 6-9-5
電　話　03 (5818) 1171
FAX　03 (5818) 1174
振　替　00100-7-24505
https://www.akashi.co.jp
装幀　清水肇（プリグラフィックス）
編集／組版　有限会社 閏月社
印刷／製本　モリモト印刷株式会社

（定価はカバーに表示してあります）
ISBN978-4-7503-5806-2